江苏高校品牌专业建设工程资助项目

思樂泮水

學禮堂訪談錄

王锷 主编

凤凰出版社

图书在版编目（CIP）数据

思乐泮水 / 王锷主编. -- 南京 : 凤凰出版社,
2019.6
（学礼堂访谈录）
ISBN 978-7-5506-2938-7

Ⅰ. ①思… Ⅱ. ①王… Ⅲ. ①吕友仁－访问记②叶国良－访问记③贾海生－访问记④杨华－访问记 Ⅳ. ①K825.5②K825.8

中国版本图书馆CIP数据核字(2019)第057697号

书　　　名	思乐泮水
主　　编	王　锷
封面题签	刘晓东
责任编辑	崔广洲
书籍设计	徐　慧
出版发行	凤凰出版社(原江苏古籍出版社)
	发行部电话 025-83223462
出版社地址	南京市中央路165号，邮编:210009
出版社网址	http://www.fhcbs.com
照　　排	南京凯建图文制作有限公司
印　　刷	南京新世纪联盟印务有限公司
	南京市建邺区南湖路27号春晓大厦5楼，邮编:210017
开　　本	880×1230毫米　1/32
印　　张	11.625
字　　数	260千字
版　　次	2019年6月第1版　2019年6月第1次印刷
标准书号	ISBN 978-7-5506-2938-7
定　　价	68.00元
	(本书凡印装错误可向承印厂调换，电话:025-68566588)

学礼堂师生合影

吕友仁先生

吕先生在学礼堂接受王锷老师采访

吕先生八十大寿

吕先生部分著作

叶国良先生

叶先生与王锷老师合影

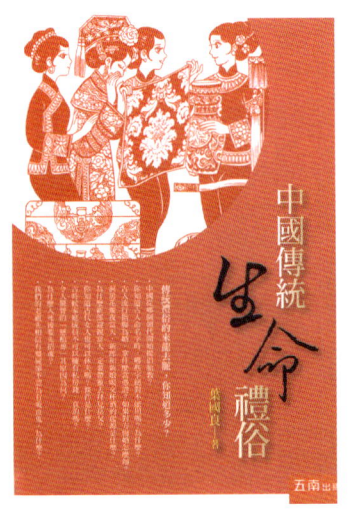

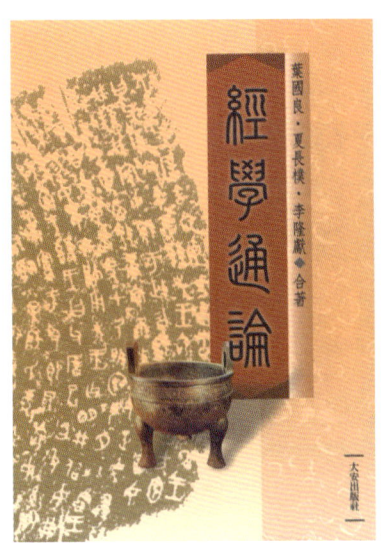

叶先生部分著作

贾海生先生

贾先生与王锷老师合影

贾先生指导博士答辩留影

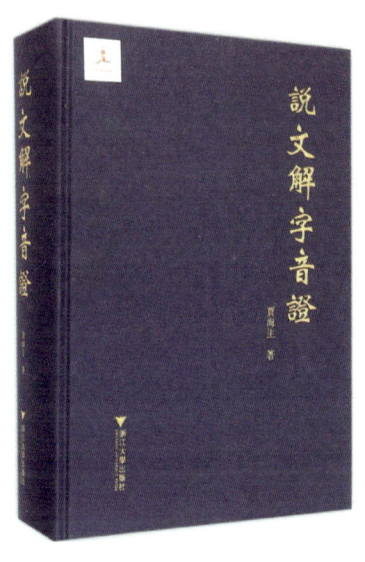

贾先生部分著作

杨华先生

杨先生与王锷老师合影

杨先生在书房

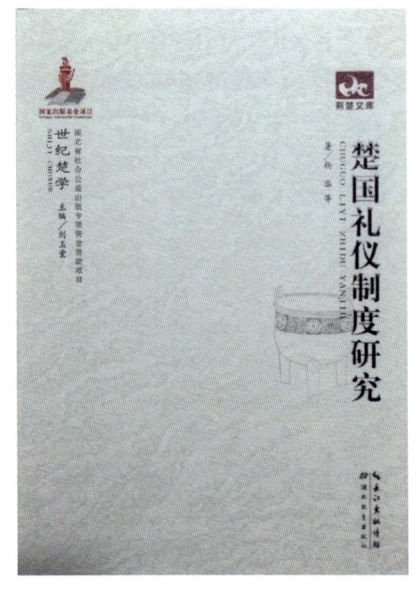

杨先生部分著作

序

王锷

中国文化的核心是经学,经学的核心是礼学。《曲礼》曰:"毋不敬,俨若思,安定辞。"无时不敬,容貌俨然,安定其辞,乃为礼之本。学以礼为先,礼以敬为本。《左传》曰:"礼,国之干也。敬,礼之舆也。不敬则礼不行,礼不行则上下昏,何以长世。"中国文化绵延数千年,备受世人瞩目向往者,惟有礼也。人有礼则安,无礼则危。故曰:"礼者,不可不学也。"

《学礼堂访谈录》第四辑《思乐泮水》收录对吕友仁、叶国良、贾海生、杨华四位先生的访谈。

吕友仁先生1981年毕业于上海师范大学古籍整理研究所,获硕士学位。现为河南师范大学文学院教授、硕士生导师,中国历史文献研究会常务理事,主要从事中国经学、礼学、训诂学和文献学的整理与研究工作。著有《礼记全译·孝经全译》《周礼译注》《礼记讲读》《〈礼记〉研究四题》《训诂识小录》《读经识小录》,整理《潜研堂集》《礼记正义》等。吕先生因机缘巧合,先后两次整理《礼记正义》,注译《周礼》《礼记》,发表研究中国经学、礼学的学术论文一百多篇,是当今中国经学、礼学研究的代表人物。早在 1989 年，因撰写《"学识何如观点书"辨》(《中国语文》1989 年第 4 期)一文，深得吕叔湘先生推许。吾与吕先生相识于 2001 年第 22 届中国历史文献研究会兰州年会，至今已近廿年。2002 年，先生惠赐《礼记全译》一书，并于扉页题词：

> 王锷先生左右：
> 范文澜《文心雕龙注》有云："凡例之末，类附乞言，而真能虚心承教者或鲜。吾虽不肖，实怀延伫之诚。苟蒙箴其瑕疵，攻其悖谬，无不再拜书绅。"诚哉斯言，友仁不肖，愿追随范子之后也。
>
> 吕友仁谨启　2002 年元月 16 日

此后十多年来，几乎每年与吕先生相见于中国经学或文献学学术会议，也经常收到或看到吕先生大作，诸如《〈礼记〉"刑不上大夫"旧解发覆》《〈礼记〉"礼不下庶人"旧解发覆》《校点本〈礼记正义〉诸多失误的自我批评》《孔颖达〈五经正义〉八例表微》《"礼是郑学"辨析》等文，务去陈言，皆有创见。

叶国良先生是中国台湾大学文学院教授，主要从事中国经学、礼学、金石学、古典文献学的研究与教学工作，著有《宋人疑经改经考》《经学侧论》《宋代金石学研究》《石学蠡探》等书。2003 年 11 月，我应邀参加中国台湾淡江大学举办的"第四届中国文献学学术研讨会"，发表论文《〈礼记·曲礼〉成篇年代考》，大会邀请叶先生为讲评人，始与其相识。叶先生先从屈万里先生治经学史，屈先生指导其硕士论文《宋人疑经改经考》；后从孔德成先生研究礼学与金文、殷周青铜彝器，孔先生指导其博士论文《宋代金石学研究》。1965 年，李济先生倡导用复原实验的方法研究《仪礼》，成立"《仪礼》复原实验小组"，作为中国台湾"东亚学术计划委员会"专题研究之一。该计划由台静农教授为召集人，由孔德成先生指导台湾大学中国文学研究所及考古人类学研究所学生从事具体研究，计划分为仪节、服饰、器物、宫室、车马、民俗等六个专题。各专题研究，结合考古学、古器物学、民族学观念与文献，参考历代学者研究，撰写研究报告五十多万字，陆续发表于《东亚学术计划委员会年报》，并由台湾中华书局刊印为《仪礼复原丛书》。1969 年，孔德成先生根据上述研究成果，指导学生将《仪礼·士昏礼》拍摄成黑白影片，以连续影像表现《士昏礼》具体仪节，弥补了传统礼图不延续性的缺陷，为古礼研究打开新纪元。三十多年以后，此黑白影像损坏日甚，不便传播，叶先生乃在《士昏礼》黑白影片的基础上，"稍作补充修正，再加入颜色考证的成果"，完成《士昏礼》彩色 3D 动画，复原《士昏礼》纳采、问名、醴使者、纳吉、纳征、请期、预陈馔、亲迎、妇至成礼、妇见舅姑、赞醴妇、妇馈舅姑等仪节，开拓了古礼研究的新方式。他鉴于"今人容易误解或缺乏概念的礼仪、风俗、名物、制度等"，用"较为轻松的口吻、以简驭繁的叙述方式"，撰写短文，介绍古代礼制，发表在《国文天地》，汇集为《古代礼制与风俗》一书，在台湾地区出版；后经删改增补，以《礼制与风俗》为书名，由复旦大学出版社于 2012 年再版，广受欢迎，多次印刷。近年来，他专攻礼学，撰写《驳〈仪礼〉为孔子手定完书说及其衍生之"新道统说"》《先秦礼书中保存的古语及其意义》《礼坏乐崩时代圣贤君子的坚持与抉择》《〈仪礼〉与〈诗经〉互证的学术意义》等论文，先后汇集为《礼学研究的诸面向》《礼学研究的诸面向续集》。他的研究成果,从一个侧面反映了台湾学者在中国经学、礼学研究方面的成绩。

贾海生先生现为浙江大学教授,博士生导师,古籍研究所副所长,是吾师赵逵夫先生的硕士、博士开门弟子。我在兰州工作时,与其交往并不多。自吾举家南迁至南京仙鹤山下,因研究礼学的共同爱好,交往日益频繁。每次见面,大多是彻夜海聊,除经学、礼学高大上的话题外,学术八卦、学界动态、人情冷暖、世态炎凉等,都是谈资。当聊到兴致高昂时,他会给你讲如何"搬砖",某年捯饬了什么文章,何日捯饬了什么项目,近又根据有关要求捯饬了什么,烟雾缭绕之中,漫不经心之余,聊胡吃海喝经历,谈学海无涯甘苦,海阔天空,漫漫长夜,转瞬即逝。聊熟了,称呼其为"老贾",并常戏言:"你是真师兄!"就师承而言,老贾是大师兄,品性耿介,尊严师道,眼中揉不得沙子!生活简朴,举止随意,善于思考,常有惊人之语,诸如"用兰蔻无数,不如读《曲礼》一篇",石破天惊啊!有人问我:"不见老贾用功,怎么会有大作?"我说:"你只知其一,不知其二。'其为人也,发愤忘食,乐以忘忧',你做梦时,他在读书。"老贾扎根小学,尤精音韵,立足文献,精读《三礼》,于小学、礼学研究,卓有建树。如《说文解字音证》一书,两百余万字,立足曾运乾先生五声五十一组说,吸收郭晋稀先生的音韵学研究成果,从《广韵》入手推出《说文》九千余字的古音,以见古今音变的规律与例外,是一部在古音系统中荟萃韵文、异文以证字之古音的著作。此举不仅发扬了曾运乾和郭晋稀两位先生的音韵学理论和结论,而且为从事音韵学、训诂学和经学研究者提供了方便。山东大学刘晓东教授说:这部书"里边的结论是可信的,而且非常精到。我认为这可以说是传统音韵学的一个高峰，应该是高本汉新的普通语音学的知识传进来之前，达到的一个最高的水准"。其《制服与作器》一文，长达十二万字，通过青铜器铭文，梳理周代丧服制度和亲疏人伦关系，多有创获。整理的《仪礼注疏》，标点句读，优于他本。参与策划主持的《中华礼藏》工程，可圈可点。为学如此，夫复何言！

杨华先生是武汉大学教授、博士生导师，教育部人文社科重点研究基地武汉大学中国传统文化研究中心主任、武汉大学珞珈特聘教授。主要从事先秦史、中国文化史、中国古代礼制研究。吾与杨兄相识于2005年"首届中国经学学术研讨会"，因研究礼学，来往密切。杨兄为人敦厚、聪明伶俐！读书治学，具有国际视野，针对中国文化的发展方向，他曾提出"中国路径"的观点，主编《20世纪思想家论文明进程的"中国路径"》和《文明进程的"中国路径"学术研讨会论文集》，并在《光明日报》国学版发起一场讨论，意欲推动中华文明独特性思考，提高中华文化软实力，受到学界关注。2015年，他敏锐地觉察到微信的传播能力，准备开办"礼乐微言微信公众号"，推广礼乐文明。当得知我有此意时，便相约同时开通"礼乐微言微信公众号"和"学礼堂微信公众号"，2016年农历正月初一，两个微信公众号一起上线，推送三年多来，受到学术界好评。2016年12月17日上午，应杨兄之邀请，到武汉大学历史学院以"《十三经注疏》刊刻与整理"为题演讲。中午，杨兄邀其夫人周老师及其弟子十余人陪同午餐，窗外天寒地冻，室内暖意浓浓！看到众多学生与其老师、师母和谐愉快的交流，同学们品尝着其师母周老师亲手制作的蛋挞，脸上洋溢着灿烂的笑容，立刻感受到了杨兄敬业乐群、教书育人的热情，也被周老师夫唱妇随的柔情所感动！杨兄研治礼学，立足《三礼》，从出土简帛切入，占据楚文化地利，撰写了一系列简帛所见楚地礼制的文章，先后结集为《新出简帛与礼制研究》《古礼新研》《楚国礼仪制度研究》等书，与老贾通过青铜铭文研究先秦礼制，杭州武汉，一东一西，相辅相成，遥相呼应，二位是当今通过出土文献青铜铭文和简帛文书研究先秦礼制的代表人物。

吕友仁、叶国良、贾海生和杨华四位先生，礼学是共同的研究方向，大学是相同的工作单位。《诗经·鲁颂·泮水》曰："思乐泮水，薄采其芹。"《诗序》曰："《泮水》，颂僖公能修泮宫也。"泮宫，《礼记·明堂位》作"頖宫"，周学，是周代培养教育贵族子弟的学校。《泮水》歌颂鲁僖公继承先祖事业，重视教育之事。四位先生辛勤工作，在高校教书育人，为祖国培养人才，传承中华礼乐文明，可敬可佩，故本辑取名《思乐泮水》。

2018 年 10 月 6 日初稿
2019 年 3 月 25 日定稿

目 录

序 ……………………………………………………………… 001

学会找到书，学会读懂书
——吕友仁先生访谈录 …………………………………… 001
吕友仁先生简介 ……………………………………………… 003
一、求学经历 ………………………………………………… 005
二、中学教师 ………………………………………………… 014
三、攻读硕士 ………………………………………………… 019
四、教学科研 ………………………………………………… 031
五、《中州文献总录》 ………………………………………… 037
六、《潜研堂集》 ……………………………………………… 040
七、《礼记全译》《周礼译注》 ……………………………… 047
八、《〈礼记〉讲读》 ………………………………………… 052
九、上古本《礼记正义》 …………………………………… 059
十、《儒藏》本《礼记正义》 ………………………………… 064
十一、《〈礼记〉研究四题》 ………………………………… 067
十二、古汉语研究 …………………………………………… 074
十三、经学文献研究 ………………………………………… 080
十四、礼学研究 ……………………………………………… 083
十五、研究计划 ……………………………………………… 093

悠游经史，诠释传统

——叶国良先生访谈录 ································ 101
- 叶国良先生简介 ···································· 103
- 一、求学经历 ······································ 105
- 二、《宋人疑经改经考》 ······························ 109
- 三、金石学研究 ···································· 111
- 四、《礼学研究的诸面向》 ···························· 119
- 五、《礼制与风俗》 ·································· 125
- 六、《中国传统生命礼俗》 ···························· 130
- 七、礼学与现代社会 ································ 134
- 八、台大文学院 ···································· 140
- 九、饮酒礼仪 ······································ 144
- 十、学术师承 ······································ 151

释礼征遗文，证音传旧谱

——贾海生先生访谈录 ································ 163
- 贾海生先生简介 ···································· 165
- 一、求学经历 ······································ 167
- 二、《周代礼乐文明实证》 ···························· 174

三、金文与礼学……………………………………182
四、整理《仪礼注疏》……………………………191
五、参编《中华礼藏》……………………………193
六、礼学现代化……………………………………198
七、礼学文献专题研究……………………………205
八、《说文解字音证》……………………………214
九、音韵学…………………………………………224
十、学术师承………………………………………236
十一、研究计划……………………………………240
十二、学林轶事……………………………………244

遗俗求诸四野，古礼用契当代
——杨华先生访谈录……………………………249
杨华先生简介………………………………………251
一、求学经历………………………………………253
二、进入武汉大学…………………………………270
三、《先秦礼乐文化》……………………………277
四、《新出简帛与礼制研究》和《古礼新研》…280
五、《楚国礼仪制度研究》………………………288
六、简帛与礼制研究………………………………295

七、礼学研究方法论……………………………………304
八、中国文化史研究……………………………………311
九、"文明路径"讨论……………………………………321
十、研究生指导…………………………………………330
十一、出国访学…………………………………………345
十二、学术师承…………………………………………352

学会找到书,学会读懂书

——吕友仁先生访谈录

吕友仁先生简介

吕友仁先生,1939年生,河南荥阳人。1962年毕业于河南大学外语系。1981年毕业于上海师范大学古籍整理研究所,获硕士学位。1982年,至河南师范大学任教。1992年晋升教授。现任河南师范大学文学院教授,硕士生导师,中国历史文献研究会常务理事、国家社科基金项目同行评议专家。主要从事经学、训诂学、中原文献整理研究。著述有:《礼记全译·孝经全译》《周礼译注》《礼记讲读》《〈礼记〉研究四题》《训诂识小录》《读经识小录》。整理古籍有:《渑水燕谈录》《潜研堂集》《礼记正义》(上海古籍出版社本和北京大学出版社本)。主编《中州文献总录》,在海峡两岸刊物上发表《〈礼记〉"刑不上大夫"旧解发覆》《〈礼记〉"礼不下庶人"旧解发覆》《校点本〈礼记正义〉诸多失误的自我批评》《试说孔颖达〈五经正义〉的九条"例"》《孔颖达〈五经正义〉注疏关系十六字说》等论文130多篇。

一、求学经历

王锷：吕先生，您好！欢迎您莅临学礼堂接受我们的采访，请您先谈一谈求学的经历。

吕友仁先生：那么我从小学说起吧。我 1939 年生于西安，正是抗战时期。六岁上学，读书的学校，先后有两个。第一个叫做交通巷小学，交通巷是西安市的一条街道。这个学校，离家远，离西安市城墙近。为什么到那个学校上学呢？因为抗日战争时期，经常要躲警报，就是躲避日本人的飞机轰炸。为了躲避轰炸，我们这些老百姓，都要就近找个防空洞。而交通巷小学离城墙近，许多防空洞就是挖在城墙上。抗战胜利后，我又转学到一个离家较近的教会学校，叫做崇德小学。"崇"是"崇拜"的"崇"，"德"是"道德"的"德"，不是 German，不是德国的"德"。这个教会小学给我留下的印象就是很漂亮，有大片的花草，有大教堂。每周有两节圣经课，每人面前放着一本厚厚的《圣经》。末了，还要跟着老师"阿门"。上学嘛，我感觉那时候并没有表现出对读书多么有兴趣，也就是不迟到不旷课而已。这时候，看小人书的兴趣蛮高。街头巷尾都有租看小人书的地方，父母亲给我的零花钱,差不多都用来看小人书了。读完小学二年级,父亲说咱们要回老家,到老家看看,你们总是在西安,都不知道自己的老家在哪儿了。我老家是什么地方呢?是河南省荥阳县金寨村。荥阳离郑州,大约也就是七十华里。

当时是坐火车回老家。那个火车啊,我现在还记得,走得很慢,走走停停,有时候停的时间很长。走了三天三夜,才到达荥阳。到家以后,就在村里的小学随班读书。那时候我一口的陕西话,"我"的发音是"é",同学们都笑话我。这时候有个什么现象呢?我好像知道用功了。从小学三年级开始,每次期末发榜,贴在学校门口的墙上,我都是第一名。那时候好像有一点感觉:读书好了,不仅老师喜欢,同学喜欢,就是村民也会投来异样的眼光。读到初小四年级,没毕业,内战就打起来了。那时的老百姓,见了当兵的都怕,躲之唯恐不及。受此影响,老师也不敢来学校上课了,学校就停了。这时候,我父亲怕我学业荒废,就来抓我的学习。他从我们家的箱子里找了一本《论语》,线装的,印刷粗糙,好像是三家村学究使用的那种教科书。对我说:"你就读《论语》。"另外,每一天要求我写多少大字,多少小字。我很怕我爸爸,惟命是从。

王:写毛笔字吗?

吕:唉,对了,要写毛笔字,大字写多少,小字写多少。再一个是读《论语》,要求会背。我父亲率先给我做出榜样,我也真佩服他,他差不多把那半本《论语》都给背下来了。在家自学也没有多长时间,很快就解放了。解放后,我就到离我家二里地的一个叫东史村的村子去读完小,在那里读了五年级、六年级,算

学会找到书，学会读懂书
——吕友仁先生访谈录

是完小毕业。1952年，高小毕业，要升初中。我报考的是荥阳中学。荥阳中学是完中，有高中有初中，它的校名叫做"河南省立荥阳中学"。当时整个河南省像那样的中学，没有几所。所以我的初中同学，真的是来自四面八方。从南边来的有登封的，有密县的；从西边来的，有巩县的，有偃师的；从北边来的，有黄河北边的，有温县的，还有沁阳的。我考上的这个初中啊，给我留的深刻印象是什么呢？是发榜那一天，我们同村的考生相约一齐去看发榜，看榜上有名没有。当时啊，我记得是正取三百名，备取六十名。所谓正取，就是正式录取。所谓备取，就是在你这正取三百名里，如果谁因为什么原因没来报到，那么六十名备取生就会按照顺序依次递补。你们知道怎么样贴榜吗？最初我也不懂，后来懂了。和古代一样，是从低等往高等贴，从最后一名往第一名那里贴。所以它首先贴备取六十名，然后再贴正取。贴备取生时，我还心不在焉。贴正取三百名的时候，我的神经就紧张起来了。只见他贴啊贴，贴一张没我的名字，再贴一张还没我的名字，哎呀要贴最后一张了，我心跳就有点加快了。这一张再没有我的名字，我就名落孙山了，怎么回家交代呀？最后一张贴定，哎，第一名李进才（我与此君臭味相投，高中同班，大学同校，可惜英年早逝），第二名就是吕友仁。这时候，我一颗悬着的心才放下来。这个事传得很快，似乎我给我们村也长了脸，村人指指画画，说这个孩子考了个第二。

我读初中的三年，最好的功课就两门，一门是语文课，再一门是历史课。我没有当过什么班干部，但是大家一致选我做语文课代表，另外还兼历史课代表。作文，每两周讲评一次。一开始，老师往往把我的作文作为范文念给大家听。时间长了，总是如此，老师都不想讲评我了，同学会起哄："吕友仁的作文怎么样？"老师就说："他不总是那样吗！"印象最深的一次是，1953年3月5号，斯大林逝世。当时我们荥阳县，是郑州专署所在地。郑州专署所有机关干部，省立荥阳中学的全体师生，都集合在县政府那个大广场开追悼会。追悼会后，老师命题作文，即以"斯大林逝世追悼会"为题。我也不知道怎么胡诌了一篇文章，教语文课的老师们都说好，不但初中部老师觉着写得好，连高中部老师也说好。于是拿到高中部去念。初中这三年，吕友仁这个名声出来了：他语文好，历史好。实际上那时候的我还是很幼稚的，要说有点什么与众不同，可能是读的课外书稍微多点。因为我在完小阶段，《三国演义》《西游记》《水浒传》，都已经读了不只一遍。当时我自己线装的《三国演义》《西游记》都不止一部。此外，我还读了很多闲书，蔡东藩的《清史通俗演义》，还有《东周列国志》《三侠五义》之类。我串亲戚的时候，一看亲戚家有这一类书，拿着就走了。能读懂多少，自己也不知道。反正是有兴趣。经常是一边吃饭，一边看这些杂书。

初中就这样过去了，下面是考高中。当时高中还是很难考的，很多初中同学落榜了。考上以后，我读书的努力方向发生了九十度的转弯。原因是，一次早上做完早操，校长训话，说我们要培养留苏的预备生。校长的这番话给我的印象非常深，当时我就立了一个志愿：我要当留苏预备生，所以我要好好学俄语。高中阶段，我当了三年俄语课代表。俄语学得非常努力。表现在什么地方呢？一个是我高中的俄语考试成绩，是九个一百分。为什么是九个一百分呢？六个学期，那是六百分；每一学年还有一个平均分，所以就是九百分。

王：哦，那都是满分。

吕：对，每次考试都是满分。再一个是我通读了哈尔滨外专编写的《俄语语法》。这部《俄语语法》，实际上是大学教材。哈尔滨外专是当时全国培养俄语人才的基地，就是今天的黑龙江大学的前身。我是从老师那里借来，一套三册，我就啃那玩意儿。另外，学校订的有俄文版《少先队真理报》，用俄语来说就是Пионерская правда，听起来比英语啰嗦。如果用英语来说，就是pioneer truth。阅读这份俄语报纸，觉得不费力气，都懂。

高三的下学期，要准备考大学了。我的首选目标是北京外语学院，当时还不叫北京外国语大学。北京外语学院是提前招生，到各省去招。河南的考点在省会郑州。我和我的一个同班同学叫马复尧的，一起报了名。考试很顺利，我感觉考题很容易，我都会答啊。我觉着考上应该没问题，应该被录取。结果，来通知书了，跟我一道去的马复尧录取了，我没被录取。为什么没有被录取呢？后来我才知道原因，家庭出身不好，我是地主家庭出身。我毕业的时候是1958年，反右是1957年。反右以前，并不多么重视家庭出身。反右以后，不一样了，阶级斗争那根弦抓得非常紧。反右以前，地主、富农子弟一样当班干部；反右以后，这种现象没有了。凡是地主、剥削阶级家庭出身的子弟，一律都退下来了。那时候，我和我们班上的一个班干部私人关系很好。有一天晚上，我们两个在操场上散步，他给我说了这样一段话："那个谁谁谁（班上一个同学），他都不知道他的档案里写的'此生不能录取'，他还报北京大学图书馆学系呢。"他是言者无心，而我是听者有意啊。我心里想，那个同学是富农家庭出身，而是我地主家庭出身啊，比他更厉害啊。我的档案里填的什么结论呢？我也不好意思问。后来我被开封师院（今河南大学）外语系录取的事实表明，我属于重点大学不能录取，普通大学可以录取。谢天谢地，还是给了我出路的。后来我又看到一些回忆这一时期高校招录的文字，我才明白过来。1978年我考研究生的时候，考了第二名，第一名是刘永翔先生。刘永翔先生的父亲是右派，他当年高考也没有被录取。所以他一直在街道工厂里做临时工。到了1979年，不讲究家庭出身了，这时候刘永翔先生展现了他的英雄本色，考了第一。而我这个地主家出身的子弟，就考了第二。这就是我对那一段的总结。

1958年暑假过后，我乘火车来到开封师范学院，就是现在的河南大学。我读大学这四年，政治空气非常浓。一进学校就是"红专关系大辩论"。你是走"红专道路"？你是走"白专道路"？像我这样的肯定是"白专道路"啊。你是地主出身，"白"是天然带来的。你学习成绩好，当然你是"专"，毫无疑问我是属于"白专道路"典型。还有那个时候的全民大炼钢铁，大学里也搞得热火朝天。我们外语系在六号楼，六号楼前面都是小高炉。那时候的学校根本不像学校。贯彻党的教育方针，那是陆定一写的，《人民日报》通栏标题："教育为无产阶级政治服务，教育与生产劳动相结合。"那时候从我

1958年本科一年级留影

内心里，是真想读书啊！在教室里晚自习的时候，一个人一个小桌子。有时候，我桌子上面放的是《毛选》，下面的抽屉里放的是专业书，偷偷地瞄着看。那几年，读书的时间实在是太少了，政治学习和生产劳动占的时间太多了。到了1961年，我们读三年级了，政治学习少了，劳动也少了。为什么少了？按咱们现在的官方说法是"三年困难时期"，大家都饿肚子，走路都没有劲。像我们这些大学生，年轻小伙子，正是能吃的时候，一天也只有九两粮食，又没什么副食。保命要紧，所以那时候就没有劳动了，政治学习也少了。那时候，你可以看书了。但是你饿得要命，能看进多少书啊！整个大学四年，叫我说啊，真正用到读书上的时间，太少了！但是就我个人来说，我觉得还是学了很多东西，所以大家也公认我俄语是班上学得最好的。当时我的俄语水平，和两个外教交流是非常顺利的，再一个就是听苏联广播的听力也是相当高的。好汉不提当年勇，这都是过去的事了。

　　大学生正当青春期，谈恋爱在所难免。对于我来说，先天就没有谈恋爱的资格。为什么？一个是我这个地主出身不行，那时候没有女孩子找地主家庭出身的。明知道那是个麻烦事，跳火坑的事。再加上女同学少，我们班上三十个人，二十七个男生，三个女生。如此比例，更是不会有人愿意找剥削阶级家庭出身的。到了毕业分配，我这人真是有点不识时务。像我这样的，不是党员，连团员都不是。我只当过少先队员，这就是我达到的最高政治高度。到了毕业分配的时候，我像个愣头青似的，填报志愿，我报了一个：留校。真是不知好歹！留校首先要政治条件好。就这一条，我就不够格。公布分配方案，我被分配到豫南一个县城。受此挫折，心里非常不痛快。就自己一个人，到外面找了一家小

1962年大学毕业留影

酒馆,喝闷酒。闷酒容易醉人,那一次我确实喝醉了,三四两以上肯定有。那也不是什么好酒,确实喝醉了,这是我生平第一次醉酒。

王:受到了不公正的待遇嘛!

吕: 对啊!实际上有什么不公正的?你想,你是个地主子弟,我们给你碗饭吃就够了。你癞蛤蟆想吃天鹅肉,还想留校?那都是积极分子和干部的待遇啊!怪我自己不知道天高地厚,应该这样认识到才对。后来幸运又突然降临到我的头上,好像冥冥之中有不知道叫做什么的神明在护佑我。实际上,与神无关,是负责毕业分配的老师和班上干部,认可我的业务能力。他们改变了我的分配决定,把我的分配等级由地区教育局分配提高到河南省教育厅分配,这就意味着可以分配到高等学校。但是,那是1962年,饿肚子的情况刚刚好转,国家的八字方针是"调整、巩固、充实、提高"。根据这个八字方针,按惯例分配到高等学校的,一律分配到重点中学。这我就没话说了。人家许多政治条件好的还都到重点中学去,我能够跟人家平起平坐,已经是够意思了,我不能不知足了。结果把我分配到新乡市的新乡中学,那是新乡专区的重点中学。这所学校干部子弟很多。

我到新乡中学报了到，从此开始了我做俄语教员的生涯。因为我是由省教育厅直接派去的，学校党支部书记和校长对我还是另眼相看的，专门找我谈话，勉励有加。因为跟我一道分到新乡中学的应届毕业生有四五个，他们属于地区教育局分配去的。

王：级别不一样。

吕：是啊！级别不一样。人家校领导当然也很清楚，所以对我说："你看，把你分来了，说明省里对我校的重视。"那些同时分配到新乡中学的省内高校应届毕业生，也感到不解："这个地主出身的咋比咱们这些出身好的还让领导高看呢？"

二、中学教师

王：后来就在中学教俄语？

吕：是的。俄语只教了两年。大家知道，中苏关系破裂，俄语就不吃香了。这时候我只有改行。改行当然教英语了。在开封师院外语系读书时，英语是我的第二外语。但是那个时候骂美帝骂得厉害，而整天喊着中苏友谊牢不可破。高考成绩好的分到俄语专业，差的分到英语专业。这种客观形势让我们这些涉世不深的学生感到学俄语是个铁饭碗，因此对学习英语不重视，应付了事。我也是不重视，学得很马虎。现在要给学生讲英语，自觉底气不足，有点误人子弟。但是我的自尊心相当强，不甘落后。我发愿要把自己的英语提高到本科水平。为此，我给自己订立了两个进修英语目标。第一，当时的英语本科专业，学生使用的课本是北京大学许国璋主编的八册《英语》。我就把许国璋这八册英语教材全部买来了。没人教我，我自学啊。你上面有什么作业我都做啊，一题不落。我就这么自学。第二，我又自学一种是英文原版的教材，叫做 Essential English，就是《基础英语》，一套四册。这套书编写得很有趣，是用故事贯穿起来的。我就这样齐头并进地自学。那时候还是二十多岁，精力旺盛，记忆力也蛮好，不以为苦，反以为乐。不学好英语，我就挺不起腰，抬不起头。这两个目标，我都达到了。上世纪70年代初，我记得有一年去北京。当时刚刚有外国人到中国来，大家都围着外国人看稀罕。还有的同胞与被围观的英国人对话，我听起来，都替那位同胞着急，都想把他推到一边去，由我来替他说几句。

教了几年英语之后就是"文化大革命"。像我这样的出身不好的人，应该说是该我倒霉的日子来了。在"文化大革命"以前，学生对我的政治表现就不满意。学生都清楚啊，里面干部子弟很多，吕老师，地主出身，连个团员都不是，你说笑话不笑话！学生里面要发展团员，我是班主任，也得管这个事啊！学生知道我连个团员都不是，轻蔑的眼光，一望可知。但是我周围的老师同事们，都很关照我。总觉着我吕某人就是一个书生，心无城府，对谁都是开诚相见，而且知识比较全面。可能是这个原因，所以老师们都对我没什么反感。特别是"文革"初期，我能够安然无恙，既没受皮肉之苦，又保持了人格尊严，真得感谢我同事们的爱护，幸免一劫。虽然我是外语教研组的老师，但和语文教研组的老师很说得来。他们都觉着："哎，老吕，来我们语文教研组吧！"

1973年，发生了一起轰动全国的马振抚公社中学事件。河南省唐河县有一个公社叫马振抚，这个公社里有一所中学，农村中学也开英语课。这个中学有一个女孩子叫张玉勤，她在英语考试卷子背面写道："我是中国人，何必学外文。不会ABC，也当接班人。接好革命班，埋葬帝修反。"受到老师的批评。次日，这个女学生跳到水库里自杀了。这件事惊动了最高层。当时的中央

"文革"小组抓这个事,首先影响到的就是外语老师。外语不吃香了,外语课不开了,我这个英语教员当然也得另找饭碗。所以下边我教过什么课呢?我教过政治,教过数学。误人子弟,真是罪过啊!

我的人生道路的转折发生在1975年。1975年搞"批林批孔"。"批林批孔"中有一个环节叫做"评法批儒"。"评法批儒"当中的一个事情是注释西汉桓宽写的《盐铁论》。当时中央"文革"小组认为那是一本反映儒法斗争的书。其中的御史大夫桑弘羊,是法家的代表;其中的"贤良文学"是儒生,是儒家的代表。上面发话,下面就跟风,一窝蜂似的注释《盐铁论》。新乡市委宣传部也组织了一个注释《盐铁论》的班子。注释完了,开个座谈会,征求意见,以便修订。开座谈会,把我也给叫去了。我也不知道天高地厚,哇啦哇啦地提了若干意见。人家宣传部的领导也挺开明,没有说这个人不是内行出身,听听就听听,一笑置之。不是这样。人家倒把大门敞开了:吕老师,来吧,你也来我们注释小组吧。就这样,我被借调到《盐铁论》注释小组里了。

"评法批儒",再往前追溯,更有趣了。在注释《盐铁论》之前,还有批判"三百千"的高潮。所谓"三百千","三"是《三字经》,"百"是《百家姓》,"千"是《千字文》。这些都是过去的幼儿启蒙读物。当时的"文革"领导者,认为"三百千"也是儒家的东西,也要批!这个批"三百千",我也作为秀才参加了。你别说,新乡市当时的党政领导,他们对"三百千"很陌生,还不清楚究竟是什么玩意儿。这跟咱们看到的史书上记载的地方官员大不一样。两千年来,史书上记载的那些县太爷、知府大人,等等,他们肚子里"三百千"是肯定有的,你再说点深奥的他也

学会找到书，学会读懂书
——吕友仁先生访谈录

有。我们这些党政领导也挺虚心，不懂就学，所以我们这班秀才才有幸卖弄一通。这都是特殊年代的特殊事，千载难逢。这以后才是注释《盐铁论》。这件事，省委宣传部很重视，为了保证注释质量，就让新乡市的注释组与洛阳市的《盐铁论》注释小组合并，加强力量。我们在洛阳注释了三个月。河南人民出版社说，你们干脆来郑州，就住到出版社，以便加快注释进程。于是我们又转移到河南人民出版社，在那里继续搞。最后搞成了啥结果呢，我是一个小兵，也不知道，也懒得问。反正我是大有收获。注释《盐铁论》，给了我一个认真阅读古书的机会，一个翻阅各类工具书的机会，一个练习训诂学的机会。

《盐铁论》注释完了，按说该散伙了。这时候呢，市委宣传部长又传达省委指示了，说周总理去世前批的最后一份文件，就是要把老《辞源》给修订一下，现在这个任务已经下来了。领头的是商务印书馆，参加的省份是中南四省，两广、湖北、河南。河南省要成立一个河南省《辞源》修订小组，咱们这些直辖市也要成立一个《辞源》修订小组。好了，注释《盐铁论》的班子不用解散了，就这样，摇身一变，我又成了新乡市《辞源》修订小组的一员了。在这个《辞源》修订小组里，我还是以外语教师身份出现。新乡市有二十多所中学，光语文教研组组长也有二十多个啊，怎么轮到一个外行来逞能啊？但是不知道什么原因，我的意见，往往被组长所接受。譬如我说，咱们需要什么书，请组长跟部长说一下。于是乎我们就先去新乡市图书馆调书，这是个大开眼界的机会啊。新乡市图书馆，像我这样的，平常没机会进去啊。现在我打着市委宣传部的大旗，他们视若上宾啊！进到图书馆的古籍特藏室，看到那么多的古书，让人兴奋不已。我把需要的书一一拣出。还有一些书，一时不需要，但我受好奇心驱使，久闻其名，未曾一见，不如带回去看看。就这样，拣了许多书，由宣传部派车拉回来。过一段时间，书又不够用了，就再去图书馆挑拣、拉回。修订《辞源》，我们都是新手。《辞源》，顾名思义，就是要追溯一辞之源。一开始，我们给自己订了一个最低目标，我们要把原来的书证统统给核对一遍。这是最低目标啊。最高目标是什么？它的书证晚，它的书证不合适，它的释义有毛病，它的释义缺少义项，等等。甚而至于，有些词语，古书中的使用频率相当高，但《辞源》遗漏了。如果能够做到这一步，那就更对得起读者了。《辞源》的学术定位是阅读古书的工具书。我国的古书汗牛充栋，有道是学海无涯，新乡市图书馆的藏书肯定不敷用，于是就需要带着具体任务跑到外地图书馆，寻求解决。市委宣传部长冯靖对我们《辞源》修订小组的工作非常支持。每当新乡市图书馆的藏书不够用时，我们就给宣传部长反映。部长说："你们想去哪查书？""我们想去北京。""好。"到了北京，北京图书馆啊，中国科学院图书馆啊，还有其他图书馆，拿着市委的介绍信，一路畅通。有时候，我们需要到上海方向看书，部长同样大力支持。于是我们修订小组一行人，先到河南省图书馆，接着去南京图书馆，接着去上海图书馆。有这段经历，感觉收获很大。我后来跟研究生上课，给他们建议，你们要争取机会，到中国有名的几家大图书馆去看看书。如果你连河南师范大学图书馆古籍特藏室都没有进去过，你的眼界怎么会大呢？言归正传，从 1975 年的"评法批儒"开始，连续三四年，我都是与古书打交道，沉下心来，查阅古书，看懂古书。这为我日后改变学术方向奠定了基础。

三、攻读硕士

王：您后来又考了研究生？

吕：是的。考研究生，这是1978年的事。我是1939年生，1978年我三十九周岁。有一天，忽然《人民日报》发布消息，新乡市的大喇叭也广播：研究生考试恢复，年龄限在三十五周岁。这个消息令人振奋，问题是我超龄了，没戏了。过了没几天，又传来好消息：考生年龄放宽到四十周岁。真是阿弥陀佛，我又可以圆梦了。我就给宣传部长冯靖说，我想报考研究生。冯部长实在是个好部长，回答很干脆："行！"接着他就给新乡市教育局打电话，教育局长是他部下啊。冯部长给教育局说："吕友仁要报考研究生，你们给办一下。"那边跟奉了命令一样，就给我报上名了，我也不用亲自到教育局去报名了。然后就是选报什么学校，什么专业。原来我自己也不是心中有数，就翻阅各大学的招生简章。翻来翻去，看到上海师范大学古籍整理研究专业招生，它推荐的两种考试参考书是两"司马"。一部是司马迁《史记》，一部是司马光《资治通鉴》，不由得眼前一亮。这两部书，我不能说都读过，但我都翻阅过，都是在"文化大革命"时期阅读的。我读的那部《资治通鉴》，是中华书局最初出的那一部，部头特大，只有上下两册。你们想想那个厚度，都是差不多两砖头厚。当时"文化大革命"，"红卫兵"小将"造反"，图书馆的书都散出来了。《资治通鉴》在路上扔着，我就把它捡回来了。捡回来我就读啊，有时候晚上躺到被窝里读，两手捧着一本《资治通鉴》，就像捧着一块砖头，很吃力。好在那时候还年轻。再往前追溯，读初中时，家里有一部《纲鉴易知录》，我感觉有趣，也经常翻翻。这是读《资治通鉴》。至于读《史记》呢，我没有《史记》，但有个同事是历史老师，我问他有没有，他说他有前四史，是殿本的，没有标点，但有句读。我说你借给我看看吧，人家慨然许诺。我借来以后，就认真地看。有读懂的，有读不懂的。譬如说《天官书》，我怎么看得懂呢？到现在看《天官书》，如果没有注释，我还是看不懂。就是那样啃。有了这点底子，所以就决定报上海师范大学古籍整理研究专业。这两部书呢，我也不打算临时抱佛脚了。我总算跟它们都打过交道，加上最近几年与古书打交道，心里还是比较踏实的。至于外语考试嘛，我觉得我的外语应付非外语专业考试够用了，也不打算复习了。我最怕的是什么呢？是时事政治。这需要认真对待。说来也巧，幸遇一位新乡市铁路中学教政治的孙老师，他是北师大哲学系毕业的，他报考南京大学的哲学专业研究生。他的俄语比较差。他说："吕老师，咱俩换换工。你帮我复习俄语，我帮你复习时事政治。"我说："太好了！"结果，他考上了，我也考上了，皆大欢喜。上海师范大学初试的时候，刘永翔考第一，我考第二。到复试的时候，上海师范大学一分为二：华东师范大学、上海师范学院。刘永翔考华东师大的第一，我考上海师范学院的第一。

王：当时一起考上的同学，现在从事学术研究的还有哪些？

吕：当时是这样的。初试了以后呢，录取名次凡是单数的，一、三、五、七、九的，都到华东师大去参加复试；凡是二、四、六、八、十的，都到上海师范学院去参加复试。我是第二，我就到上海师范学院这边复试了。稍微有点不同的是，华东师范大学是两年制，上海师范学院是三年制。在这三年的学习时间里，我们两校有些课程是由同一位先生执教的。在这种情况下，我们上海师院的学生就到华东师大去上课。比方说，《诗经》课由华东师大的程俊英先生讲授，我们就到华东师大去。彼时，程先生已经年近八旬，坐在讲台后，真像个慈祥的老奶奶，让人尊敬。程先生给我们讲课，她第一句话就是："当年是黄侃先生给我们讲音韵学，这个音韵学我到现在也不太懂。"对我震动很大，原来教授是可以说"自己不懂"的！时间长了，知道程俊英先生的故事很多。比如说，她是中国第一代女大学生，她是中国第一代女教授。在北京女子高等师范学校读书时，由李大钊导演的话剧《孔雀东南飞》里的那个刘兰芝，就是程俊英先生扮演的。演出时很轰动，李大钊问他女儿："你觉得上面谁演得最好看？"他女儿说："兰芝最好看！"

王：当时在上海师院是您和哪几位先生？

吕：我的同学有五个：一个是王松龄，重庆人，毕业于北大中文系；一个是俞宗宪，上海人，毕业于上海教师进修学院；一个是朱杰人，上海人，毕业于上海师范学院，现任中国历史文献研究会会长。

王：他也是分在上海师范学院吗？

吕：对。还有一个肖鲁阳，他是武汉大学图书馆学系毕业的；还有一个李伟国，上海人，毕业于上海中学。六人之中，李伟国年龄最小。这位老弟啊，他是上海中学毕业。上海中学，江南四大名中之一，名人辈出。1978年，这位老弟同时得到了两份入学通知书，一份是复旦大学经济系本科的通知书，一份是上海师范学院硕士研究生通知书。李伟国选择了后者。

王：就是你们六个在上海师范学院，严佐之先生他们在……

吕：对，华东师大那边录取的人数稍多一些。

王：那为什么会有这个差异呢？

吕：这个我就说不清楚了。好像两年制的不要求毕业时写论文，而三年制则要求必须写论文。

王：就是严佐之、吴格等先生，我知道几位，他们都分头跟我讲过。

吕：现在我也叫不出名字了，吴格在复旦大学图书馆，他搞得很有成绩。华东师大那边的同学与上海师范学院的同学，虽然是两个学校。但是，因为当年初试是在一起的，后来的上课，又有几位老师是共同的，所以大家不分彼此，有一种同学情结。

王：上课时经常在一起的？

吕：对，有些课在一起，有些课不在一起。上课不在一起的，有的老师是共同的。例如，文字学的老师，两校都是胡邦彦先生。这一段读书很要紧，很愉快。正是拨乱反正的时候。依我看，咱们中国高等学校为学生创造出最好的读书气氛的时候，就是我们读研究生的那三年。怎么说呢？连党委书记都放下架子来抓教学！1978年，上海师范学院第一届硕士研究生招了十四名，党委书记就把我们这十四个人召集到一起，谆谆教导，勉励我们好好读书。

右二为吕先生，持杖者为胡邦彦先生（是两校共聘的文字学老师）

王：说明当时对教育事业非常重视。

吕：对呀！而且当时那个书记说："我是当过上海医学院党委书记的。"他还说过这样的话，给研究生上课的老师，如果咱们自己学校不够的话，从上海市去选。如果上海市还不够的话，我们在全国范围内选。就是说，该上的课要上够，不打一点折扣。这一点，我感觉现在很多学校都做不到。一般都是我这里有哪些老师，我就给你排哪些课。

王：现在是就地取材。

吕：对啊！就地取材。我们那时候，就地取材当然有，但是很多老师确确实实都是依赖上海的支持，依赖全国的支持。像讲授音韵学的郭晋稀先生，他就是从西北师范学院聘请来的。这些先生来，不是来做一次两次报告就算了，而是整整一个学期都待在上海师院，每周都有课。

王：郭先生上了一学期。

吕：对啊！上了一学期课。郭先生写的讲义，发给学生。这份讲义，我至今还保存着。郭先生烟瘾很大，我们曾经问过郭先生："郭老师，每月学校（上海师范学院）给你多少补贴？"郭先生答："30元。"我们私下议论，郭老师抽的烟是大前门，大概是一块多钱一盒。30元，不够郭老师抽烟用的。其他应邀的老师也是这样。我曾经写过一篇《历史文献学是历史系的不能承载之重》的文字，详细介绍了我们的授课老师，有意者请参看。那篇文字让我想起来了我们那三年啊。因为我们都是穷学生，三个人一个宿舍，都是双人床。双人床的上面一层是可以放东西的，我们睡

学会找到书，学会读懂书
——吕友仁先生访谈录

1980年研究生与郭晋稀先生合影。左二为吕先生，右四为郭晋稀先生

在下面。我们宿舍有一个书架，但书架上没有什么书。我们读研究生三年，基本上就是天天泡图书馆。图书馆一开门，我们就跑去了；关门，我们再出来。就是这样日复一日地过来的，和现在的读书条件没法比。

王：那时候上了三年，你们要写毕业论文参加答辩？

吕：对，要写毕业论文。还有一点让人感激的，我这次在马鞍山开会遇到一位中华书局的女编辑，她主动给我打招呼，我就很由衷地说："我对你们中华书局始终抱着感激的心情。"为什么呢？全国的文献专业，包括北大的，只有我们那一届享受了这样一种待遇：甫进校，裴先生（讳汝诚）给我们每人一本宋人笔记，说：这本书，要求你们自己完成它的整个整理过程。诸如怎么标点，怎么校勘，怎么调查版本，怎么写校勘记，怎么写出版说明，怎么辑佚，统统由你们自己来做。做好以后，交由中华书局出版。校点宋人笔记，是个很实在的东西。如果没有这个实践的话，恐怕以后还要走弯路。这个校点实践让我们受益很大。那时候傅璇琮先生是中华书局总编辑。崔文印先生负责审稿，为我们把关。崔先生很负责任，把写好的校勘记给崔先生送去，崔先生就认真批阅。有的批语很不客气，类似"这还需要写校勘记吗？"弄得傅璇琮先生不好意思，向我们的老师裴先生表示歉意。实际上，我们六个同学都是生手，正需要一位像崔文印先生那样认真

上海师范大学古籍整理研究专业第一届研究生与郭晋稀先生合影。
前排左一为吕先生，前排左三为程俊英先生，前排左四为郭晋稀先生

负责的编辑帮助把关啊！读研究生那三年，跟当年读大学的那四年（1958—1962年），完全颠倒了，简直是两个不同的时代。大学四年，你要好好读书，就批你走"白专道路"。读研究生三年，进去就让你好好读书，整天泡在图书馆里面，而且老师都是竭心尽力地把自己的学问传授给学生。非独此也，还有图书馆方面的大力帮助，还有中华书局的大力帮忙，这才成全了我们。讲到这里，心潮澎湃，真不知道如何感谢那个时代！而且，我们那一届不是像现在这样招生，每年都招。我们那一届不是这样。我们是1978年入校，1981年毕业了。好，送走了我们，1982年，老师们才招收第二届。

王：现在回想起来，当时给你们上课的那些老师当中，您觉得哪些老师对您一生的治学影响最大？

吕：像刚才我说的程俊英先生，她第一次上课时说的那一句话就把我给感动了。程先生是民国"女四公子"之一，有家学渊源，她的父亲程树德是《九朝律考》《论语集释》的作者，她本人是华东师范大学名教授。给我们上第一节课，竟然坦承自己对音韵学不懂。这使我感到极大震撼。这一句话影响了我一辈子。实事求是，不装腔作势，说起来容易，真正做到就难了。在我的学术生涯中，我能够作自我批评，能够听得进逆耳的批评，与程先生的影响大有关系。

对我治学影响大的还有程师流金（讳应镠）。再过几天上海师大要由学校举办纪念程应镠先生诞辰一百周年的活动。流金师对我的影响主要表现在两个方面。第一，对我的人格的影响。换言之，短短一生，你将怎样度过。关于流金师的生平，互联网上可以看到。此外，虞云国编著的《程应镠先生编年事辑》(上海人民出版社2016年出版)，介绍尤为详尽，且多为第一手资料。我这里只是简单地说几句。综观流金师的一生，跌宕起伏，一言难尽。但他对国家的一片赤子之心，始终如一。流金师是世家子弟，曾祖做过清代巡抚。1935年，考入燕京大学，是"一二·九运动"中的积极分子。曾经投笔从戎，参加过八路军，到过延安。后又到西南联大复学，毕业后应时在第一战区司令部任卫立煌秘书的燕大同学（共产党员）赵荣声之邀，给卫立煌作秘书。觉得无所作为，又回云南大学执教。接近沈从文、闻一多。闻一多介绍他加入民盟。闻一多被国民党特务暗杀，传闻流金师亦名列黑名单，遂逃亡上海。在上海，参加大学教授联谊会，从事民主运动。解放后，曾任上海师范学院历史系主任。1957年，被错划右派。1960年摘帽，"文革"后平反。新时期，又主持上海师范大学古籍整理研究所的筹建。主要著作有《南北朝史话》(此书为应吴晗之约而作)、《范仲淹新传》《司马光新传》，《中国历史大词典·宋史卷》主编之一。从流金师的两本《新传》，不难窥见程师之用心。愚以为，范仲淹是流金师做人的榜样，司马光是流金师做学问的榜样。知者，范仲淹之"先天下之忧而忧，后天下之乐而乐"，不就是流金师一生奋斗的目标吗？司马光在史学上的成就，不就是流金师一生孜孜以求的吗？友仁有幸亲炙函丈，在怎样做人、怎样做学问上不当继承流金师之志吗？第二，流金师对我有知遇之恩。从友仁忝列程师门墙开始，到程师归道山为止，友仁始终沐浴在程师的关注与奖掖中。事例很多。例如，程师安排友仁为硕士论文的第一个答辩者，且把北京大学历史系主任邓广铭先生请来了。友仁侥幸通过答辩，成为上海师大001号研究生毕业证书的持有者。毕业分配，程师很想让我留校，帮他做点事。我回到河南以后，连续三年程师召我在暑假中回母校帮他做事。1984年12月26日程师惠函：

> 友仁，我还是希望你来。古籍整理已列为上海高校的重点学科，第一批补助为五十三万，有许多事要做。今日已促人事部门急办调入手续，甚或派人往新乡请你校放行。思想史资料汇编，郑涵同志已允参加工作，明春我想去郑州或武汉开个小会，讨论编辑计划，把你在今夏做的工作继续下去。匆匆问好。
>
> 应镠，二十六日

有师若此，夫复何言！

刚才提到邓广铭先生。邓先生作为我的论文答辩通过的委员，按照科举时代的说法，就是我的座师。邓先生也是对我很有影响的一位老师。有两点。第一，扶掖晚辈，一片童心。1980年暑假，老师带领我们六个同学到北京大学访学。计划拜访两位前辈，一个是中文系的王力先生，一个是历史系的邓广铭先生。王力先生外

1984年12月26日程流金先生来函

出,不遇。而邓先生在家,接待了我们。说起治学道路,邓先生像拉家常一样地娓娓道来。从他怎么样进入北大,怎么样见胡适,怎么样跟胡适说他想研究什么,胡适怎么鼓励他"这就是叫你们青年人干的啊!",《辛稼轩词》的笺注,他是怎么注的,怎么得到胡适的肯定。没有高调,句句实在。可贵的是,老先生有时把自己的内心活动也不加掩饰,直言相告。老先生说:有时候,自己看书有了一点心得。忽然看到另外一本书也谈到这个问题,这时候心里面都跳啊,心想"我知道的那点东西是不是这本书已经讲出来了"。所以我感觉,这些老一辈的大师啊,他们非常家常,率真,真人真相,活得实实在在。我这都扯到哪了?

王: 没事,您先喝点水,没关系,咱们就这么随便聊。

吕: 程先生非常喜欢我,非常想把我留在他身边。但是我呢,唉,为什么坚决不留校呢?实际上还是为个人考虑得多嘛。主要就是当时有一个家属调动的问题,那是不知道猴年马月才能解决的问题。

王: 想到留下来就是个大麻烦?

吕: 对啊,不知道猴年马月了。我读研究生三年,经济上紧张得很。上海下雨天气比较多,我没有一把雨伞。遮风挡雨,就是从储藏室里捡到了一顶破草帽,只要下雨,就是这顶破草帽。上海人还死爱干净,食堂吃了饭之后,用水龙头在那冲。这么一冲,地面上就显得潮湿。我脚上穿的是妻子给我做的布鞋啊,布鞋很快就湿了。不得已,我只能天天穿着解放军那个绿鞋。现在毕业了,如果两地分居,开销更大,那日子就更苦,所以我不愿意留校。

四、教学科研

王：您毕业以后就回到新乡了？

吕：对。我毕业以后的分配去向，首先，组织上通知我，吕友仁，你到北京国务院办公厅报到。我一听啊，感到好笑，叫我一个非党员去国务院办公厅干啥啊。我说我不想去。当时因为是第一届，那就换人。从北大毕业的王松龄说他也不想去，北京的冬天又冷又干，受够了！我想回郑州，郑州离我老家荥阳很近，六七十里路。我要照顾家，可以把我的小家庭搬到郑州，很方便的。郑州市有三家表示接收我，一是郑州大学，二是河南省社科院，三是河南省出版社。但是因为我要帮助流金师做点《中国历史大词典·宋史卷》的审稿工作，在上海师大又呆了三个月，然后才带着派遣证回河南。我回去晚了。当时是教育厅管分配，一位管事的处长说：你的一个同学（就是我师弟肖鲁阳），他已经分到郑州了，所以你去开封河南大学吧。我对河南大学不感冒，不愿意去，我就在那儿怄着，不去报到。我通过熟人去教育厅替我说情，我亲自跑到河南大学，冒昧地找到河南大学校长家，找到河南大学人事处处长家，希望他们不要要我。所有的努力，都失败了。现在想想，觉得我自己愚蠢得可笑。走投无路之际，师弟肖鲁阳把我介绍给新乡师院党委书记葛淑华，他是个延安时期的老干部。他说："你要真的不想去河南大学呢，把你的派遣证给我吧。"我就给他了。过了两天，新乡师范学院人事处给我打电话说："你来报到吧。"我去报到了。到了那里，我一个人都不认识啊。报到以后，我想我是搞古籍整理研究的，就想去图书馆了解一下该校的藏书情况。一个人都不认识，怎么办呢？我就摸到图书馆，图书馆外面有卡片箱，我就翻卡片箱吧。那是四月初，乍寒乍暖时节，我就翻那卡片箱，翻来翻去，我想看的书，几乎是一本都没有。什么《红旗谱》呀，《敌后武工队》呀，这些书倒是有。这时候，我不禁有点汗流浃背了。心里直呼"糟糕"，我都已经报过到了，无法反悔了！那时候，新乡师范学院还是个理科院校，没有文科。师友们得知我进了新乡师院，都替我担忧。流金师，裴师汝诚，就不用说了，就连远在北京，尚未谋面的傅璇琮先生也替我担忧。1983年3月31日，傅璇琮先生来信：

友仁同志：

　　久未通信，忽接来信，甚为欣慰。《释"觉"》一文，颇有创见，读之颇受教益。已转《文史》编辑部，请他们阅处，并请他们直接与你联系。你现在的环境对你的研究与进一步深造，有所妨碍否？颇为念念。

　　匆上，即候
　　近祺

傅璇琮
83.3.31

学会找到书，学会读懂书
——吕友仁先生访谈录

天无绝人之路，1985年，出现了峰回路转的局面。1985年，新乡师院党委决定，咱们新乡师院准备恢复文科，第一个恢复的文科院系就是中文系。要恢复中文系，需要成立一个中文系筹备小组。我被任命为中文系筹备小组业务上的负责人。我毫无行政经验，怎么会任命到我头上呢？这是时代造成的。那时候硕士生很少，教师基本上都是本科生，而且多数是"文革"当中毕业的大学

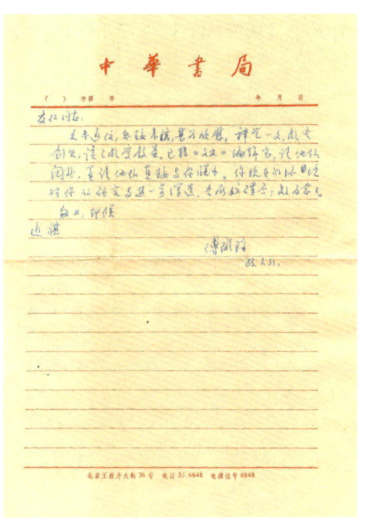

傅璇琮先生1983年3月31日来信

生。物以少为贵嘛！再说，恢复中文系，也是我自己的迫切愿望，利益攸关，何乐而不为呢！于是我就全身心地投入去做。我主要考虑两件事，第一，师资问题；第二，图书资料问题。现有的教师如何送出去培训？如何吸引才智之士到中文系来？如何建设中文系资料室？如何聘请一些兼职教授？校长给我说："老吕，给你的中文系创办费是六万元。"1985年时候的六万元很管用的。如果是今天，随便找一个教师都可以拿出六万元。就说买书吧，我购买了《丛书集成》《四部丛刊》《四部备要》，购买了一批工具书，包括《甲骨文合集》。我还想买台湾影印的文渊阁本《四库全书》，一打听，售价十九万元，吓死人了！后来买了一个《四库全书》胶卷，可以放在阅读器上看，花了六千多元。聘请兼职教授，我首先想到了傅璇琮先生。我给傅先生去信说知此事，傅先生慨然

允诺，1987 年 3 月 7 日回信说：

> 友仁同志：
> 　　来信收到多日，因牵于杂务，又今年外出计划未定，故未能及时奉复，祈谅。
> 　　贵校聘请我兼职，我当然是赞同的，并表示感谢！顾虑的是我杂事太多，恐于事无补，徒挂个虚衔，实于心不安。如今年上半年，就不大走得开。……因此，来信说春暖花开的新乡之行，虽心向往之，实在没有办法。不知你有好主意否？讲学不敢当，或者出一些主意。

回顾过去的岁月，傅先生对我的关注、奖掖实多，一言难尽。天丧斯文，傅先生年前作古。得悉噩耗，不禁泫然泪下。

王：傅先生对您帮助是很大的。

吕：是啊！怎么做人，怎么做学问，傅璇琮先生都教我。我跟吕叔湘先生之所以能书信来往，就是因为傅璇琮先生从中介绍啊。1988 年，我写了一篇《"学识何如观点书"辨》，其中的"点书"一词，吕叔湘先生等理解为"标点"。我认为不是讲标点的，是讲四声别义的。文章写好后，我想寄给《文史》，就把它寄给了傅璇琮先生。傅璇琮先生看过拙文，看到文章第一句就是批评吕叔湘先生的，他就把这篇文章转给吕先生了。吕叔湘先生看到这篇文章以后，连着给我来了两封信。为什么呢？因为他第一封信写的是"郑州河南师范大学"，后来他发现写错了，赶快又来个"新乡河南师范大学"。同样的内容，只是信封不一样。

读了吕叔湘先生的来信,高兴自不必说了,让我感到震撼的是吕先生的高尚人格。吕叔湘先生是德高望重的前辈大家,我是晚辈,小人物。我批评吕叔湘先生的一词之误,吕先生不但不以为忤,反倒对我这个小人物褒奖有加。这是何等高尚的人格!

得信后,我又给吕叔湘先生寄去两篇文章,一篇是《释〈红楼梦〉中的"官箴"》,一篇是《〈尔雅〉二义同条例是王引之发现的吗?》,请吕先生批评。吕先生把前者推荐到《中国语文通讯》发表,把后者推荐到《古汉语研究》发表。而《中国语文》1989年第4期发表拙文《"学识何如观点书"辨》时,吕叔湘先生特地加了一则附记:

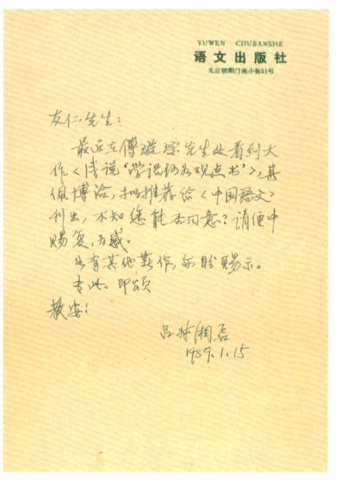

吕叔湘先生1989年来信

> 早些时在傅璇琮同志处看到这篇文稿,很高兴有人指出我引书不加审核,因而误解文义。当初我确是看见别人文章里引用《资暇集》和《日知录》,没有去核对原书就引用了。这种粗疏的学风应该得到纠正。作者在这篇文章里不但指出我和官、彭二位的失误,也给读者提供有关唐、宋以来的"点发""圈发"的知识。征得作者同意,我把这篇文章推荐给《中国语文》发表,并对作者表示感谢。
>
> 　　　　　　　　　　1989年2月1日　吕叔湘　附记。

通过与吕叔湘先生的这段书信交往，我的最大收获是，我坚定了今生今世如何做人、如何做学问的信念。吕叔湘先生就是一个生动的榜样，是我心中的一个丰碑。要保持圣洁的心灵，不生邪念，不做歪事。哎呀，这又扯远了！

王：没关系，这段很精彩。您觉得累吗？
吕：不累，因为咱们大家是志同道合地在聊天。

五、《中州文献总录》

王：不累我就接着向您请教。您到新乡师范学院，一直就再没有离开过，对吧？

吕：没有。

王：那后来由于什么原因就专门从事古文献的研究、整理工作的呢？

吕：我这一生遇到的"贵人"很多。回到河南以后，又遇到一位"贵人"的帮助。譬如说，中国历史文献研究会的常务理事孙顺霖先生，他现在已经退休了。我刚回河南时，他是河南省教育厅科研外事处处长，全省高校的科研他都要抓。他本人对古籍整理情有独钟，他又知道我是搞古籍整理的，所以很谈得来，就鼓励、支持我做些实际的事。首先是为整理河南文献做点实事。于是就有了《中州文献总录》这个课题。《中州文献总录》，换个说法，就是《河南省艺文志》。其主要内容，就是为历史上的所有河南籍作者现存的著作写出提要，上限是先秦，下限是辛亥革命。不同的是，这个《艺文志》，不是按照传统的经、史、子、集排列的,而是按照作者时代先后排列的。比如说许慎,东汉人,其《说文解字》现存,要写个提要;其《五经异义》,有辑本,也要写个提要。

王:对,应该说这项工作是非常重要的。

吕:我觉得,《中州文献总录》,现在肯定可以挑出许多毛病。但有一点值得肯定,它填补了河南文献的一个空白。我作为主编,我的水平不高,但是我很认真。我的七个同事,也都很认真。他们都比我更年轻,分散在全省各个高校。我作为主编,负责审稿。我感觉我做得很认真,不马虎。如果来稿有什么需要修改,都要明确指出,退回重写。有的错误如果保留的话,那是要叫人笑掉牙的。例如,一位同事在搜集原始资料时,一看到"新安"这个地名,不假思索,以为这就是河南省的新安,就把彼处的著作收进来了。殊不知,朱熹老家那里也是新安啊!中国之大,异地同名者多,不可不慎。

王:编纂目录是非常重要,我们国家编纂目录书,以往大致来说都是以全国为单位,或者以一个朝代为单位来编的。以地区,尤其是以某一个省为单位编的,早期有安徽人蒋元卿编过《皖人书录》,这是一本比较早的,他写过《校雠学史》,浙江人宋慈抱编过《两浙著述考》。

吕:对,这两部书我都参考了。民国三十一年(1942年),河南省出版了一部《河南通志艺文志稿》。这个《河南通志艺文志稿》,我们撰写《中州文献总录》时也参考了。让我感到欣慰的是,《中州文献总录》的质量大大超过了《河南通志艺文志稿》。据统计,《河南通志艺文志稿》著录现存著作507部,除去其不合体例者,仅有450部。而《中州文献总录》著录的现存著作达1417部,是《河南通志艺文志稿》的三倍多。另外,《河南通志艺文志稿》许多考证粗疏之处,在《中州文献总录》中都得到改正。

王：那时候编的很多书目或艺文志,大多数没有出版,看不到。

吕：对,一个是没有出版。再一个就是我们达到的水平在几个方面都超过它了。简单来说,无论是在量上还是在质上,我们的《中州文献总录》都超过了原来的《河南通志艺文志稿》。

王：你们编的《中州文献总录》,与同时期其他省份一些类似的书目相比,这个书有哪些优点?

吕：很抱歉,这个问题,我回答不出。因为我没有认真地做对比。

六、《潜研堂集》

王：吕先生，我记得您整理过钱大昕的《潜研堂集》，请介绍相关情况。

吕：你不提醒我都忘了。事情是这样的：我来到新乡师院以后，并没有什么明确的读书计划。我的研究生同学李伟国在上海古籍出版社当编辑，他出于对我的关心，就建议我为上海古籍出版社校点钱大昕《潜研堂集》。对于我来说，这是求之不得的事，很乐意地接受了。

校点《潜研堂集》伊始，我给自己提出一个要求。《潜研堂集》中征引的全部著作，哪怕是片言只语，明白如话，我也一定要找到原书，核对原书，方作罢休。换言之，凡是钱大昕读过的书，我也要找来读一读，看一看。《潜研堂集》涉及的书籍非常多，学校图书馆的书籍不够用，我就到新乡市图书馆去查；还不够用，我就去河南省图书馆去查；还不够用，我就到南京图书馆去查；还不够用，我就到上海图书馆去查，到上海师大图书馆去查。就这样，三历寒暑，实现了我的初衷，心里非常高兴，感到此行不虚，收获很大。通过这样逐字逐句地细读《潜研堂集》，我对钱大昕佩服得五体投地，而我自已也感到仿佛站到了一个巨人的肩膀上，站到了一个知识制高点上。《潜研堂集》校点完毕，我已经是钱大昕的忠实粉丝。一不做，二不休。我又把钱大昕的《廿二史考异》和《十驾斋养新录》细读一遍。一边读，一边作笔记。前几年，有一次朋友小聚，酒酣耳热，我大言不惭地说："硕士研究生毕业以后，我到钱大昕帐下读了个博士。"话说得有点狂放，不着边际，但也真实反映了我的心情。上世纪 90 年代以后，我发表的许多论文，都有钱大昕的影子，拜钱大昕之赐。

我是怎样校点《潜研堂集》的，换言之，我是怎样细读《潜研堂集》的。我对自己的要求，我的做法，我的体会，我觉得有必要给我指导的研究生讲一讲，指引他们走上正道。于是我就写成《致诸生——吕友仁述学》一文，每年给研究生上第一课，就发给他们。不怕笑话，献芹于下：

> 我这个人，没有什么学问。要说有的话，就是在学会找到书和学会读懂书这两条上略有体会而已。"学会找到书"和"学会读懂书"，说起来，简单的两句话，实在是卑之无甚高论，对于心浮气躁的人来说，简直不屑一顾。可是在我看来，它实在是做学问的不二法门。大而言之，就是比我吕友仁学问大十倍、大百倍的一流学者，如果探讨他们的成功之路，恐怕也不出乎这两句话。不同的是，这些一流学者在这两句话上达到的层次属于更高的层次，是我吕友仁尚未达到的层次，如此而已。
>
> 下面我现身说法，各举一例。
>
> 先说学会找到书。上世纪 80 年代，我应上海古籍出版社之约，整理清代学者钱大昕《潜研堂集》。钱大昕是清代的第

一流学者，《潜研堂集》由钱大昕生前亲手编定，是钱大昕一生治学的精华所在。说它是一流的学术著作，一点没有夸张。我给自己提的要求是：要真正读懂。而要真正读懂，很关键的一条就是对于《潜研堂集》中的引经据典所涉及的书，一定要找到并予以核对。钱氏引经据典所涉及的书，既多又杂，要做到本本找到并予以查对，并不是一件轻松的事儿。《潜研堂集》的整理，从时间上来说，用了三年多的时间。从找书来说，为了找到书，我先后去了如下的图书馆：河南师范大学图书馆、新乡市图书馆、河南省社科院图书馆、河南省图书馆、上海市图书馆、上海师大图书馆。其中受到的磨难，一言难尽。而得到的收获，也一言难尽。

  上面说的找到书，还只是找到那本书。事情到此还不算完，更重要的工作还在后头呢。这就是你还要进一步找到这本书中的某段话或某句话。古人引书，并不像现在的期刊杂志上的论文，给你注明卷数、篇名和页码，而往往是只说一个书名，或者不说书名而只说篇名。譬如说，引证《论语》的话，他只说是出自《论语》，并不说出自《论语》的哪一篇。引证《诗经·大雅·文王》篇，他既不说《诗经》，也不说《大雅》，只说"文王"，也不给你加书名号。引证其他书，也是如此。对于一个初学者来说，在一部十万字、几十万字的书内找到一句要找的话，真有点像大海捞针。这正是考验和磨练我们的时候到了（叶圣陶先生编有《十三经索引》，只适用于查找首尾完整的经文句子）。这时候，你必须有韧性，必须耐住性子坐冷板凳，一遍没有找到，就再找一遍，直到找到为止。有时候，为了找到一句话，得费上半天甚至一天的时间。你可千万要坚持住，不能有丝毫松懈，更不能半途而废。请注意，你能不能修成正果，就看你能不能过这一关了。你千万不要认为：这样做值吗？这不是赔本买卖吗？我劝你千万不要这样想。你和做学问有缘还是无缘，这就是块试金石。当你历尽辛苦，找到你要找到的那句话时，那份喜悦也是千金难买的呀！

由于我在找书、查书上下了大功夫，天道酬勤，我自己也收获很大。具体说来，第一，查书、找书的本领，经过这样的千百次地反复练习，掌握了，熟练了；第二，《潜研堂集》真正读懂了，或者说基本上读懂了。钱氏是清代的一流学者，而《潜研堂集》是钱氏一生的治学精华，经史子集，无所不包。读懂了《潜研堂集》，可以说，我作为私淑弟子，到钱氏帐下读了一个"博士学位"。当然这样说是打比方，没有人会授予我博士学位。那么，第三，《潜研堂集》出版后（上海古籍出版社1989年版），社会反响良好。举个例子，我校校长组队去国内一所985大学访问，该校研究生院院长出面接待。宾主落座，由于生疏，一开头有点冷场。该校研究生院院长主动发话："贵校有位某某某（贱名）先生，……"气氛顿时活跃。校长惊问：你们是什么关系？以为我们是同学或老朋友。实际上，我与这位院长先生素未谋面，人家就是通过我整理的《潜研堂集》认识我的。

简言之，找到那本书，不容易；找到那本书中的那句话，更不容易。你能把这两个"不容易"中的"不"字都给扣掉，你的学问就大了。

在找到那本书的实践过程中，慢慢地，你会总结出一些规律来，譬如说，你会认识到，版本目录学是你找书的好帮手。

什么是版本目录学,咱们改日再说。

说到这里,我想说说我对电子版图书的认识。有的人会说,我有电子版图书,输入想要找到的东西,很快就能找到我需要的那本书、找到那句话,用不着像你所说的那样费时费力。我认为说这话的人,一般是初学者。真正学有所成的人,由于他的经历和涵养,是不会说出这样的话的。我承认电子版图书确实给我们的找书查书带来莫大的方便,但那算不得真本领。没有电子版图书,我们就不做学问了?我们的前辈没有电子版,为什么学问做得那么好?真正的找书本领,必须首先通过从传统的纸质文献中查找去培养。只有从传统的纸质文献中找书的本领练成了,然后再辅之以电子版图书,那就如虎添翼、所向披靡了。我作为过来人,现在也只能把话说到这里。听与不听,只能由诸位了。

再说学会读懂书。因为我们这里说的是古书。古书一般都比较难懂。从某种意义上来说,谁读懂得多,谁的学问就大。怎么读懂古书呢?方法也很简单:不懂就问。千万不可自欺欺人。问谁?第一,问不会说话的老师——书本。哪些书本?属于字音词义的问题,去问字典、词典等各种各类的工具书。属于引经据典的问题,你就去设法找到原书。总而言之,属于哪方面的问题,就去查找哪方面的书。直到弄懂为止。有时候为了解决一个不懂的问题,可能需要一两天甚至更多的时间,你千万不要误认为这是浪费时间,不值得,是赔本买卖。不,这是完全必要的、完全值得的投入。任何一个大学者,都经过这层磨练,这就是他们的学术童年,也可以叫作学术基础。第二,问老师。老师就是叫问的,作学生而不问,你还作学生干嘛!

学会找到书,学会读懂书
——吕友仁先生访谈录

不要怕问题幼稚,老师绝不会讥笑学生的。为什么我把问书放在第一位?问老师放在第二位?因为在人的一生中,求学的时间短,独立工作的时间长,学会问书,就是学会了独立解决问题的本领。这是最靠得住的。

读古书,人家读懂了,你还没有读懂,这说明你落后了。人家读懂了,你也读懂了,这说明你没有落后,和人家处于同样水平。人家没有读懂,你读懂了,这说明你处于领先地位。此消彼涨,此涨彼消,这都是很正常的。一个字,一句话,一个问题,如果整个学术界都没有读懂,只有你读懂了,表现为举世皆醉我独醒,这时候,你就可以写文章了。在我的论文中,能够体现这种情况的例子还是有一些的。例如,《"学识何如观点书"辨》一文,其中的"点书"一词,连很多一流学者都认为是"标点"的意思,我却认为是四声别义的意思。后来得到吕叔湘先生的首肯。我能够写出此文,并非文不加点,一蹴而就。而是最初也认为是"标点"之义,但慢慢领悟到这样讲,放在上下文里讲不通,于是就反复寻绎,多方求证。从领悟到作"标点"解的非是,到寻求到足够的证据建立起自己独立的见解,其间花费的时间、精力是巨大的,有时候执着到吃饭睡觉都在考虑解决问题的办法,胡适所谓"大胆地假设,小心地求证"是也。

数十年来,我的时间就是这样度过的。日复一日,月复一月,年复一年,日积月累,积少成多。这样的日子,并不枯燥。恰恰相反,这是一个让人感到愉悦的过程,让人感到充实的过程,不仅增长了知识,而且有益于身心健康。诚如孔子所说:"发愤忘食,乐以忘忧,不知老之将至云尔。"当你在身体力行以上两句话时,你就会体会到,古人所谓的"千里之行,始于足下",所谓"锲而不舍,金石可镂",是何等的亲切!

王:真是经验之谈!

七、《礼记全译》《周礼译注》

王：您有《礼记全译》一书，请您讲讲注译这本书的情况。

吕：提起《礼记全译》，首先要说一下清华大学彭林先生的高谊。为什么呢？因为作《礼记全译》，贵州人民出版社首先找的是彭林先生。彭林先生就给出版社说，他可以承担《周礼全译》，或者是《仪礼全译》，做《礼记全译》，他不合适。他建议贵州人民出版社与我联系。所以贵州出版社就来找我了，我也就把这个事情接下来了。做《礼记全译》，让我最心动的是，它给我提供了第二次细读《礼记正义》的机会。当然，要做好《礼记全译》，仅靠《礼记正义》一书是不行的。但毫无疑问，《礼记正义》是主角。做《礼记全译》，用了两年半时间。1998年出版。《礼记全译》的责编是孟筑敏女士。《礼记全译》出版后，孟筑敏女士主动提出："吕老师，我们感觉你译笔很好，能不能再给我们做一种两种啊？"我才知道，《礼记全译》属于《中国历代名著全译丛书》中的一种，这套丛书不仅获得了中宣部精神文明奖，而且销路很好。他们的书也正赶上时候，中宣部搞的什么……

王：国家"八五"重点图书出版规划项目。

吕：对，贵州人民出版社受到表扬了。

王：当时傅璇琮先生就在里面做主编，他是总顾问嘛。

吕：她就说吕老师你能不能再给我们做一种两种啊。

王：当时不是做了两种，还有《孝经全译》嘛。

吕：对啊。我说那就做吧，爽快地答应了。因为那时候我对《周礼》已经注意到了。我准备把《周礼注疏》《仪礼注疏》也都认真通读一遍，现在机会来了，求之不得，何拒绝之有！于是又签订了一个做《周礼译注》的出版合同。我感觉我还是用做《礼记全译》的那种态度和方法，认真地作。做《周礼全译》，我最大的收获是通读了《周礼注疏》和孙诒让《周礼正义》，捎带着读了其他相关著作。《周礼全译》做得比较慢，慢的原因是，我当时正在与我所在的古代汉语教研室主任打著作权官司。我告对方有抄袭行为。官司拖了两三年，以我的败诉告终。我输了官司是自己的事，不要紧。要紧的是没有按期向贵州人民出版社交稿，耽误了人家的商机。令人感动的是，人家出版社并没有追究我的责任，相反，说合同约定此书要出版，现在不出了，我们应赔偿你的损失。贵州人民出版社反倒赔偿我五千元。贵州古称西南夷，文化落后于中原。现在看来不对了，此事让我对贵州人刮目相看。《周礼全译》后来改名《周礼译注》，2004年由中州古籍出版社出版。如果说《周礼译注》有什么特色，那就是它有34幅插图，有直观性，能够帮助读者理解。此书出版后，市面上不多见。武汉大学郭齐勇先生在电子邮件中对我说，他买了一本《周礼译注》。出版社很大方,给了我许多样书。

王:当时给了很多样书吗?

吕:是很多。给了多少,我查都查不过来。就是说现在出版了,放在出版社还要占人家的地方,所以干脆你拉走吧。

王:那也不发愁,下次吕梁来还可以背一些来,放到学礼堂给学生们用。

吕:行啊,你们要了我再支持你们一些!

王:说起来《礼记全译》《周礼译注》,您很认真地来注,您觉得您这两本书,与其他的类似的注译本相比较的话,优点在哪里?

吕:我说不太好,总感觉着……

吕先生在学礼堂接受采访

王：比如说《礼记全译》。

吕：我觉得我的译文比较通顺，忠实原文。此外也就没什么了。《礼记全译》1988年出版，2009年出了修订版。修订版主要是在校勘上的修订，注释、译文修订得很少。现在是2016年了，年复一年地与《礼记》打交道，眼界有所开阔，知识有所增长。今天看来，对旧作不满意之处甚多。去年，中州古籍出版社给我打招呼，说：吕老师，我们社想出版你的贵州版的《礼记全译》。我高兴得了不得。我说：好，不过要作较大修订。我想，有此机会，精心修订，以赎前愆。但是，中州古籍出版社像逗我玩似的，冷一阵热一阵，我着急也没有用。我自信，现在我对《礼记》的理解，与二十年前相比，有很多不同的地方。但愿上天再一次眷顾我，假以时日，精心修订，以报答社会。

撇开上面的话题，说说今天我吃的早饭。这是最现实的，书我们可以不读，但饭不能不吃。今天吃早饭的时候，我吃了三个小包子，一个小的像和尚帽的小馒头，一个鸡蛋，一块南方糕点，一碗白粥，一杯牛奶，就是这么多了吧。你们觉得我早饭吃得怎么样啊？

张琪：吕先生吃得比我多多了。

吕：哦，比你吃得多。你们有没有谁比我吃得多的？我很重视吃早饭。早饭，我的要求是吃饱，吃好。在家里面，我给太太提的要求是，要尽量达到自助餐的水平；不过家庭嘛，也不好达到，但是，这是个努力方向，尽量让品种多一些。我吃点这个，吃点那个，无形中就吃得多了。我为什么重视吃早饭？这和我对早饭的认识有关系。我就像是个敢死队员，吃了早饭以后，就要上阵拼杀去了。"有你无我，有我无你"（指代要解决的问题）就是这样一个精神状态。

另外，我还有一个习惯，至少从初中开始，早上醒来以后我就开始考虑今天要解决的问题了。譬如说，老师讲的这个题目，或者是布置的作业，我还不会做，应该怎么做？要想出解决的方案。或者是今天要考试了，要考哪一门课，我就把这门课的内容像过电影一样的过一遍，还有哪些是我还没记住的？起床后，抓紧时间复习。今年我七十八岁了，仍然是这个习惯。醒来以后，就要想今天要解决什么问题？有没有解决方案？能不能多设计几个方案？要之，我没有睡懒觉的习惯，我有躺在被窝里思考的习惯。这也是我为什么吃早饭要吃好吃饱的原因。现在怎么谈起吃饭来了！

八、《〈礼记〉讲读》

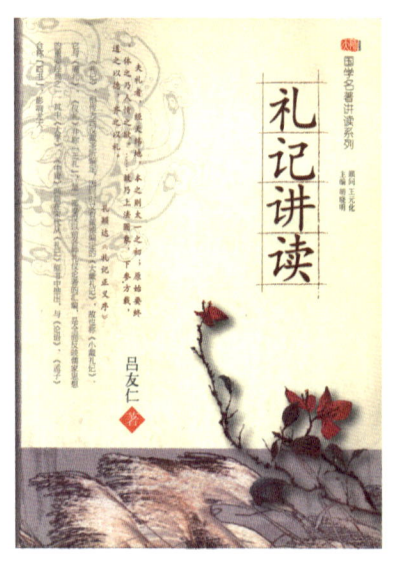

《礼记讲读》

王：华东师大出版社出版了您的《〈礼记〉讲读》一书，请您来讲讲此书撰写的情况。

吕：《〈礼记〉讲读》又给我一个机会，就是第三遍读《礼记》，我算是满心高兴的。但是它是个节选本，这本书我感觉很多地方是提高了，就是在这个《礼记》上头添加了很多扩展，其中涉及到词的理解，我和现在最权威的《汉语大词典》做一下比较。

王：我给我们的学生开一门选修课就叫"《礼记》导读"，就介绍您的《〈礼记〉讲读》，基本上上过这个课的学生，他们

学会找到书，学会读懂书
——吕友仁先生访谈录

都会人手去买一本，他们觉得很好用。这本书里面有选文，有注释，后面有文化史的拓展，还有对某一篇的一个集评。为什么当时会是这样一个思路？

吕：这样做不是出于我自己的脑子，这个是华东师大出版社他们自己有体例。为了让我明白这个体例，他们特意给我寄了一册《〈周易〉讲读》。就是说，如果你对"讲读"这个体例不明白，《〈周易〉讲读》就是一个样板，你就照着它来做。我是亦步亦趋，也可以说是萧规曹随。当然，《周易》是《周易》，《礼记》是《礼记》，二者的内容是大不同的。我做的是《礼记》，在文化史拓展的时候也觉得比较有趣。有些问题还是有点意思的，比如"三年之丧"的问题，现在我一下也说不全。你们用了以后你们有什么感觉啊？特别是不足之处。

王：学生们觉得您的这个书可以极大地拓宽他们的视野，还能提出问题让他进一步来思考。也就是说这一套书整个的体例都是一样的？

吕：是的。这不是我的发明，这是出版社的想法，或者说，是这一套书的主编的设计。我作为《〈礼记〉讲读》的作者，除了遵循它的设计外，发挥自己主观能动性的空间还是有的。我做的过程中，我要让读者思考，我自己就要首先动脑筋思考。所以，这样的设计，不仅读者受惠，作者也受惠。

王：这里面有些比如关于"死亡"的称呼，除了前人提到的，你又举出那么多，几十种。

吕：《导读》中的《漫谈古代"死"的别名》一文，我们在前人研究的基础上又补充了 182 个别名。这篇文字是我与我的学生冯好杰一道作的。清人梁章钜首先注意到这个问题，他在《浪迹丛炎》卷九《人死别称》条列举了 19 个死的别名。近年，龚延明先生《古代"死"的别名》一文（见《文史知识》1989 年第 4 期）列举了 67 个。龚文虽然大大超越了梁文，但我们认为还很不够。本文在梁文、龚文之外，又补充了 182 个。可以说，截至目前，关于"死"的别名，搜集之多，仍是这篇小文。但我们在该文中又说："'死'的别名，是不是就这么多了呢？肯定不是，希望有心人继续来补充。"

王：那里面已经勾稽很多了。其中包括称谓，也包括一些对字词的解释，还包括哪一家对什么问题的看法。这显然不是您搜计算机就能搜来的。

吕：你说得对。此文初写于 1989 年，那时候我们一般人还买不起计算机，至于电子版图书，更是闻所未闻。靠的就是随时留心，读书时看到了，就作卡片，随手记录。譬如说，1981 年初，《中国语文通讯》发表了我写的《释"移时"》一文，那时候，我研究生还没有毕业。《释"移时"》一文，纯粹是靠书证说话。那些书证也是三四年的积累，一张张卡片的积累。那时候就是这样，你是研究什么的，你对什么感兴趣，你在读书时自然十分留心，遇到了，就随手记在卡片上。对我来说，20 世纪结束以前，基本上都是用这种办法来积累资料。随着计算机的普及，电子版图书的问世，这种积累资料的方式就不太使用了。

王：所以要花很多的时间来做这个书。

吕：对，那时候条件就是那样。

王：吕先生，请教您另外一个问题。《礼记》当中有《大学》篇，从先秦以来一直有不同的理解。但是就您的观察，觉得《大学》篇的"大学"究竟指的什么？

吕：我对这个问题是相当糊涂的。如果放到唐代以前，我感觉还比较简单一些。但是宋儒对它另眼相看，把《大学》和《中庸》拿出来，把它提到那样一种吓人的高度。对我来说接受起来还有些困难。所以我现在只能说，我对朱熹他们那样去理解，我要是去给学生讲课的时候，其中的微言大义我讲不出来，讲不到那种高度。

王：那要是给学生讲，您是讲哪一种观点？"大学"指什么，会怎么讲？

吕：他把《大学》拔到那样的高度，我的思想、我的知识储存，我觉得都不够。我给学生讲，肯定是很死板，干干巴巴的，不生动。有点以其昏昏，使人昭昭。

王：《礼记》当中那么多篇章，您最喜欢哪一篇？

吕：《礼记》四十九篇，其中讲到丧礼、葬礼、祭礼的内容很多。祭礼犹可，读有关丧礼、葬礼内容时，是硬着头皮在读，是为了读懂它，但不喜欢它。从这四十九篇里挑一篇最喜欢的，我一下子还说不出来，必不得已，我觉得《儒行》篇还是可以的。

王：哈哈哈，为什么？

吕：譬如说，宋代皇帝就命人把《儒行》刻印下来，发给新科进士和有关官员。这说明，宋代皇帝是把《儒行》篇看作培养士大夫精神的教材的。《儒行》篇里有的文字看着似乎有些迂腐的味道，但总体来说确实是很精粹的。像清代禁烟英雄林则徐，他那脍炙人口的两句诗是什么啊，"苟利国家生死以，岂因祸福趋避之！"诗中的"苟利国家"四字，就出自《礼记·儒行》。《礼记》当中励志的词语最多。范仲淹《岳阳楼记》中的"微斯人，吾谁与归"，显然脱胎于《礼记·檀弓上》"死者如可作也，吾谁与归"？

王：您这个想法我听到很开心。

吕：我也有同感。所以，这就慢慢扯到了"为什么《礼记》越来越吃香"这个话题上。我认为，《礼记》越来越吃香，靠的是它的内功，不是揠苗助长。在中国历史上，作为知识分子的榜样，范仲淹是可以的了，林则徐也是可以的了。这两个人肯定都是受到《礼记》影响的。范仲淹是新科进士，曾经得到皇帝赏赐的《儒行》，不必说了。清代朱彬的《礼记训纂》，就是林则徐写的序啊！

王：对。我读《礼记》，就越来越觉得《儒行》篇蛮有意思。结果再后来因为做《五礼通考》的原因，就要看《宋史》的《礼乐志》啊，包括相关的本纪的一些内容。发现宋代新考中的进士，他去拜见皇帝的时候，临出门皇帝都会送给他们一册《儒行》篇，单刻的。皇帝送他这个显然不是随便送的，而且这个时间很长，持续很多年。

吕：对，大概是从宋太宗时开始，包括范仲淹中进士的时候，也是有这种待遇的。

王：对，送《儒行》篇。有一次在山东大学跟刘晓东老师聊天，我也向他请教这个问题，刘老师跟您的回答是一样的，说是《儒行》篇。完了他反过来问我，我说我也是一样的，也是《儒行》篇。所以我觉得大家为什么会有这样的一种认识，也是蛮有意思的一件事情。

吕：你说的是。《礼记》中的有些篇，说不客气话，就是有点杂乱无章。清代学者杭世骏的《续礼记集说》收了他说的这番话。说咱们现行的《孝经》啊，很不够意思。他说真正令人感动的《孝经》啊，可以从《礼记》里辑出一篇来。比如说《内则》啊，《少仪》啊，等等，都是有血有肉的，非常现实。比现行《孝经》中的那些"天子孝""诸侯孝""大夫孝"啊，有意思多了。

王：我现在给学生们上课，要上《礼记》。有一个作业，要他们把《儒行》篇全部背诵。他们这里面有会背的，您觉得有道理吗？

吕：那好啊！有道理！我回来给我的学生也说说，说南京师大有这样的做法。

王：有些东西背一背对他们会发生作用。

吕：是，我小时候曾经也背过一些东西。现在我背东西的功夫就太差劲了，像刚才林则徐的诗，我都忘掉背不出来了。

王：我上《论语》课也有两个作业，第一个作业，把《论语》的前十篇，全部背会。背会一篇给十分，背会十篇，给一百分。第二个作业，把《论语》的经文，从头到尾用繁体字抄一遍。抄完以后，哪个字不认识，标上音。哪个字意思不能理解，加上注释。这两个作业合起来两百分，占你期末考试成绩的百分之三十。我执行了十年，甚有效果！

吕：我感觉这是让学生扎扎实实练基本功。

王：有一次咱们开经学会，应该是在厦门那次。新加坡国立大学的梁秉赋，他是搞谶纬的，另外还有台湾的几位学者，讲到《论语》，我就说了我这种做法，他们说回去以后要推广，觉得很有用。

吕：你这个方法我也觉得很好。

王：这样的话，可以让学生们脑子里记点东西。另外的繁体字抄着写写，你不就认识繁体字了嘛？你不写不抄，永远也不认识。所以刚才和吕先生说，让你们背《儒行》，吕先生同意我的做法，我很高兴，可见我说的是有道理的。

九、上古本《礼记正义》

王：您讲了上学的经历，包括做《周礼》《礼记》的一些想法，其实这几年呢，《十三经注疏》的整理备受学界关注，尤其是上海古籍出版的《十三经注疏》整理本，学界关注很多。但是关于整理的过程，学界了解得很少。吕先生您是亲自参与，请您能谈谈上古本《十三经注疏》整理的背景及大致的过程。

吕：上海古籍出版社出版的《十三经注疏》，我能够参与，可以说是三生有幸。有这个动议，是在1991年。是两家合作。一家是上海古籍出版社，社长是魏同贤，责编是金良年。一家是西北大学，主编张岂之先生，是西北大学的校长；副主编是西北大学周天游，后来担任陕西博物馆馆长。他们四个人是操盘手，考虑大局。金良年，毕业于华东师范大学，他的硕士指导教师是胡道静先生。应该说是古籍整理科班出身，很多具体的计划，譬如说，校点凡例，都是出自他手。据说，后来调到上海书店出版社当领导去了。整理《十三经注疏》，需要十三个整理者。一经一个。福建师范大学张善文负责《周易注疏》，西北大学黄怀信（后调至曲阜师大）负责《尚书注疏》，华东师大朱杰人负责《毛诗注疏》，北京师大（后调至清华大学）彭林负责《周礼注疏》，在下负责《礼记注疏》……群贤毕至，除了我来自小地方新乡外，大多数来自北京、上海、西安。1992年元月，在西北大学召开了第一次全体会议，明确分工，讨论整理方案。

这次会议，让人感到眼睛一亮的东西是什么呢？就是很明白地说了：我们不抱阮刻本的大腿。我们自出机杼，我们走我们自己的路。底本的选择，不是从阮元那里来。还有通校本啊，参校本啊，都是走自己的路。上海古籍出版社能想到这一点，我感觉，这说明他们社里面真是有高人。这就意味着，继阮刻本《十三经注疏》之后，将开创《十三经注疏》版本的新纪元。从1992年到今天，20多年过去了，上海古籍出版社这一套《十三经注疏》，尽管还有这样或那样的缺点，但它的这个特色，两岸的出版物还没有一家超过它的。

这一套《十三经注疏》，从校点上来说，可议之处很多。具体到某一经，又有差别，不可一概而论。这和具体点校某一经的点校者的学养有关系。拿我来说，当时我脑子里想搞的是训诂学，所以，当主事者征求我的意见时，说："吕老师，《十三经注疏》，你愿意搞哪一经呢？"我不假思索地回答："我做《尔雅注疏》吧。"主事者说："吕老师，《尔雅注疏》，已经确定由华东师大王世伟先生做，你做《礼记注疏》行不行？"我心想，这也没什么行不行的，就硬着头皮答应了下来。从那一刻起，我思想上就已经有了精神准备，这是个很难啃的很生疏的东西，准备打硬仗就是了。一句话，当小学生，从头学起。

从1992年至2016年，中间是24年。这24年当中，大部分时间是和"礼"打交道，特别是《礼记》。我对《礼记》的理解和认识也逐渐提高，先是小学生水平，继而是中学生水平，现在可能是大学生水平。由我整理的《礼记正义》，1996年5月4日交的稿。这个日子我记住了，因为彭林先生的《周礼注疏》也是那一天交稿，我们不期而遇。但《礼记正义》整理稿在出版社躺了12年，直到2008年方才出版。出版以后，承蒙您（指王锷先生）腾出时间写了《三种〈礼记正义〉整理本平议》一文，将台湾的一种，北大的一种，上古社的一种，将这三种从六个方面进行比较，认为上古社的那种是比较好的。这等于说是给上古社扬了名，友仁也分享一些光荣。实际上，我校点的这本《礼记正义》错误还是很多的，只不过我当时水平低，还认识不到。

这个事情往下扯，那就是古人说的"读书百遍，其义自见"。这话确实有道理！你读一遍，你的认识会更深入一些；你读第二遍，只要你是有心人，就会进入一个更高的层次。我读《礼记正义》，也是这样，好像是冥冥之中有神在护佑，给我提供一遍又一遍地细读《礼记正义》的机会。譬如说，1992年，主事者说：吕老师，《礼记正义》你来校点吧。1996年，贵州人民出版社编辑说：吕老师，你来给我们做《礼记全译》吧。2006年，华东师大出版社编辑说：吕老师，你来给我们做《礼记讲读》吧。到了2011年，北大《儒藏》编纂中心又约我：吕老师，《儒藏》精华编中的《礼记正义》还由你来做吧。真是个幸运儿！每读一遍，我的理解和认识都会有所提高。

2011年这一次的提高，是一种认识的飞跃，它首先促使我写出《礼记研究四题》一书（2014年中华书局出版），继而促使我以"孔颖达《五经正义》中注和疏的关系研究"为题申报国家社科基金项目。很侥幸，2014年申报成功。

课题申报成功之后,我不敢丝毫怠慢。今年是 2016 年,这将近三年的时间,全力以赴地投入课题研究。《五经正义》中的注疏关系,我一经一经地依次研究。每结束一经的研究,我内心的喜悦就增加一分,我的信心也增加一分。为什么?因为它证明了我的预测。我的预测是以 2011 年《礼记正义》研究结果为基础的。当时的研究成果有:第一,"疏不破注"这个传统说法是不实之词;第二,孔疏"专主一家"这个传统说法是不实之词;第三,《礼记正义》中的注是指什么?传统认识狭隘,等等。这些预测,验之整个《五经正义》,合若符契。总而言之,《五经正义》这部大书,它的义例被我破解了。一千三百多年来(从唐高宗永徽四年颁布于世算起),无人能言之者。小子何幸,能破解之。我不能忘记,时代遇我之厚,师友们为我提供一次又一次细读《礼记正义》的机会,都在客观上给了我大力支持。否则,就难说了。

钱大昕《潜研堂文集》卷十六《秦三十六郡考》:"读古人书,须识其义例。"他在《潜研堂文集》卷十一《答问八》又说:"读古人书,先须寻其义例。"他如此强调义例,可知义例很重要。我认为,义例是读懂一部书的钥匙。不明一书义理,就不能真正读懂该书。这条规律,不仅适用于普通的读书人,也适用于那些令人仰止的大师级学者。举例来说,钱大昕是人所共仰的学者,但智者千虑,亦有一失。由于钱大昕不知《五经正义》之义例,他也说了错话。试看《潜研堂文集》卷九《答问六》:"唐初删定《五经正义》,分修既非一手,如南郊祀感生帝,此郑康成说,而王肃极诋之。《礼记疏》是郑而非王,《春秋疏》又是王而非郑,使后人何所适从乎?"钱大昕把"《礼记疏》是郑而非王,《春秋疏》又是王而非郑"的原因归咎于"分修既非一手"。这个原因他找错了。为什么？他不知道孔颖达《五经正义》有一条"各从其家而为之说"之例。《左传》僖公三十三年："烝、尝、禘于庙。"孔疏："郑玄解《礼》，三年一祫，五年一禘。杜解《左传》，都不言'祫'者，以《左传》无'祫'语，则祫禘正是一祭。故杜以审禘昭穆谓之为禘，明其更无祫也。古礼多亡，未知孰是。且使《礼》《传》各从其家而为之说耳。"所谓"各从其家而为之说"，就是不强作解人，在疏通《礼记》郑注时，就采用郑玄之说；在疏通《左传》杜注时，就采用杜注之说。再看《左传》桓公五年孔疏："郑玄注书，多用谶纬。言天神有六，地祇有二。其夏正郊天，祭其所感之帝焉。唯郑玄立此为义，而先儒悉不然。故王肃作《圣证论》，引群书以证之。言郊则圜丘，圜丘即郊，天体唯一，安得有六天也。晋武帝，王肃之外孙也。泰始之初，定南北郊，祭一地一天，用王肃之义。杜君身处晋朝，共遵王说。"也是贯彻其"各从其家而为之说"。这是在两经之间。在一经之内，譬如说，在《毛诗正义》中，注家有两个，一是毛传，一是郑笺，好比有两个婆婆。两个婆婆吵架的地方很多，孔疏也是采用"各从其家而为之说"。例如，《卫风·伐檀》："胡取禾三百亿兮。"毛传："万万曰亿。"郑笺云："十万曰亿。"孔疏："万万曰亿，今数然也。以时事言之，故今《九章算术》皆以万万为亿。笺以《诗》《书》古人之言，故古今数言之。知古亿十万者，以田方百里，于今数为九百万亩。而《王制》云'方百里为田九十亿亩'，是亿为十万也。《诗》内诸言'亿'者，毛、郑各从其家。"

我写有《试说孔颖达五经正义的九条"例"》一文，载《儒家典籍与思想研究》第八辑（2016年），知网上可以看到。建议诸位看一看，看看我说的是否确有道理。

十、《儒藏》本《礼记正义》

王：很精彩！后来《儒藏》又邀请您整理《礼记正义》，《儒藏》的《礼记正义》和上古本的《礼记正义》有什么差别？

吕：我觉得《儒藏》本《礼记正义》比着上古本《礼记正义》，它又上了一个台阶。二者的差别有三。第一，底本不同。上古本用的底本虽然也是南宋刊八行本，但那个八行本是中国书店1985年的潘宗周影印本，这个本子有不动声色地擅自改动的情况，这就不真实了，是个缺点。而《儒藏》本《礼记正义》采用的底本，就改用国家图书馆《再造善本》里面的南宋刊八行本。所以，从底本比较来说，《儒藏》本的底本更好，更原始。遗憾的是，乔秀岩先生引进的日藏南宋刊八行本那时虽然已经到了北京大学，只是由于尚未出版，所以未能使用。这个遗憾的弥补，是靠着使用了日本学者常盘井贤十撰写的《宋本礼记疏校勘记》(此书承蒙中国人民大学刁小龙先生寄赠)，因为常盘的《校勘记》使用了日藏八行本。

王：足利本。

吕：对，就是足利本。这个本子，现在你大概也有了吧。

王：我有的。

吕：北京大学出版社出版的《影印南宋越刊八行本礼记正义》实在是一件功德无量的事（其中，乔秀岩之功甚伟）。一页之中，上边是日本的八行本，下面是中国的八行本，上下比照，异同尽收眼底。

第二点不同，就是对阮元《礼记注疏校勘记》的认识。当我90年代初做上古本《礼记正义》的时候，我那时候的水平是一个小学生的水平，差得很远。其中一个表现就是对阮元《十三经注疏校勘记》的认知片面。当时只知道阮刻本的南昌府学本校勘记，不知道阮元还有文选楼本《十三经注疏校勘记》。也就是说，阮元的《十三经注疏校勘记》有两个版本系统，一个是文选楼版本系统，由文选楼又衍生出《清经解》本。阮元认可的是文选楼本系统。再一个就是我们经常看的中华书局影印的阮刻本《十三经注疏》(附校勘记)，它的源头是南昌府学本《十三经注疏》。文选楼本系统只有校勘记，没有经文、注文、疏文。因为大家要看经文、注文、疏文，所以多使用中华书局影印的阮刻《十三经注疏》(附校勘记)。这两个版本系统的差别很大，数量不一样，质量也不一样。我希望将来有个人把它的不一样细细地写一篇博士论文，现在我没这个条件。因为现在有些东西我搞不到。两个版本系统，当年我是只知其一，不知其二。整理《儒藏》本《礼记正义》时，我已经知其二了。所以说，这也是二者的一个差别。

第三，当年我的学养不够，标点、校勘错误相当多。这一次校点《儒藏》本《礼记正义》，这些毛病可以说基本上都得到了改正。这次在马鞍山会议上，华中师大的董恩林先生还来跟我说上海古籍出版社校点本《礼记正义》现在买不到了，让我给他想办法。我就说你别买上古本了，北大《儒藏》本年底就出来了，买北大本吧。但是上古本呢，它有一个最大的优点，就是它的版面设计很好。好在哪里？散朗醒目，容易查找。拿孔疏来说，上古本是一段完了，另外起行，低二格，再另起一段。很醒目，很舒朗。其他版本则不然。这是它版刻上的一个大优点。对于持有上古本《礼记正义》的读者来说，我首先要说一声"对不起"，为此书的标点、校勘诸多失误道歉。我写有《校点本〈礼记正义〉诸多失误的自我批评》一文，载《儒家典籍与思想研究》第六辑（2014年），敬请诸位根据《自我批评》一文进行改正。

十一、《〈礼记〉研究四题》

王：您在中华书局出了一本书叫《〈礼记〉研究四题》，这里边除了刚才您讲的这个问题之外，您还提到了"刑不上大夫，礼不下庶人"的新解，为什么会对这样两个问题能有这样新的见解？

吕：这有个认识过程。一开始，我自顾不暇，只得人云亦云。再读《礼记正义》，就觉得这"刑不上大夫，礼不下庶人"两句话不对劲，开始怀疑旧注。再往后，积累的有关资料愈来愈多，思考得也愈

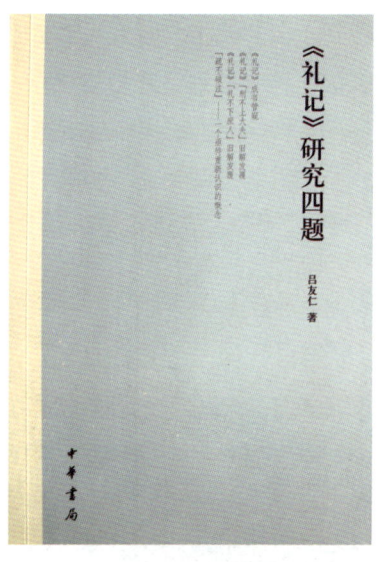

《〈礼记〉研究四题》

来愈细，就开始考虑写篇文章，推倒旧解了。这也验证了"书读百遍，其义自见"的话，确有道理。对这两句话产生怀疑的古人

不止一个。譬如说司马光,他在他的文集《传家集》里面就表示对这两句话很不理解:又是"刑不上大夫",又是"礼不下庶人",可是在同样一本《礼记》里,又说"礼"是不可少的,"刑"也是不可少的,这不等于互相矛盾吗?想来想去,他认为这两句话"必有异解"。但"异解"是什么,他不知道,于是迫不及待地向应试的举子发出呼吁。司马光的质疑,等于给我加油:努力吧!这是个值得探索的问题。

实际上,咱们古人也是很好玩的啊!用咱们现在的话来说就是,这两句话就是个脑筋急转弯题。"刑不上大夫"怎么讲?乍一看到,你的关注点马上就放在那个"上"字上。"礼不下庶人"怎么讲?乍一看到,你的关注点马上就放在那个"下"字上。你如

吕先生与王锷老师在学礼堂交谈

果改换一下切入点，把切入点分别放在"刑"字上和"礼"字上，问题就迎刃而解。

解决这两句话的过程中，我受到的一个启发是，解决问题自然要搜集资料；而搜集资料首先要溯及源头。为什么？因为对这两句话的正确解释，在《白虎通义》中就已经有了，只不过是以"或曰"的形式出现罢了。以郑玄的博学，难道他连《白虎通义》都不屑一顾吗？

王：这本书收了您四篇文章，我记得当时我还提议可以扩大，您最后还是选了四篇，当时的想法，可以与我们分享一下吗？

吕：首先，我感觉这四篇最有新义，要解决的问题都很有分量。如果是很平庸的，很一般的，我就没有公之于众的愿望。第一篇是《〈礼记〉成书管窥》，此文的特色在于，我解决这个问题的方式，从古至今，没有先例，属于自我作古。其思路有借鉴的价值，所以我乐意把它奉献出来。第二篇与第三篇，一个是"礼不下庶人"旧解发覆，一个是"刑不上大夫"旧解发覆，它们很有分量，说句不知天高地厚的话，属于"世人皆醉吾独醒"。"刑不上大夫"，《白虎通义》上就给答案了，那些对官员的笞啊，鞭啊，那些让他感到羞辱之刑是不可以的。它的理论根据也都有，就是《儒行》上的"士可杀不可辱"。"刑"你可以上，但是你不能辱。我们看到很多宰相，皇帝并不侮辱他。而是到他家门那儿告诉他，然后他就知道自己该怎么办了。往往都是饮药而尽等等的，实际情况也是这样子的。"礼不下庶人"也是这样子啊，如果说"礼不下庶人"，那这个社会肯定乱了套。什么礼不下庶人？我的理解很普通，我还有自己的实际体会。我读研究生的时候到大学同学那去，那时候大家日子不好过啊。我在他那吃饭，他说今天我来了，咱们的咸菜里，滴点香油。这就是他招待老同学，规格就提升到这种程度。今天你老同学来了，平常是不滴香油的，今天咱们滴几滴香油。那我们回想两千年前生产力的低下，你家来了客人，你说来点酒，酒咱也不要茅台，随便什么都行，自己造的都行。来一样小菜，不要多，一样。肉，不要什么都有，一样就行，就是这样的招待规格：有一点薄酒，有一碟小菜，有一种肉。就这样的招待来宾之礼，不要难为熟人，他没那个能力，甚至连那种功夫也没有。咱们现在看陶侃家来了客人了，他妈妈把头发剪了卖了换酒喝，才招待了客人，都反映那时候的情况啊。所以我感觉慢慢地讲通了，我感觉这个"礼"啊，很人性化。你做官的人，死、砍、杀都可以，别让我丢人，照顾他点面子。咱们这些穷人，我家里穷，你要说就这点今天咱俩喝两盅吧，我办不到，这种规矩你别要求我。这样我感觉跟社会的实情，不但跟两千年前合拍，就是拿到现在的贫困地区，仍然是非常符合那里的实际情况，所以我觉得这是它的真解。再加上前人有的已经看出奥妙来了，那么我就引用他们的。人家没有展开论述，我把它展开论述了。有些前人的说法都在提醒我，比如说《白虎通义》当中的说法，都在提醒我应该怎样来理解。须知，传统旧解不但把学术搞乱了，也把两千年的法制也搞乱了。你看看《唐律疏议》，再看看《宋刑统》，都是按照错误理解去解释法律的。法律不是儿戏，亟需拨乱反正。我感觉我解决了这两个问题，它能代表我的学术水平。

第四篇是《"疏不破注"——一个亟待重新认识的概念》，这也是个拨乱反正的题目。持"疏不破注"说者，几百年来，滔滔皆是，包括不少令人仰止的国学大师在内，如孙诒让、梁启超、黄侃、范文澜、张舜徽等先生即是。老实说，带着"疏不破注"的观念去读《五经正义》，动生窒碍。我觉得是亟需拨乱反正的时候了，所以就写了这篇文章。浙江大学有一次礼学会议你去了吗？那次会议上我是第一个发言的。

王：您说的是第一次还是第二次？浙江大学到今年为止开过三次礼学会了。2006 年一次，2013 年一次，2016 年一次。

吕：应该是 2013 年那一次。那次礼学会议，主事者安排我第一个发言。我的论文题目是《皇侃"既遵郑氏乃时乖郑义"的调查报告》，我这个报告实际上就是要推翻"疏不破注"这个传统旧解的。我发言完毕，接着是浙大的崔富章先生发言。崔先生上来以后，在宣读他的论文之前，先对着大家评论我的发言说："听君一席话，胜读十年书。"他这两句话对我鼓舞也很大。所以 2014 年我就以《孔颖达〈五经正义〉中的注疏关系研究》为题申报国家社科基金项目。

王：2013 年那次我没去，那次刚好我们在北京参加《史记》修订本的发布会，刚好冲突，我没去。

吕：哦对，我印象你好像没去。那次会议的参加者，我现在能记起来的有彭林啊，叶国良啊，还有山西师范大学的张焕君等。

王：说到这个，我就想到另外一个问题，就不客气向您请教了。《〈礼记〉研究四题》在结集之前，我全部都读过，因为全部都是会议论文。后来您已经邀请了彭林先生、桥本先生他们作序，后来您命令我也要写。我推又推不掉，但是又很惶恐！我们在北京开历史文献学会的那一年，在人民大学，当时您把论文全部发给了我，我又把它们都打印了一份拿在路上看，又读了一遍，最后才勉勉强强交差。当时为什么要请三人来作序？

吕：我也是凡夫俗子，未能免俗呀。想让名家给我写写序啊，我也是普通人嘛！

王：问题是彭林先生他们都是名家，我不是啊！

吕：我认为足下也是名家，是后起之秀。再说，彭林先生、桥本秀美先生研究礼的方向和重点，与我们两人不同。我们两人都是以《礼记》为主攻方向，共同语言更多。你们三位的赐序，写法也不一样。

王：写法不一样，好在我觉得我认认真真拜读了大作，但交差交得怎么样就不知道，合格不合格就另当别论了。

吕：你是紧贴论题，发表意见，而且总感觉着四篇不够，还劝我再加若干篇。

王：您发表过的很多礼学的文章，我都是仔细地拜读过的。我当时想的要加几篇。记得当时有两篇文章我读得也是很有启发的，一篇是您在《文史知识》上发过一篇关于称谓的文章，现在文章的名字我想不起来了，讲到说是男人带妻子出去不能随便向别人介绍"这是我夫人"啊，有这样一篇文章。还在中华书局的《学林漫录》上发过一篇关于饮酒席次的文章,名字我都记不起来了,但内容我大概还是有回忆的。我觉得都讲得非常好。

吕:你说很好,但是有的人说不太好,甚至说不好。我是从网上偶然发现一篇文章,就是说我,用我的语言来表示,似乎我这个人有点跟老顽固一样的,食古不化。现在很多人称呼自己妻子说是"我的夫人",这种例子多得很。这种我们认为不太规范的东西,已经成为一种风气了。什么是"礼坏乐崩",此其一例。

十二、古汉语研究

王：您在从事学术研究中，对古代汉语课程教学所使用的教材，有自己的看法？

吕：是的。我从1982年进入大学，到2000年退休，一直承乏给本科生教《古代汉语》，用的教材是王力主编的《古代汉语》。退休后，给研究生讲授训诂学，讲授经书习读，讲授版本目录学。在讲授训诂学和经书习读时，也往往联系王力的《古代汉语》。刚一开始，自己羽毛未丰，我也是照本宣科得多。时间长了，就有了自己的看法。我认为，王力先生是个了不起的语言学家，友仁高山仰止，望尘莫及。但他主编的《古代汉语》有一个重大缺陷，就是对经学隔膜，涉及经学的内容，错误甚多。可怕的是，王力的《古代汉语》作为权威教材，作为国家级教材，使用了五六十年了，错误的东西，依然故我。编者似乎毫未察觉，读者也听之任之，令人诧异。我写了《试论王力先生〈古代汉语〉在经学方面的失误》一文，尚未发表。拙文认为，王力主编的《古代汉语》在经学方面的失误表现在四个方面：

第一是文选中经部文献简介失误。《古代汉语》中《论语》简介原文是:"魏时的何晏集汉儒以来各家之说,成《论语集解》,这就是我们今天所看到的最早的《论语》注本。后来,《论语》逐渐被人重视,研究的人也很多。至唐文宗时,被列入经书。"(179页)短短数语,有两处硬伤。首先,何晏的《论语集解》并不是仅仅"集汉儒以来各家之说",而是"集解"之外,还有他自己作的注解。何晏《论语集解序》云:"今集诸家之善,记其姓名。有不安者,颇为改易,名曰《论语集解》。"邢昺疏:"此叙《集解》之体例也。今,谓何晏时。诸家,谓孔安国、包咸、周氏、马融、郑玄、陈群、王肃、周生烈也。集此诸家所说善者而存之,示无剿说,故各记其姓名。'有不安者',谓诸家之说,于义有不安者也。'颇为改易'者,言诸家之善,则存而不改;其不善者,颇多为改易之。注首不言'包曰''马曰'及诸家说下言'一曰'者,皆是何氏自下己意,改易先儒者也。"其次,说《论语》"至唐文宗时,被列入经书",太晚了。据王国维《汉魏博士考》,西汉文帝时,已经为《论语》立博士。《隋书·经籍志》著录《一字石经论语》1卷,即熹平石经之《论语》也。宋人洪适《隶释》卷十四载有熹平石经残碑五种,其一就是《石经论语残碑》,计971字。

第二是经部文献注释失误。《蹇叔哭师》:"冬,晋文公卒。庚辰,将殡于曲沃。"《古代汉语》注释:"殡(bìn),停柩待葬。古代风俗,人死先停柩,然后择日安葬。曲沃,晋地名,是晋宗庙所在地,在今山西闻喜县东。周代君王的棺柩要'朝于祖考之庙',因此要在那里暂时停放。"(23页)这条注释,有两处失误。首先,注释说"古代风俗,人死先停柩,然后择日安葬",没有文献根据。实际上,这不是"古代风俗"的问题,而是"古代礼制"的问题；古人并不迷信，讲究什么"择日安葬"，而是葬有定日。知者，《礼记·王制》："天子七日而殡，七月而葬。诸侯五日而殡，五月而葬。大夫、士、庶人，三日而殡，三月而葬。"郑玄注："尊者舒，卑者速。《春秋传》曰：'天子七月而葬，同轨毕至；诸侯五月，同盟至；大夫三月，同位至；士逾月，外姻至。'"按：郑注所引《春秋传》，见《左传》隐公元年。看来，葬期的迟速，乃根据死者的具体情况而定。其次，注释所谓"周代君王的棺柩要'朝于祖考之庙'，因此要在那里暂时停放"，传达给读者的信息是，只有"周代君王"才有资格享受"朝于祖考之庙"之礼，其他人皆于此无缘。而这是一个错误的信息。实际情况是，上至君王，下至庶人，莫不如此。为什么？因为这是人之常情。一个人，活的时候，你要出远门，就要禀告父母。死了，将要埋葬，就要像生时的出远门，也要给死去的祖考告别。孔子是主张以孝治天下的，绝对不会让君王垄断此礼。《礼记·檀弓下》："丧之朝也，顺死者之孝心也。其哀离其室也，故至于祖考之庙而后行。"郑玄注："朝，谓迁柩于庙。"孔疏："'丧之朝也'者，谓将葬前，以柩朝庙者。夫为人子之礼，出必告，反必面，以尽孝子之情。今此所以车载柩而朝，是顺死者之孝心也。'其哀离其室也'者，谓死者神灵悲哀弃离其室，故至于祖考之庙，辞而后行。"这是针对所有的人来说的。《仪礼·既夕礼》："迁于祖。"郑玄注："迁，徙也。徙于祖，朝祖庙也。盖象平生时，将出，必辞尊者。"《既夕礼》是《士丧礼》的下篇，说明士死将葬，要行"朝于祖考之庙"之礼。

第三是通论中经学之失误。《古代汉语》在讲到古代丧服制度时说："齐衰次于斩衰，这是用熟麻布做的。因为缝边整齐，所以叫做齐衰。"（990页）显然，"齐衰"之"齐"，《古代汉语》编者如字读了，即读作 qí 了。实际上，这个"齐"字应该加上注音，它不读 qí，而读 zī，是"齌"的假借字。知者，《说文·衣部》："齌，缉也。裳下缉。"段玉裁注："各本无'裳下缉'三字，今依《韵会》补。《论语·乡党》孔注曰：'衣下曰齌。'《玉藻》：'缝齌倍要。'《正义》曰：'齌，谓裳之下畔。'《礼·丧服》'疏衰裳齐'疏云：'衰裳既就，乃始缉之。'按经传多假'齐'为之。"又，《说文·糸部》："缉，绩也。"段玉裁注："引申之，用缕以缝衣亦为缉，如《礼经》云'斩者，不缉也；齐者，缉也'是也。"又，《仪礼·丧服》："疏衰裳齐。"传曰："齐者何？缉也。"贾公彦疏："缉，则今人谓之为缏也。"又，《仪礼正义·丧服》："按'斩'与'齐'对。斩是斩截布断之，断之而不缉为斩；缉之则为齐也。"综上可知，"齐衰"之"齐"，是"齌"的假借字，作名词用，谓衣裳之下摆；作动词用，是将布的毛边缝起来。此处是作动词用。宋李如圭《仪礼集释》卷十七："不缉者，不缏衰裳之边侧也。"然则，缉者，缏衰裳之边侧之谓也。

第四是经部文献注释括注之失误。《古代汉语·凡例》第五条说："注释一般采用传统的说法。其中有跟一般（"一般"，疑当作"传统"，与上文保持概念一致）解释不一样的，则注明'依某人说'。"本文所说的"注释括注"，就是指此而言。《古代汉语》第一册文选收入《左传》《论语》《礼记》《孟子》四种经部文献，据统计，其中共有注释括注 47 例。而 47 例中，有失误者凡 15 例，占了将近三分之一。失误的表现不一，"依某人说"的表述，或者告诉读者的既不是第一手数据，也不是第二手数据，而是第三手数据；或者张冠李戴，子冠父戴；或者不忠实原文，随意加减等等。"依某人说",这个"某人"实际上是他人,张冠李戴了。《齐桓公伐楚》:"唯是风马牛不相及也。"注释:"马牛牝牡相诱也不相及(依孔颖达说)。"(14页)此实则既非孔颖达说,亦非服虔说,而是贾逵说。《左传》僖公四年孔疏云:"服虔云:'风,放也。牝牡相诱谓之风。'《尚书》称'马牛其风',此言'风马牛',谓马牛风逸,牝牡相诱,盖是末界之微事。言此事不相及,故以取喻不相干也。"可知"风,放,指牝牡相诱"并非孔颖达说,而是孔颖达征引的服虔说。按:服虔,东汉末年学者,《左传》早期注家之一,事迹见《后汉书·儒林传》。《隋书·经籍志》著录其《春秋左氏传解谊》31卷,唐代以后散佚。我们再循着《尚书》称"马牛其风"这条线索往下追,会有新的发现。《尚书·费誓》:"马牛其风,臣妾逋逃,勿敢越逐。"孔传:"马牛其有风佚,臣妾逋亡,勿敢弃越垒伍而求逐之。"孔疏:"僖四年《左传》云:'惟是风马牛不相及也。'贾逵云:'风,放也。牝牡相诱谓之风。'然则马牛风佚,因牝牡相逐而遂至放佚远去也。"原来"风,放也。牝牡相诱谓之风"这条注释的著作权是属于贾逵的。贾逵,东汉初年学者,也曾经注释《左传》,其事迹见《后汉书》本传。《隋书·经籍志》著录其《春秋左氏解诂》30卷,唐代以后散佚。现在我们明白了,服虔使用了贾逵的注释,孔颖达又使用了服虔的注释。古书中这种前后递相承受的情况屡见不鲜,切忌浅尝辄止。本条括注文字应改作"依贾逵说,见《尚书·费誓》孔颖达疏"。

王:吕先生讲了这么多治学的心得体会,比较辛苦,您先回去休息,明天早上请您再来。

吕:好的。因为我跟王锷先生是谈什么都可以的朋友,所以,对你们学生我也不见外啊。我有一个愿望，就是希望你们超过我，超过王锷老师。但是你们要知道，超过我们也是不容易的。因为我们都不是懒人，故步自封，不求进取。在学术上超过老师的学生才是好学生。衷心希望你们能够超过我们。

十三、经学文献研究

王：对上古本的《十三经注疏》，除《礼记》之外，其他已经出版的整理本，您有什么高见？

吕：我没有都看，但我一直都在注意。譬如《周易正义》校点，1992年会议上是分给福建师范大学的张善文先生，他是我很佩服的《周易》研究专家。但是，直到现在我还没有看到《周易正义》的校点本，你看到了吗？

王：没有。

吕：另外，我书架上有并且经常使用的，有黄怀信先生校点的《尚书正义》，彭林先生校点的《周礼注疏》，王辉先生校点的《仪礼注疏》，朱杰人、李慧玲校点的《毛诗注疏》。我的印象是，都有一些校点上的失误，这不为怪。古人就说，校书如扫落叶，旋校旋生。但有的问题较大。譬如王辉先生校点的《仪礼注疏》，他在使用前人校勘成果上有重大疏漏。第一，他没有使用日本学者仓石武四郎之《仪礼疏考正》（昭和五十四年，即1979年出版）；第二，他没有使用曹元弼《礼经校释》。仓石武四郎之

《仪礼疏考正》却使用了《礼经校释》。职此之故，上古本《仪礼注疏》失校、误校甚多，还有标点错误。我主要根据仓石武四郎之《仪礼疏考正》，写了《整理本〈仪礼注疏〉校点失误举例——以〈士冠礼〉为例》，载《历史文献研究》第34辑（华东师范大学出版社2014年），约9000字，可以参考。《仪礼》17篇，《士冠礼》以外的16篇，好像还没有人写。王先生可以叫你的研究生来继续做这个题目，实际上就是促一促，共襄盛举，让一个更好的《仪礼注疏》的校点本出来。

王：您刚才讲到《十三经注疏校勘记》的问题，我这个学生，前面坐的叫井超，我让他做的硕士论文就是"阮元《礼记注疏校勘记》研究"，目前在此基础上进一步做博士论文。《十三经注疏校勘记》，单行本和附在阮刻本《十三经注疏》之后的有差异，条目一个多一个少，文字也有异同，卢宣旬摘录的时候有摘错的，还有版本转换的问题，这个大家以前注意得不够。

吕：你有的我没有，我有的你没有，有这种情况。

王：对。关于现在出版的《十三经注疏》标点本的问题，我是这样来看：可能你是研究某一经或者某一方面的专家，学问非常好。但是把你拉过来专门整理一本书，恐怕不一定做得好。因为整理古籍和研究一部古籍，是两个概念，两个路数。很多人以为古籍整理什么人都能干，恐怕不是那么回事。

吕：对，曾经有一段时间，整理古籍算不算科研成果都还在讨论当中。

王：对。2009 年，《中华文史论丛》编辑蒋维崧先生，蒋先生说我给您整理的《礼记正义》评价很好，后来又邀我进一步写《仪礼注疏》，我翻了几页之后，我说没法动笔，就停了。我倒觉得，学生要去做这个，不一定专门要去批评，可以专门去研究，去学习。与其去批评，不如自己用更多的精力去读读自己的书。因为现在这个问题似乎比较多。其他经您有没有特意的关注？

吕：我没有很关注，我在使用上古本《周礼注疏》《尚书正义》时，如果发现标点错误和校勘错误，都会随手记下。新中国成立后整理的古籍，没有校点失误的罕见。例如《资治通鉴》《二十四史》，都有校点的失误。

王：《尔雅》也有类似的问题。

吕：我到你这里才看到《春秋公羊传注疏》也出版了。我还不知道它已经出版的消息。

王：《春秋公羊传注疏》是刁小龙兄整理的，是他本人送我的。

吕：我倒很关心上海古籍出版社这一套校点本《十三经注疏》。对诸位来说，我建议你们在使用这些校点本的时候，要有审视的眼光，不要以为它都对，无论是标点，无论是校勘。没有读懂的地方，一定不要轻易放过。

十四、礼学研究

王：吕先生，您从1992年做《礼记正义》开始，到现在也已经几十年了，您认可"礼学"这个词吗？

吕：我应该说是认可的。儒家学说的核心是什么？有的认为就是"礼"。"礼学"一词，古人常用。就我个人来说，我要把《礼记》给读懂，光读《礼记》不行，不仅旁及《周礼》《仪礼》，甚至需要旁及《十三经》中所有有关礼的论述。甚至还需要旁及经部以外的史部、子部、集部书。都弄懂。所以说，"礼学"一词，我觉得不可或缺。

王：您觉得目前的礼学研究、经学研究有哪些成就？有哪些缺陷？

吕：这个题目太大，即使让我认真准备准备，我也谈不好。虽然，姑妄言之。说到成就，不能说没有。例如，北京大学有个《儒藏》项目，有个刊物《儒家典籍与思想研究》。有一份彭林主编的《中国经学》。前几年，还曾经举行过国际性的经学会议，等等。但总的来说，成就不大，仍然处于低谷之中。十年前，我说过:"在经学研究这个问题上,从总体上来说,笔者是一个今不如昔论者。所谓昔,具体地说,是指清代。在我国经学历史上,清代是最为光彩照人的一章。清代学者在经学方面的著述,不但数量最多,而且质量尤精,大有空前绝后之势。"(简评黄怀信《大戴礼记汇校集注》,《古籍整理出版情况简报》2006年第6期)因此,我想主要说说存在的问题。宋儒所说的"为天地立心,为生民立命,为往圣继绝学,为万世开太平",立论太高,友仁不敢置喙。我没有那么高的眼界。在我的眼里,经学只是一门学问。既然自命为学者(尤其是人文学科的学者),这门学问就少不了,就需要认真地学。如此而已。而问题恰恰就在于此。从光绪三十一年(1905年)废除科举至今,已经一百多年。按三十年一代来计算,已经三四代人了。这三四代人,基本上与经学隔绝,连学者也不读经了。

胡适在上世纪30年代发表《我们今日还不配读经》一文,影响很大。今摘其要如下:

> 王国维先生说:"《诗》《书》为人人诵习之书,然于六艺中最难读。以弟之愚暗,于《书》所不能解者殆十之五;于《诗》,亦十之一二。此非独弟所不能解也,汉魏以来诸大师未尝不强为之说,然其说终不可通,以是知先儒亦不能解也。"(《观堂集林》卷一《与友人论〈诗〉〈书〉中成语书》)

这是新经学开宗明义的宣言,说话的人是近代一个学问最博而方法最缜密的大师,所以说的话最有分寸,最有斤两。古经学所以不曾走上科学的路,完全由于汉、魏以来诸大师都不肯承认古经的难懂,都要"强为之说"。谁料到这三百年的末了，王国维先生公开揭穿了这张黑幕，老实的承认，《诗经》他不懂的有十之一二，《尚书》他不懂的有十之五。王国维尚且如此说，我们不可以请今日妄谈读经的诸公细细想想吗？（胡适文止于此）

《中华读书报》2004年9月8日第10版发表署名文章，题目是《我们是否配谈读经》，可见胡适此文的影响深远。

在这里，友仁不得不指出，胡适先生此文写得太草率了。陈垣先生说过："读书不统观首尾，不可妄下批评。"胡适上述这番话，正坐此病。何者？胡适只看了王国维这篇书信的开头，后边的全然没看，就匆匆忙忙下结论。而王国维这篇书信，用的是"先抑后扬"的笔法。先坦白承认《诗》《书》成语的难读，接着就提出了变难读为易懂的三种方法。第一种方法，"其成语之数数见者，得比较之而求其相沿之意义，否则不能赞一辞。但合其中之单语解之，未有不龃龉者"。第二种方法，"古之成语，有可由《诗》《书》之本文比较知之者，如高邮王氏之释《书》'猷裕'、《诗》'靡鹽'，瑞安孙氏之释《书》'棐忱''棐彝'、《诗》'不殄''不瑕'，皆是也"。第三种方法，"其余《诗》《书》中语，不经见于本书，而旁见彝器者，亦得比较而定其意义"。每种方法后面王国维都举例说明之，此略。由此看来，王国维写《与友人论〈诗〉〈书〉中成语书》的用意，重点在后边，不在开头，不是要叫人畏难不前，而是鼓励人们知难而进。有困难，但也有解决困难的办法，《孟子》所谓"大匠诲人，必以规矩"是也。

退一步来说，那些口口声声反对读经的诸公，即令如你所愿，你真能能摆脱经学吗？恐怕是一厢情愿而已。何者？按照传统目录学的分类，古书分为经史子集四大部类。经学存在于经部书中，这是题中应有之义，你不想读就不读好了。问题在于，史部、子部、集部书中有没有经学呢？有！不但有，而且很多。举例来说，史部书中，以《二十四史》为例，《史记》中的《五帝本纪》《夏本纪》《殷本纪》《周本纪》，都征引了不少《尚书》的内容；其《孔子世家》又征引了许多《论语》的内容。《汉书·地理志》全文征引了《尚书·禹贡》。《二十四史》中的《礼志》《乐志》《仪卫志》《舆服志》等，其中明引、暗引经书的情况极多。诸如此类，你能绕得过去吗？子部书中，例如，宋代学者王应麟《困学纪闻》20卷，其中讲经学的有8卷；清代顾炎武《日知录》31卷，其中讲经学的占7卷。集部书中，姑以若干清人文集的名称为例，从中不难觇知作者的志趣，如卢文弨《抱经堂文集》34卷，段玉裁《经韵楼集》12卷，徐元文《含经堂集》30卷，谢启昆《树经堂文集》4卷，阮元《揅经室集》57卷，凌廷堪《校礼堂文集》36卷，郑珍《巢经巢文集》6卷，龙启瑞《经德堂文集》6卷，戴钧衡《味经山馆文钞》4卷，等等，无不与经学有关。总而言之，史部书、子部书、集部书中也含有大量或明或暗的经学内容。无怪乎刘勰《文心雕龙·宗经》说："经也者，恒久之至道，不刊之鸿教也。自夫子删述，而大宝咸耀。于是《易》张十翼，《书》标七观，《诗》列四始，《礼》正五经，《春秋》五例。故论说辞序，则《易》统其首。诏策章奏，则《书》发其源。赋颂歌赞，则《诗》立其本。铭诔箴祝，则《礼》总其端。纪传铭檄，则《春秋》为根。"意谓经学的幽灵遍及四部典籍，无处不在。窃以为刘勰的这段话是实话实说，并非大言唬人。经学的幽灵在全部古代文献中游荡，或明或暗。许多古书中的内容，从字面上来看与经学似乎毫不搭界,实际上经学的幽灵就隐藏在文字背后。你想摆脱它,办不到!我们今天的人文学科学者,不明乎此,编教材,写专著,对经学掉以轻心,结果是硬伤累累,犯了常识错误而不自知。一般学者的著述就不说了,而那些权威的著述,被视为国家门面的著述,诸如王力先生主编的《古代汉语》,校点本《二十四史》,《汉语大词典》,均有此等失误,令人唏嘘。有鉴于此,友仁窃不自揆,愿意提出如下忠告:学者不读经恐怕不行,因为经学的幽灵遍及四部典籍。不然的话,小而言之,作茧自缚;大而言之,误人子弟。

郑州大学已故三礼学名家杨天宇先生的《周礼译注》前言中有这样一句话:经学的渗透性非常强。说得真好!可谓至理名言。

王: 刚才您提到杨天宇先生,杨先生在《三礼》研究上做了很多的事情。

吕: 是的。杨天宇先生是我很佩服的一位学者。我虽然忝为同道,但比杨先生差得还远。第一,杨先生入道比我早得多;第二,他研究的广度深度都比我要高。可惜他走得早。

王: 您两位关系也很好,就您的了解,杨先生在《三礼》研究方面有哪些成绩?

吕: 我感觉杨天宇先生在《三礼》研究上作出的贡献,环顾当世,尚无人能及。他是"文革"后的第一届硕士研究生。他本科毕业于北京大学古典文献专业,读硕士是在河南大学。据我所知,国内的《三礼》研究,杨天宇先生启动得比较早。他在读硕士研究生的时候，就已经专注于此。杨先生有《周礼译注》《仪礼译注》《礼记译注》，学界口碑很好。而以一人独揽三礼《译注》，当世一人。杨先生还有《郑玄三礼注研究》一书，也是总结性的著作。

王：您两位在河南也经常见面吗？

吕：也谈不上经常见面，但臭味相投。大概是上世纪80年代末，我们第一次见面是在河南省教育厅科研处召开的一次会议上。河南有个陈耀文，明代人，编有《天中记》一书，属于类书。科研处组织河大的、郑大的、河南师大的一班搞古籍整理的教师，准备整理这本书。那是我们第一次见面，一见如故。那时候，我还在经学门外徘徊呢。后来，因缘际会，我也进入经学研究领域，跟杨先生接触就多起来了。2007年台湾"中央研究院"中国文哲研究所邀请我们两人去作经学专题演讲，杨先生讲《仪礼》的成书，我讲《礼记》的成书。我在网上调查了一下，有王锷先生的《〈礼记〉成书考》博士论文，那时候书还没出来。我把您的这篇博士论文下载，打印出来，认真地看。看了以后，觉得这哪还需要我来作专题演讲呀，人家博士论文都出来了，我就想打退堂鼓。杨天宇先生就鼓励我说，你不能另辟蹊径吗？想想另外的作法吗？在杨先生的鼓励、启发下，我另辟蹊径，就从《孟子》开始，一直到汉宣帝为止，选了十种著作，调查这十种书引用《礼记》的情况，从这个角度来论证《礼记》的成书。结果嘛，不但走出来了，而且还有些意外的收获。于是写成《礼记成书管窥》一文。

王：您把那次讲座的电子版全发给我了，您有很多的发明。

吕：有一点吧。这也算是"置之死地而后生"吧。唐人诗云："眼前有景道不得，崔颢题诗在上头。"你的博士论文，恰似崔颢题诗，逼得我没有办法。幸亏有杨天宇先生的鼓励和启发，再加上我自己也有一点不甘示弱的劲头，侥幸走到"柳暗花明又一村"的地步。现在看来，《礼记成书管窥》一文，还是可以向读者做一些交代的。

王：不是做交代，是真的有很多发明。因为您两位当时去演讲之前，您两位都把演讲的论文电子版发给了我，我都拜读了，都有创新。

吕：这确实与杨先生鼓励分不开。

王：今天早上我坐车过来的时候，我们校车上有广播。广播里说彭林先生在东南大学作报告，讲到了一些称谓的问题。比如不能随便向别人介绍妻子称夫人啊，女孩子不能随便向别人介绍这是我老公啊，等等之类。结果记者就觉得，如果是这样的话，那我们都错啦？错了，以后该怎么办呢？是不是这么多人都不懂礼呢？因为这是从新闻报导的角度发出的消息，他们就去请教了相关学者，有人说是称谓嘛，有历史的发展，但是若干年过了以后呢，大家就习以为常了，老公就老公吧，夫人就夫人吧。您看，还是有不同的声音，有不同的声音是对的，可以讨论嘛。

吕：在这个问题上，我倾向彭林先生之说。但由于"礼坏乐崩"的缘故，在称呼问题上，我们可以绳己，不可以求人。各人的学养不一样，争论也没有多大意义，各行其是就是了。就我个人来说，我向别人介绍自己的妻子绝对不会说"这是我的夫人"，我会说"这是我的妻子（或太太）"。

王：现代社会当然对于这种礼仪制度的问题都有不同声音了，现代学术界尤其强调，我们讲到先秦礼制的时候不断地说"礼崩乐坏"等等。其实我们在读正史中《礼乐志》的时候，起码有一点，历朝政府都是在前代的基础之上，制定当代的礼仪制度的。我们自从新中国成立之后，一直没有制定当代的礼制。您认为我们当代社会要不要组织专家，制定一套当代的礼仪制度？

吕：王先生，您这个问题很大，而且还和现实联系起来，很不好回答的。

王：没关系，您可以随便谈谈。

吕：让我想一想怎么来说。如果能够制定，那当然好了。但我估计，政府要做的事很多，千头万绪，这件事恐怕还提不到议事日程。现在的社会风气，是"礼坏乐崩"。《孟子》上的两句话："穷则独善其身，达则兼济天下。"我们是一介书生，能够做的，就是管住自己。

王：接着这个话题再请教另外一个问题，每年我的学生来了以后，这几年条件比原来有所改善。起码有学礼堂这么个地方，大家可以一起来学习，一起来互相地切磋。我平时是不来，但是我给学生讲，是我的工作室给你们用，我有几个要求。第一，你总得把学礼堂的卫生给我搞好吧。第二，我来了，你们总得给我泡杯茶吧，茶叶我买好放在这，上茶的时候总得双手吧。他们都做到了，您觉得我这个要求是不是太过分了？您支持吗？

吕：不过分，我认为这是非常应当的。我非常羡慕你，你这个做法很好。全国不知道有几个教师这样做。这次我来南京师大，眼界开阔不少。

王：我跟吕先生年龄相差大概二十五六岁的样子，我跟他们的年龄差不多也是这么一个差距。所以我经常给他们讲，《曲礼上》不也讲了吗？"年长以倍，则父事之；十年以长，则兄事之；五年以长，则肩随之。"起码尊长的礼节要传承下来。所以我给我的学生说，我是你们的老师，你们可以向学校的任何一个老师请教，但有一个要求，必须要对他人尊敬。

吕：对啊，这是很正当的啊。

王：为什么我当时要把这里起名叫做"学礼堂"，我说我们都是学"礼"的。不懂才学嘛，大家一起学。

吕：这名字起得也很好啊！

王：但是现在不知道什么原因，有些学生可能刚来，或者有些学生觉得为什么老师要这么要求我啊，我爸爸妈妈都没有这样说。我开玩笑说，你们在家里给你们爸爸妈妈没倒过茶不要紧，但是我要求你们给我倒茶。我自己也能倒茶，但我是在教你怎么样做人！

吕：你这番话，我完全同意。不仅教学生如何读书，还要教学生如何做人。大家千万不要认为,我是学礼的,但是我做的事情,都是违背礼的,那个最可叹,最让人摇头了。学礼堂,很可能目前是国内独此一家。诸位能够来到学礼堂,值得庆幸。《礼记·经解》:"入其国,恭俭庄敬,礼教也。"那个"国"字,可以改作"学礼堂"的"堂"。"入其堂,恭俭庄敬,礼教也"。希望你们诸位都是"恭俭庄敬"的君子,让人一望可知,为全国高校作出表率,为国人做出表率。衷心祝愿学礼堂越办越好!

王:有您的支持,我就更有信心了。

吕先生与学礼堂师生合影

十五、研究计划

王：您以后有什么研究计划？

吕：先说一下我的近期打算。2018年，是我八十初度之年，我想把这些年写的论文，已经发表的，尚未发表的，筛选一下，编成两本书：一本叫《读经识小录》，一本叫《训诂识小录》，算是一个小结，算是自己送给自己的一份礼物。

稍远一点的打算呢，是想在解决一些困惑我的问题上努力。其中有一个就是，《礼记》为什么那样红？《十三经》中有《礼记》，《五经正义》中也有《礼记》。其实王先生你可能也考虑过这个问题，这《礼记》啊，它为什么走红？《礼记》在《十三经》中是资格最嫩的一经，论资排辈的话，其他经啊都是圣人写的，周公啊，孔子啊。这个《礼记》，它的作者都是七十弟子后学，算是贤人写的，这是说的作者。再看《礼记》的内容，和其他经不一样。其他经书上说的话，都是板上钉钉，理直气壮，没有商量的余地。而《礼记》一经，对自己讲的东西都不自信，往往说些不知孰是的话，给我们提供的是一种模棱两可的东西。还有，其他经的内容都是歌颂这些圣人的，孔子人格怎么好，周公怎么好。

可是《礼记》这本书呢？有的地方简直是糟蹋圣人啊，你看，孔子是他爸爸和徵在野合生出来的，孔子连他父母在哪儿埋葬的都不知道，这还是圣人吗？还有孔子的那些高足，有时候在礼上也有搞错的。这些自揭己短的东西，怎么引得大家趋之若鹜？这个原因究竟在哪儿？

再一个我觉得，有一个你们这里独有的《三礼辞典》，但《三礼辞典》我觉得它收词范围还有点狭窄，语词有漏掉的。我觉得像我这样的，又在河南师范大学的，我也登不高，所以我登高一呼也没人响应。我觉得应该是什么呢？应该有一套《十三经辞典》。《十三经》的个别有，但是不全。有什么《诗经辞典》，《尚书辞典》也可能有，咱们现在好不好搞一套《十三经辞典》？由谁来唱这个头，认真地来搞。这样从源头上的话，你再读《十三经》，有问题了，就不要再去查《汉语大词典》了，《汉语大词典》涉及经学的词目，问题很多。

王：陕西出的那套《十三经辞典》您有看过吗？
吕：我还没有，您这一说，我好像想起你给我提过这事，我忘掉了。

王：就是这一套，它前面是辞典，后面是索引。
吕：那么，是我孤陋寡闻了。

王：这个辞典编得很早，大概是在1989年的时候，1988年底。
吕：那比上古社的那个还要早。

王：比那个要早，因为我开始读《三礼》也是和这个辞典有关系。大概在1988年的时候，当时陕西师范大学辞书研究所，所长是刘学林先生，和他的爱人迟铎先生，迟铎先生是专门搞训诂学的，这两位先生牵头编纂《十三经辞典》。这个项目上马以后呢，当时参与《十三经辞典》编纂的人员，主要是在西部地区吧。我了解的情况是这样，我们西北师范大学接了两部辞典，一部是《周礼辞典》，一部是《仪礼辞典》。后来陆陆续续每年的会我都参加过，当时这个辞典编纂的初步设想大概是：第一，要编一部《十三经辞典》，这个辞典呢，要把《十三经》每部经书当中不管是实词也好，虚词也好，统统一网打尽；第二，在中华书局影印的阮刻本《十三经注疏》的基础之上，编一个《十三经索引》，当时计算机很不普及，这个索引的目的就是要代替叶圣陶先生的《十三经索引》。如果我们现在用计算机不是这么方便，这个索引的目的是达到了，每个字词，每句话都能查到。这句话，这个字词在阮刻本哪一册哪一页的上中下栏，这个都标出来了。还有就是准备启动一个叫做"《十三经》今注今译"项目，这个工作也做了。当时我们做完《仪礼》的今注今译，《仪礼》十七篇，我做了七篇，我们五个人的手写稿合起来有一百二十万字，现在这稿子不知道到哪去了。还有就是准备编一个《十三经研究论著目录》。

吕：什么？

王：《十三经研究论著目录》，我的《三礼研究论著提要》，就是这时候启动的。结果等到多年以后，我的《三礼》做完了，其他各经都没有做完。后来采取了一种变通的方式，说是给我五千块钱，让我把其他的各经全做了。我说你给我五万我也做不了。后来又进一步变通，他们说这事非得你来做，好像多给了一点，六千五百元，这样我就做了《十三经研究论著重要参考书目》。也就是附在每部经书辞典后面的那个简目，具体做法就是在《中国丛书综录》《中国古籍善本书目》，包括当时能看的书目基础上给他拉了一个单子出来。这个目录做完大概整体有七十万字，跟他们谈好，十年之内你不出，我要出单行本。现在是每一经辞典后面都附了相应的书目，但是我单行本一直没有出，因为我觉得还有很多问题需要调整。就是这样一个情况。另外还在辞典后面附了唐石经的拓片。

吕：整个唐石经的吧？

王：对，整个十二经的拓片都附在后面。这个拓片，按照当时的设计，陕西师范大学图书馆有一部明代拓的拓片，显然比我们现在看到的要好。但是这个明拓不全，不全呢就用清拓来补，清拓来补的时候呢，有个别的也不全，就采用民国拓来补。现在他附的这个拓片，是一个明清，包括民国拓的汇集本。当时我跟他们讲，我说从文献学的角度来讲，你泛泛地这样来附，别人没法用。哪一页哪几个字是明拓？哪几个字是清拓？你得告诉人家。有人觉得没有必要。就《礼记》而言，我在用的时候，我发现有些问题。他这个拓片是很长的，很大。要做成书就要剪辑。比如说多少个字剪一页，这个剪辑的过程中就存在一个排序的问题。他这个排序，有些地方是没有办法读，排得很乱，大错特错。本来应该排到第一页的，排到第十页去了，你根本找不见。这不是做的人的问题，这是排的人的问题，

吕先生为学礼堂留言纪念

但是这个问题没有得到修正。所以说这个辞典在学界影响不大。大多人不知道,是这样一种状况。

吕:经您这么一说,我明白了。另外我考虑的题目是《二十四史》中"志"与《三礼》的关系,想把它给摸一摸。

王:您有什么高见?

吕:为什么会有这样一个念头?因为这次搞的校点本《二十四史》升级版,其中有《宋史》,《宋史》中的《礼志》《乐志》《舆服志》《仪卫志》一共56卷,是我校点的。在校点过程中,发现这些志与《三礼》关系密切,或明或暗。原校点本搞错的不少。我又核查了《晋书》的《礼志》《乐志》，情况与《宋史》差不多。于是萌生此念，亦是读史之一助。

还有一个想法，侥幸破解了《五经正义》的义例，但事情还不算完。《十三经注疏》中，唐人作的《周礼注疏》《仪礼注疏》《公羊传注疏》《穀梁传注疏》的义例又如何呢？宋人作的《论语注疏》《孝经注疏》《尔雅注疏》《孟子注疏》的义例又如何呢？想继续做探索。

王：最后再请教您一个问题，吕先生，您自己读过研究生，您也指导过很多的研究生。您觉得根据您治学的经验，现在在坐的都是研究生，告诉他们如何研究经学、礼学？

吕：这个问题不好回答，我姑妄言之。第一，我写了一篇文章，题目是《学者不读经恐怕不行——兼论经学的幽灵遍及四部典籍》，尚未发表。结论是：如果你对经学避之唯恐不远，实际上做不到。其结果必然是，小而言之，作茧自缚；大而言之，误人子弟。第二，《史记·货殖列传》说："白圭乐观时变，故人弃我取，人取我与。"经学已经被社会冷淡了一百多年了，这就是"时变"。大多数学者都不学经学了，这就是"人弃"，在这种情况下，智者应当怎样办，不言而喻。第三，经学难学，经书难懂，这是实际情况。但天道酬勤，"报应不爽"。在具体做法上，我上文所写的《致诸生——吕友仁述学》，一得之愚，幸留意焉。

王：谢谢您！昨天晚上您谈了三个小时，今天您又谈了三个小时。吕先生给我们分享了他治学的经验、心得。我相信，您昨天、今天讲的，不光对他们听的人会有启发，有意义。我们把它整理以后，将来在学礼堂微信公众号发布以后，对阅读这些访谈的读者，也会有很大的帮助，再次感谢您！我们把掌声送给吕先生！

2016年10月18日—19日，王老师于学礼堂采访吕友仁教授，访谈稿由吕梁整理，已经吕先生、王老师审定。

悠游经史,诠释传统

——叶国良先生访谈录

叶国良先生简介

叶国良先生，1949年生，台湾桃园人。台湾大学中国文学系学士、硕士、文学博士。历任该系副教授、教授、特聘教授，并兼系主任、文学院院长各六年，又曾任香港中文大学、泰国朱拉隆功大学、捷克查理大学、山东大学客座教授，台湾科技主管部门人文社会科学研究中心主任、台湾中文学会理事长，现为台大讲座教授。主要研究经学、金石学、古典文献学，曾获台湾"国科会"杰出研究奖、台湾科技主管部门颁发的学术奖等。主要著作有《宋人疑经改经考》《经学侧论》《礼学研究的诸面向》《礼制与风俗》《中国传统生命礼俗》《宋代金石学研究》《石学蠡探》《石学续探》《居愚居文献论丛》《古典文学的诸面向》等。

一、求学经历

王锷：叶先生，您好！我创办了一个学礼堂微信平台，有"《论语》微阅读""书目答问""古礼漫谈""学礼堂访谈录"等几个栏目。访谈录主要是介绍学者治学的经验、成就等，给年轻人一些启发。今天很高兴您接受学礼堂的采访，请您先谈谈求学的经历。

叶国良先生：这个构想是很好的。

我在台湾受教育，因为个人家庭因素，受父亲的影响。我父亲在日据时期受日文教育，但他也利用夜间学习汉文。他在这方面，比当时一般知识分子多了一些涵养，能吟诗作对，写旧诗。我小时候家里有他购置的一些中文古典诗词小说。我最初看童话书以及《三百字故事》《七百字故事》一类读物，对历史和典故特别感兴趣。到了四五年级，这类读物已不能满足我了，我另找书来看。开始读《西游记》《水浒传》《东周列国志》一类书籍。再过几年，这又不能满足我了，我开始看些古典诗词、诗话之类的读物。念高中的时候，我每天要步行十五分钟到火车站，再搭五十五分钟火车到台北万华站，下车步行十五分钟到校，这过程回家时再来一遍。所以我每天差不多有两个小时在火车上。这两小时我没有浪费掉，用来看书，如果不是接近考试的话，我不看教科书。当时我看的大多是"台湾商务印书馆"出的《人人文库》《国学基本丛书》等。这些书籍印制不精，但很便宜，我们戏称"麻沙本"，而称老板王云五为"王麻沙"。这些书其实都是大学中文系念的专门的书了，我在火车上都看这种书，虽然有些内容不太懂，但这培养了我研究中文的兴趣。到了考大学时，我的第一志愿就是台大中文系，我也如愿考上，开始了我研究中文的人生。回想起来，我小时候就受我父亲、哥哥的引导，读他们购置的书，所以很小就习惯这些了。等到进大学，有一些书我老早就读过了。

毕业旅行与同学在横贯公路入口合影

王：那么大学是在台大上的？

叶：对。

王：您是怎么样走到学术研究这条道路上的呢？

叶：我上大学时没去打工。当时台湾最好的大学就是台湾大学，台湾大学的学生毕了业基本上会深造的，大部分都留学去了，这是传统。我虽是中文系毕业，也想深造，所以毕业以后，我先去服兵役。我很多同学都先读研究所，我跟人家不一样，考上研究所以后，我保留学籍，而先去服兵役，台湾兵役是义务役，早晚要去。那时我心里打算，有机会就要到外国留学，所以一毕业就先去当兵。当时我已考上研究所，但我保留学籍，先去服兵役。当时我有一个大哥，大我十岁，已经结婚，有四个孩子，但非常不幸，年纪不大就得了癌症。我得知消息时，还没退伍，这对我打击很大。因为我是二哥，大哥不在了，以后我该怎么办呢？我不能抛弃四个幼小的侄儿侄女跑到国外留学，所以我放弃了深造的机会，乖乖地回学校念研究所。

王：念研究所就相当于我们这边读硕士？

叶：是读硕士。

王：当时是跟着哪位先生读呢？

叶：跟屈万里先生，屈先生当过我们的系主任，但当时他不当系主任了，从"中研院"史语所来我们系里兼课。我去上他的课，并向他提出要求，请他指导我，他说好，但是给我一个我觉得非常困难的题目，就是我后来作的《宋人疑经改经考》。这题目花了我五年时间写作。你们都是行家,一听就知道为什么,南北宋时间很长,著作非常多。我曾经问屈老师,是《十三经》吗?还是《五经》就好了?他说是《十三经》,哇,范围这么大,所以我花了五年时间才毕业。

> 王:这是读硕士时候?
> 叶:是硕士。别人通常三年毕业,我五年才毕业。

大学同学聚会合影。后排左三为叶先生,后排左二为夏长朴先生

二、《宋人疑经改经考》

王：您的大作《宋人疑经改经考》一书是怎么做的？

叶：所谓宋人疑经改经考，范围是《十三经》，时代是两宋，范围实在太大了。但是既然老师这么说，我只好硬着头皮接受，花了我很多的时间精力。虽然论文口试我以最高分通过，但我自己并不很满意，因为范围实在太大，我没有办法都一一照顾到。各位知道，光是《四库全书》里，宋代专门经学著作就有四百种，文集也有四百种，还有一些未列入《四库》的，都要尽量翻查。另外，我也要看看学术笔记，宋代有很多学术笔记谈相关问题，至少有一两百种，都要翻一遍才安心。此外，相关的史书必须翻一翻，而且都是大部头。这样一来，分量太大了，难以驾驭，所以我用了五年时间才勉强毕业。经我的研究，考得宋代曾疑经改经的学者多达一百三十人，对他们疑改的言论都必须述及，真不容易。

但屈老师的要求，给我很好的训练。因为这样我就被迫去翻阅大约一千种书，翻哪，不敢说是看。但经过这种磨炼，我大概知道宋代都有哪些书了，大约是什么内容。这样的搜寻，的确让我在我题目范围中找到一些过去学者没注意到的材料，虽然不多，但是真的有找到一些。

此外，我也注意到北宋学者大部分是长江和巴蜀以南的学者，至于南宋学者都是南人更不待言，可见两宋的学术风气和地理位置关系密切，而且影响了元明清三朝整个学风的转向。

王：您认为这本书在经学研究史上，是一个什么样的地位？有哪些优点？还有哪些遗憾？

叶：我写完论文后，立刻就产生影响。在台湾就有另外两个研究生跟着我写，我写了《宋人疑经改经考》，他就写《元人疑经改经考》《明人疑经改经考》，这是很具体的影响。虽然《元人疑经改经考》写得不太好，因为元代很短，著作不多，所以作者很难发挥。明代的文献比较多，但作者写得很辛苦，但跟我的《宋人疑经改经考》一样，收的也不可能完整。明代未刊本多，所以只能尽量嘛。这三本书出来之后，在中国大陆也发生了影响，你们南京师范大学的杨新勋教授，他在北京大学毕业的博士论文就是《宋代疑经研究》，他写论文时，曾向我要我的论文去参考。他写的范围其实还没有我当初的笼罩面大，他是抽出比较值得发挥的内容写，写作方式和我的不太一样。当初我几乎地毯式地搜寻资料，我的面比较广，杨教授的书，显然是选择性的，面没那么广，但深度比较深了，毕竟是博士论文嘛。我的书的缺点，是我要照顾的面向比较大，所以个别部分很难深入。

三、金石学研究

王：硕士学位读完以后，就留到了台大工作，是吧？

叶：不。我还没毕业，就已幸运留校担任中文系助教了。那个年代，在台湾大学当助教，已算是储备师资了，也就是已经被认可为未来的教师，只不过学习经历还不够，将来必须取得博士学位，但我已经算是系里的教师了，只不过名义是助教而已。那时候台湾的助教是具备有大学教师资格的。

王：那是不是当时就已经确立了将来要从事经学研究这样一个方向？

叶：没错。因为我原来就跟屈先生研究经学嘛。但很不幸，我刚毕业，屈先生便生病了，而我要投考博士班，他在病中却为我拟了《宋代金石学研究》的题目去报考。屈先生做事一向积极周到，这又为什么呢？他说："你作硕士论文，是要让你熟悉传统文献，所以让你作《宋人疑经改经考》，以便熟悉宋代的文献。此后你不要再做这个，你换个方向，作《宋代金石学研究》，以便熟悉出土文献。"屈先生又跟孔先生说："我把他交给您了，请您继续指导他。"所以我后来的博士论文就写了《宋代金石学研究》。

王：这个转换很大，为什么会有这样的转换？

叶：我的另外一位老师是孔德成先生，因为屈先生知道在此之前，我已经跟孔先生上了好多年的《三礼》、金文和青铜器课程。孔先生传授的范围包括三种：一是青铜器，一是金文，一是《三礼》。我跟他前后上了五年课，学习这三个方面的课程。我进博士班的时候，孔先生说："屈老师跟我交代，让你做宋代金石学，现在屈先生去世了，你不要更换题目，还是遵照屈老师的话，继续这方面的研究。就是一方面熟悉传统文献，一方面熟悉出土文献，这样可以帮助你做研究。"因此我就遵照了。

其实我接到屈先生、孔先生的指示后，还是很惶恐的。虽然我跟孔先生上了好多年的《三礼》课，也念了好几年的金文、青铜器，但我对出土的实物，其实了解得不够多。但既然硬着头皮接了，就只能好好学习了。最后我以《宋代金石学研究》论文毕业，所以，我总共在研究所里待了十年。

毕了业之后，孔老师说："既然花这么多时间研究金石学，你别荒废，现在台湾要得到刚出土的铜器资料不容易，但学术界里很少人研究石刻，你可以研究这个。"我遵命照办。所以在我毕业后大概十五年内，我研究石刻，写了两本书：《石学蠡探》和《石学续探》。

经过一段时间以后，我开始想我底下应该做哪些研究。我想，当初我跟孔先生读了好多年的古礼书，但始终没从所学中真正酝酿出一些成品来。所以差不多五十岁前后，我慢慢把石刻的研究搁置下来，开始写古礼方面的文章。这样不知不觉又经过了

《石学蠡探》　　　　　　　　《石学续探》

十五六年，大概最近的不到二十年，我把大部分精力放在《三礼》方面。其中最多的是《仪礼》，我觉得《仪礼》还是《三礼》当中最重要的。

王：您跟着屈先生读硕士学位是哪年？跟孔先生读博士学位是哪年？

叶：我是1973年到1978年读硕士，博士就是接下去，直到1983年我毕业。

王：刚才您谈到跟着孔先生做金石学研究，包括您的博士论文在内，出了三本金石学著作？

叶：金石学方面，我出了三本书，其中一本是博士论文。可是，我那博士论文很晚才出。我们台湾学术界，早期的博士论文通常都没出版，因为大部分博士没钱可以出版，也没有多少机构可以出版。后来电脑科技发达了，很容易被抄袭。有人警告我说："你的博士论文快要被人家抄光了，应该赶快出版。"我赶快出版，但已经被抄得差不多了。所以，最后出版的反而是我的博士论文。这个不是我个人独有的情况，我们那个年代博士论文都没有出版。

王：请您谈谈这三本金石学著作的内容和优缺点。

叶：谈自己的成就是很不好意思的。不过我跟列位说一下，我第一本著作叫做《石学蠡探》。中国真正的石刻什么时候开始出现的？早期一些传说的年代不算，石刻的出现基本上是东汉末年。东汉末年以后，到魏晋时代发展成墓志铭，但是碑、志在文体上基本是相承接的。这些石刻以传记为主，但也包括各种各样的内容。我第一本著作是从东汉末年写到隋朝，这也是我升教授的论著。第二本从隋朝一直写到清朝，叫作《石学续探》。第三本就是我的博士论文。

王：从作者的角度来看，这三本书分别探讨了石刻学方面的什么问题？

叶：这不一样。《宋代金石学研究》写出来之后，还算获得好评。不过我个人知道，其中一部分其实是没有什么创见的，最主要的是金学方面，也就是青铜器方面。我的陈述算是相当平稳，应该照顾到的也都照顾到了，可是也没什么创见。石刻的部分，则是有我的心得和创见的。《宋代金石学研究》的内容如下：绪论是第一章，宋代金石著作是第二章，宋代的金学第三章，宋代的石学第四章，第五章是综合性的，第六章就是结论。其中第四章的一部分跟第五章的一部分，我认为是有若干创见的。否则的话，只是把宋代那套学问的发展过程讲清楚而已，没什么创见了。写一篇博士论文，不能只是所讲的都对，可是没有什么创见。如果在美国著名大学，这样的论文是不被通过的，你必须有创见。即使你的创见是歪理，不久以后人家可以想办法把你驳倒，可是你必须提出一套你自己的说法，这是美国学术界的一个惯例。但在我们东方，可能不会那么要求，所以我们现在看到许多博士论文根本没有创见，只能说写得很顺。还好，我觉得我的博士论文还有一点创见。

王：那么您研究金石学十多年，有很长的一个时间段了，从您对金石学的研究来说，您如何评价中国的金石学研究？

叶：其实过去研究金石学的人非常少，所以实在是很难评估。好在现在又不太一样，比如复旦大学陈尚君教授研究唐五代历史文献，也会接触到很多石刻资料，做一些研究。那是因为现在传播媒体能够迅速地把新发现的材料公布，因而促成许多有价值的研究。这个当然是很正面的。清代以前都是靠拓片，拓片的传播又不太容易，要出版就更困难，你看《金石萃编》这种著作，要出版是多困难的。连我们后人想要出版这些文献都很困难，何况古人？但现在这种问题目前基本上解决了，我们可以很迅速地看到大量的新资料。这当然有助于我们的石刻研究。

在我自己的研究过程中，我结交了南京大学的程章灿先生。

他原来有个项目,研究唐代石刻,其实他原来是研究六朝文学的,但好像有个石刻的项目,所以我们后来通过信件结交成朋友。我在台湾见过他,和他进行过短暂的交谈,我曾提出一个概念,就是石刻研究从北宋以来已经一千年了,我们现在研究金石学必须进步。怎么进步呢?金的部分,后来我用功不多,我不谈,石刻的部分我想我会提出一点心得。也就是说,我们要发展方法论。后来我也写了几篇跟方法或方法论相关的文章。不过,在后来的这二十年中,我没有继续发展下去,现在暂时搁置了,因为我现在忙着研究古礼,还没有精神回头来整理我对石刻研究方法论的发展,我希望退休以后比较有足够的时间来发展,能写一本书来陈述我对石刻研究的一些想法。可是目前还没有做到这里。

叶先生在香港浸会大学演讲

悠游经史，诠释传统
——叶国良先生访谈录

王：叶先生，您研究石刻那么多年，您刚才讲，您也有一些想法，将来会接着做，那您方便的话，讲讲从目前学术研究的这个状况来说，石刻研究如果要接着往下做的话，应该怎么做？讲讲您研究金石学的心得。

叶：我想就是所谓的方法和方法论。因为传统学者虽有学问，却常常不讲方法论。有一些学者很有学问，但他没有方法论的概念。既然没有方法论的概念，其实很难让他讲出成体系的一套学问来。目前就是这个状况。所以我觉得现在研究石刻的人不多，虽然不多，还是需要一套方法论的。也就是说，把传统的一些案例整理出来，慢慢呈现出一个具体的方法。我在过去的论文里面也曾经试图这样做，已有一点成品。但是不够，我觉得不够，因为应该要写一本专书，譬如说《石刻研究方法论》这样的一本专书才对。可是，我现在拨不出时间来写这样的书，等到我退休再来写吧。

王：叶先生，在清代乾嘉时期，很多学者对金石学是很有关注的，孙星衍和邢澍曾经编过《寰宇访碑录》，从目录角度来说，这是清代乾嘉时期关于金石学研究的代表作。另外，著名的学者王昶曾经写过《金石萃编》，您怎么来评价这两部著作？

叶：孙星衍的书是把一些具体的资讯记录下来，《寰宇访碑录》是他继承那个南北宋之交的陈思的《宝刻丛编》《宝刻类编》这种东西，就是一些碑现在在什么位置，碑文大概是什么内容，记载的是这个。所以孙星衍的这本书，只适合当目录书来参看，没有研究方法的一些内容，这本书，目录学家可能感兴趣。可是对金石学者来讲，它不能提供太多内容。王昶的《金石萃编》是比较有方法概念的，也比较谨严。王昶的《金石萃编》和后来的《八琼室金石补正》，这两部书才是清代金石学的代表作，虽然金很少，石很多，但是这两部书确是清代石刻学最重要的书。

这两部书都各自发展了它们的内涵，比如说《八琼室金石补正》就把一些砖、瓦纳进金石的范畴中，比王昶的书进步，内容也更广泛。但是他们都有一个共同点，就是每章篇末或适当位置，编者会发表他的研究意见，而不只是笼统地编在一起，其实是有他们研究的心得的，这一部分还没有被学术界好好地研究。因为自从乾嘉的盛况结束之后，事实上金石学的研究便没有真正的大发展。也就是说，在方法论上面没有突破。

北宋刘敞、欧阳修他们却不然，虽然欧阳修被刘敞批评为"不读书"，但其实蛮冤枉的，欧阳修怎么会不读书呢？只不过欧阳修脑袋所想的和刘敞不一样而已。在我看来，刘敞和欧阳修都曾提出方法论，而且欧比刘所提更为高明，虽然理论很简单，但是宋代金石学是有方法论的，只可惜没能继续发展下去。

我认为，自北宋以后，金石学的方法论始终没能好好的发展。虽然清人也有学问很渊博的人，像王昶乃至钱大昕这种学问非常渊博又有想法的人，但是他们没有发展出一套方法论。我觉得这是目前的一个大缺憾！因为不论从事哪一方面的研究，一定要有一套方法论，不能说我没有方法论。前辈学者有时会发出这样的言论，不重视方法论，但这是不对的，这会影响晚辈。

王：对！

四、《礼学研究的诸面向》

王：金石学的研究告一段落以后，您就转到从事礼学研究了？

叶：对，是礼学研究。

王：礼学研究到现在为止，您出过哪一些著作？

叶：最主要的学术著作就出了两本。第一本是《经学侧论》，《经学侧论》不完全谈礼；第二本是《礼学研究的诸面向》，是六年前出版的。

王：这两本著作各自探讨了一些经学或礼学研究的什么问题？

叶：第一本《经学侧论》，并不主要谈礼学，不过也有谈礼学的，分量不大。第二本是《礼学研究的诸面向》，基本都是谈礼学的。目前我正在编第三本，准备称为《〈礼学研究的诸面向〉续集》。目前还在编撰中。我是准备出第三本的。

不过，我在两书中间也出过其他相关的书籍，第一本是《礼

《呜呼哀哉》

制与风俗》。《礼制与风俗》是早期在台湾就曾经出版的。这几年我把它加了内容以后,在上海复旦大学出版社重新出版,本来写了三十篇,再版时我重新编过并再加十五篇,成了四十五篇。复旦大学出版社出版的《礼制与风俗》是一本杂谈礼制与风俗的书。第二本是我和捷克查理大学罗然教授合作的《呜呼哀哉》,内容讲的是中国丧祭礼仪,包括碑志文和哀祭文的介绍,我用中文写,罗然译成捷克文。后来我又在台湾出版了一本《中国传统生命礼俗》,也是通俗读物,这本书也将在中国大陆出版。

我中间写了这三本比较通俗的书,再加上我刚才讲的专门的三本,我就会有六本和礼制方面相关的著作。其中一本已经在中国大陆出版,还有一本也准备在中国大陆出版。

王:这几年两岸间的交流非常频繁,学术界来往也很多,据我了解,叶先生您是中国台湾地区研究经学、研究礼学的代表人物,在礼学方面做出了很多成绩,刚才您也讲到有这么六本书。请您能不能就每本书,谈谈都是在讲什么样的一些问题,您有一些什么心得,以便于年轻的学生来了解叶先生已出版的五本书是怎么样一个情况。

叶：好！我的第一本书名《经学侧论》。这本书是我研究过程中的转型作品，因为我从金石学慢慢转到经学，当中我将一些不太成熟的论文凑成十篇出版。为何称为《经学侧论》？表示我还不太敢正面讨论经学问题。

第二本是《礼学研究的诸面向》，这是我比较严肃的作品，这里面讨论到蛮多面向的。那本书有十五篇论文，十五篇论文可以分成几个部分。第一个部分就是比较严肃地谈《仪礼》的问题，《仪礼》有什么可以谈的呢？跟今天来开沈先生的会是相关的。沈先生当初提过一个理论，他说《仪礼》这部书记载的一些礼典，虽然被记录下来的时间比较晚，可能晚到战国初年，可是这些具体的仪式在西周初年就陆续有了。我支持这种说法。所以我在我那本书中有一些篇章肯定这种想法。

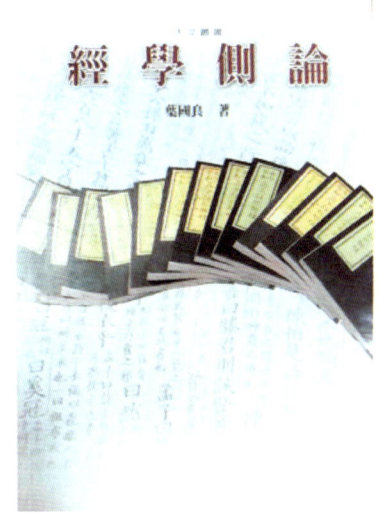

《经学侧论》

《礼学研究的诸面向》

我最近看《朱子语类》，其中有以下这样的说法："《仪礼》不是古人预作一书如此，初间只是以义起，渐渐相袭行得好，只管巧，至于情文极细密周致处，圣人见此意思好，故录以成书。"朱子讲的其实和沈先生的一样。朱熹说并不是古人先写下一些仪礼的内容，然后再来实施，而是当时社会上已经有人这样实施，实施的过程中陆续调整，后来发现这样很不错，就把它记录下来。记录下来成为我们现在的《仪礼》。我比较支持这种说法。也就是说，我找到的朱熹的言论，是可以支持沈先生的说法的。所以我这次来发表论文，也把这说法提出来。

不过，我虽支持沈先生的言论，论文毕竟应提出自己的意见。我书中第一篇《驳〈仪礼〉为孔子手定完书说及其衍生之"新道统说"》，是批驳清代邵懿辰《礼经通论》及康有为的主张，邵氏说《仪礼》是孔子手定的完书，而康有为承袭这种主张，并写了《论语注》《礼运注》《中庸注》《孟子微》四书，并提出意图取代程朱道统的"新道统说"。邵、康之说建立在不少曲解之上，是错误的。应注意的是，近来有些研究思想史的学者，在某些方面想将邵、康之说复辟，我个人是不赞成的。

我又写了一篇论文《〈仪礼〉的经文与记文》，主要是反对沈先生《仪礼》经、记都是同时写成的主张。我从台湾来宣读这篇论文时，才知道沈先生甫于五天前去世，我不想在这种情况下批评我尊敬的前辈学者，但议程、论文已印发，只好宣读，但我跟大会主办人彭林教授声明，我的论文将不会在中国大陆出版，表达我的心意。

除了《仪礼》研究外，我开辟了曲礼研究的议题。也就主张礼仪研究可以分成两块，一块是曲礼，一块是经礼，《仪礼》是经礼，它是一整套的礼仪，曲礼是一些琐琐碎碎的礼仪，这些小礼仪也值得重视，所以朱熹写过一本书《小学》，《小学》其实就是讲曲礼的。这两个部分应该互相呼应，所以我就花了一些篇幅来谈曲礼。

另外我也注意到，韩国古时也有礼学著作，所以我写了三篇相关论文，都是韩国《礼记》学的研究。

另有一部分内容也是我开辟出来的，是我比较得意的部分。其中一篇利用人类学理论来诠释中国成人礼里面的命名起字的内涵。这个内涵虽然传统的陈述也是对的，但没有从人类学的角度去诠释，或者说诠释得不够彻底。我觉得那篇文章虽然只有几千个字，我自认诠释得还不错，这可能是我们的学术界第一次这样诠释，我的诠释比起从前的比较精确一点。

《礼学研究的诸面向》的最后一部分，包括一些语言学的探讨，探讨古人在行礼的过程当中讲的话，我有一些分析，语言的分析。另外，我探讨了汉晋至唐宋时期的婚丧文化。我不放在《仪礼》的时代去谈，我把它放在魏晋南北朝、唐宋时代去谈发展。

王：这本书当中的十五篇论文，是您研究礼学比较满意的代表作？

叶：是比较满意的。

王：如果下来要编续集，第三本书里面大概要讲一些什么问题？

叶：也都是在古礼的范畴之内，但是想把研究的视野放得更大一点，也就是不拘泥在《仪礼》或传统礼书的范围之内，试图跳开礼书讲到的礼，作更开展的研究，趋向是这样的。我六年来写好的论文，算一算前后不下十七八篇了。不过现在有一些还在排版中，有些刚刚被接受，有一些未来会怎么样还不知道，所以我也不能说得更仔细。我可以透露的是，试图把视野更加放宽，但不一定更具所谓"学术性"，而是希望更具"现实意义"。因为有些礼仪越是简单其实越深奥，也越有价值。举例来说，我研究《仪礼》有三个字的心得，叫"敬、净、静"。第一个是"恭敬"的"敬"。行礼，最基本的就是要保持敬意，所以《曲礼》第一句便是"毋不敬"。第二个就是"干净"的"净"。你看《仪礼》每一个行礼的过程，都是非常讲究卫生的。第三个就是"安静"的"静"，在行礼过程中不得喧哗，喧哗是没有人文素养的行为，要保持安静肃穆的情况来进行整套仪式，而不是在喧哗的状况下进行的。现在有些公共场合嘈杂不堪，包括乱按喇叭，这都是不符合第三个"静"的意思。我觉得读《仪礼》，不要光注意那些仪式的描写，而更应注意精神内涵，我归纳出这三个字，自己觉得还不错。但是写成论文，人家可能不要看或不重视，会说："里面也没提出什么了不得的见解。"如果这样，我想，学者可能对社会上的正面活动，缺乏参与的热情，只在书房中论述，而整个与社会脱节。这是我不愿意看到的发展。

  王：这个很精彩，就是如何把我们的学术研究与现代社会相结合，而且对现代社会有推动作用。

  叶：本来应该要做的。不是我们在书斋里面搞学术研究就好。

五、《礼制与风俗》

王：叶先生，您刚才讲到另外一本书叫做《礼制与风俗》?

叶：《礼制与风俗》在台湾称《古代礼制与风俗》，在中国大陆出版则称《礼制与风俗》，发行了一万册。

王：这个书我到台湾去买到，读过一遍。里边我记得有一篇很有意思，就是您讲到那个揖和拜的情况，是从《水浒传》宋江的"拜"切入去谈，我觉得这本书写得很有意思，很精彩！

叶：我尽量不要都从上古说起，而是在每篇前面放进一段小故事，然后把它放在很多时代里面去谈，读者可以看到不同时代的礼仪，了解礼俗是演变的事实，才能对中外文化有较正确的认识。

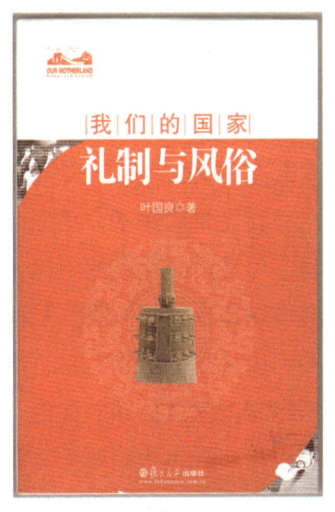

《礼制与风俗》

王：这个书视野更开阔，而且注重它的可读性和社会结合的层面。

叶：包括吃饭也可谈，中国人并不是自古以来就端着碗吃的，是经过几个阶段演变出来的。端着碗吃，是近代社会下阶层发展出来的。下阶层的人才端着碗吃饭。这在韩国是被人看不起的动作，韩国人认为这样像乞丐。

王：这本书里面讲到很多具体的礼节仪式，在礼书当中是什么样，在历代的演化，包括我们今天应该怎样做。请您谈谈这本书的内容和写作心得。

叶：本书谈的虽是古礼，但其实我真正的目的是要说给现代人听的，而且要听得进去，还觉得你蛮有道理的，但这真的很不容易。不过，我还是可以举出两个例子，这个是大家都知道的，只不过"习焉不察"。也就是有些礼仪我们的文化里就有，但大家习惯了，却以为是外来的文化。这可能来自民族自卑感或觉得自己没什么学问，不敢乱讲，于是乎很多我们很熟悉的本土文化，大家往往误以为是外来的，其实本是我们的传统礼仪。

我爱举的例子，第一个就是靠右边走。靠右边走不是很平常吗，可是你问现在的中国人："为什么要靠右边走啊？"大部分人会说这是交通规则啊。我说："这交通规则什么时候订的？"他就答不出来了。为什么答不出来，因为他没研究过古礼。不知道我们自古以来就是靠右边走，这是我们的文化。那我们为什么要靠右边走？因为我们尊重对面的来人。靠右边走就是我们尊重对面来人的一个表现。为什么这样讲呢？我们要了解古人的生活习性。古人跟现在一样，右手是比较有力量的，我们从小就被训练使用右手，因此右手比较有攻击力。既然我们右手比较有攻击力，我们若发扬我们的右手，会成为具有攻击力的民族。但中华文化不这样发展，我们克制自己的力量，选择靠右边走，这样我们就很难攻击别人，对方会感受到我们的善意。你想想看，我这样靠右边走，我怎么攻击你？我的刀插在这边，要拔出来会撞墙。这边有墙的话我不就撞到墙了吗？所以我对你是具有善意的。

不止古代汉人如此，蒙古人骑马的规则也是如此，骑马靠右边骑，为什么呢？因为如果靠左边骑，对方会担心，为什么呢？两马交错的瞬间，如果对方抽出刀子，你很可能人头落地！所以双方都要保持适当的位置和距离。如果我骑马靠右边骑，对方也靠右边骑，这样双方都知道互不伤害。不然在错马的瞬间，这刀子就把你杀了，是不是？也就是说我们靠右边走的时候不具有攻击力，如果靠左边走，我们就有攻击力了。我就示范一下给你看。

如果我是日本武士，我走路时会尽量靠左边走，为什么靠左边走呢？因为日本的巷道很窄，如果我靠左边走，别人攻击我时我可以轻易抽刀防御。日本剑很长，可以保卫自己，反之，碍手碍脚，刀可能来不及抽出来。所以日本武士一定靠左边走，靠左边走才能保护自己。可见日本文化发展的方向和中华文化不同，我们的文化是我们始终担心别人会误解我们有敌意，所以我们主动地做出我对你没有敌意的动作，我们就靠右边走。英国文化和日本文化与中华文化的发展相反，他们认为人们有自我防卫的权力，所以靠左边走。日本和英国到现在都靠左边走，他们开车也靠左边走。我们靠右边走是我们长期的文化，不是交通规则。日本靠左边走也是他们长期的文化，也不是交通规则。当然现在都变成交通规则。但他们在自己国度里，实行他们的文化。我们在自己的国度里，也实行自己的文化。这就是我对我们靠右边走的一种诠释。古人在古书中也有这样的诠释，但是不太凸显，因为对古人来讲，这个很平常的吧，不需要强调，但是对我们现代人，就需要强调了，对不对？这个"靠右边走"也是我的书的第一篇，题目就是《靠右边走》，我觉得不错。因为我们现在还在实行古礼，但是很多人都不知道，他们都以为是近代才定的交通规则，其实不是。这是第一个例子。

第二个例子就讲握手。握手，古代也称"执手"。《诗经》有"执子之手，与子偕老"的文句。执手就是握手。先秦文献叫执手，南北朝以后也有称握手的，握手就是执手。换句话说，中国古代就有握手礼了，只不过有些人不知道，以为是西方传来的。南北朝时，东西方虽有接触，但握手礼究竟是从西方传过来，还是从东方传过去？我们都读过古书，既然《诗经》的时代中国就有执手礼，所以不是受西方的影响。虽然后来西方也有握手礼，可是西方的握手礼起源恐怕不早。可以说是中国的握手礼不是西方传过来的，而是本土就有的。但一般人都误解，以为握手礼是西方传过来的，而且是近代才传进来的，这是不对的。

王：这样的一些内容通过您的描述，介绍给年轻的读者，让他们看了以后，就很方便了解我们的传统文化是怎么回事，对吧！如果没有这样的一种了解，我们整天在做我们专门的研究，就和现实社会脱节了，不知道哪些该继承，哪些需要进一步发展。

叶：是啊。最近我又想到一个例子适合推介。上次礼学会议时，我曾宣读过一篇论文，《〈仪礼〉周旋礼容探微》，讲古人行进时怎么转怎么转。大部分年轻人都不知道中国古代是怎么转的，因为近代国人都接受西方的兵操，就是我们在学校学的那一套，向左转、向右转、向后转那一套，但那是近代西方军队传过来的兵操。中国古代并不这样转的，而且转的方向、左右的概念，跟现代正好相反。古人的左旋，就是把我们左边的身体向右边转过去，右旋则相反。这才是《仪礼》中的左旋、右旋。也就是说，中国古代的转法，跟现代实施的转法正好相反，现代实施的其实都来自西洋的兵操。日本当初接受这种西方兵操，是德国人教的，黄埔军校也曾接受过德国式的兵操训练。简单讲，东方的兵操，其实是西洋文化，不是中国文化，也不是东方文化，东方文化不是那样转的，《仪礼》也不是那样转的。

王：他们是圆形的转。

叶：他不是这种成直角的转，他可以这样移动地转。那才是自然的转法嘛！中国《仪礼》的翻译本，大部分都翻错了，方向翻错了。

王：您是上次在中国美院象山校区水岸山居讲的。

叶：是，我就是讲周旋问题。

王：钱老《三礼辞典》讲过这个问题，谓左旋就是右转，右旋就是左转。

叶：其实古人没有搞错的。你去看明、清人的注解，他们也都没有搞错，可见搞错的是现代人，所以我们现代人必须讲求一下古礼，大家别搞错了。《仪礼》不能把它当兵操来读，讲不通的。

六、《中国传统生命礼俗》

王：叶先生，您除了这个书之外，您刚才讲到还有开一个通识课程，那门课出了《中国传统生命礼俗》一书，这本书我没见到，里边讲到一些什么问题？有些什么心得？请您分享给我们。

叶：《中国传统生命礼俗》一书，是为了教通识课而写的。台湾的通识课是学美国的。美国著名大学的著名教授，尤其是诺贝尔奖得主，他们教书，往往教大一学生。不像我们认为教大一是你不成才，不被看重，你既是教授，应该教研究生才对啊。但美国人不是这样想的，他们认为大一生是最有可塑性的，应由大师来指导。美国那种环境，进大学是很昂贵的，进名校更花钱，所以学生都很珍惜，不会轻易调课缺席。相对的，校方也安排著名教授来上大一课程。大一课程，他们上的都是通识课。也就是说，大一不是要建立学生的专业知识，而是要打开你的眼界，教你怎么思考，教你怎么进入问题，所以由大师来上课。此课采用大班设计，多大班呢？可以是八百人一班。那怎么上课？他们把教室盖成八个面向，像八卦一样，所有的学生都朝一个面向看，每个面向都有银幕，所有学生都能看到教授的讲授，都能听到。又为了保证学生的学习效果，一班可以配置数十名研究生助教，另安排时间、地点，协助教授回答学生们的提问。他们采取这种方式，他们的思维是，诺贝尔奖得主不用上太多课，因为他上一门课两小时已经教了八百个学生，够工作量了，效果达到了。人家的思维和我们不太一样，我们还停留在那种一个资深教授带几个学生乃是荣耀的落伍想法。

王：你们设置的通识课，也是学美国的？

叶：是学美国的。我们通识课也动不动有几百人，盖大教室。我自己上通识课已经多年了，每一次都是160人以上。

王：《中国传统生命礼俗》就是您上这个通识课的讲义吧，等于是把它们集结编成一本书，那这本书里面主要讲了一些什么内容？

叶：这几年我教一些通识课程。这些课就是为低年级同学开的，不分级别，不分科系，通通都可以修选。课上教一些基本概念。《中国传统生命礼俗》，就是各种礼俗当中，只谈生命礼俗。什么叫生命礼俗？就是人生重要阶段的礼俗。人生可分六个阶段，第一个就是诞生，诞生有各种礼俗，都跟生命有关。第二个就是成人礼俗，成人是一个阶段。第三个阶段，就是结婚生育。第四个阶段是庆生，第五个阶段是丧葬，第六个阶段是祭祀。人要祭祀祖先，子孙也祭祀你。这六项构成这门课程的内容。台湾一个学期十八周，这六个阶段我在十八周中把它教完。

王：我小的时候，小孩是不能过生日的，过生日是要给老人过，而且老人过生日起码是要在五十岁以后，大多数情况下六十岁以上的老人才过生日。可是现在呢，小孩都过生日，甚至过得比老人多，我不知道叶先生您对这种现象怎么看呢？

叶：对对，所以我在这本书里有历史的陈述，就是过去的社会是怎么样，为什么要这样？现在的情况又怎么样？我们可以怎么样？也就是将礼俗放在历史的脉络中讲述，使学习过程具有历史感。譬如说古人是不过生日的。这个概念要提出来，因为年轻人都不知道，以为自古以来我们都过生日，其实不是。中国人什么时候开始过生日？南北朝以后才过生日。古人是不过生日的，因为这天是母亲受难日，你过什么生日啊？这很多人不知道，所以是要提出的概念。正式过生日，其实是唐玄宗才开始的，他开始庆生之后，影响越来越大，因为帝王过生日了，其他人当然也可以过，唐玄宗说普天同庆嘛，所以后代就有庆生礼了。

但即使庆生变成普遍的风气，然而历史上还是有一些人受了传统观念的熏陶，拒绝过生日。我可以举些例子，宋朝的程颐就不庆生，理由就是母亲受难日，过什么生日？台湾佛光山的星云法师也不过生日，因为他很小就出家了，他觉得不应该过生日。我的老师孔德成老师，也不过生日。因为他出生不到一个月，生母因产褥热去世了，所以他不愿意过生日，这心情跟古人一样。

再进一步讲，今人过生日都很高兴，吃蛋糕什么的，我上课时会借机做个调查：你们有过生日的举手，过生日吃蛋糕的举手，家里吃猪脚面线的举手。就这样做了一些调查，然后问同学一些问题。我会事先设计好一些问题，譬如说，请问你吃蛋糕前，点根蜡烛，然后又把它吹熄，是什么意思？大部分人说，我们没想过这个问题。不是过生日就应该吃蛋糕、点蜡烛，然后把它吹熄吗？吹熄是什么意思？没想过。这时我就借机讲，西洋人点蜡烛后再把它吹熄，是告诉你，一年的光阴已经过去了，所以把它吹熄。你要珍惜时间，珍惜光阴呐。在这个时间点，哥哥姐姐，爸爸妈妈，也要趁机对孩子做机会教育，要跟孩子讲，这是告诉你要珍惜光阴，生命过去了就不再回来了，你现在已经5岁了，你要懂得这个道理，你要珍惜时间啊，不要浪费时间啊之类的。趁机教育，这才是吹灭蜡烛的意思。从中教师还可提到东西方的文化明显不一样，西方人把蜡烛吹灭，东方人祭祀的时候则点亮蜡烛，不是把它吹灭，东西方的行为不一样，意义也不同。这时教师就分析东西文化不同的地方在哪里，现代人应该珍惜的地方在哪里。这就是我通识课教的内容和方式。

王：这对他们年轻的学生会很有用，对吧?! 通过这样的一种授课的方式，学生有没有反馈？比如说我学了这门课，对我的人生有启发。您有没有做过调查？

叶：台大每一门课上完后，有学生对老师的评论，学生要写意见的。教师会收到。也就是上这门课没白费我们的心血，160个人一班，总有一些人听进去了。

七、礼学与现代社会

王：叶先生，我记得按时间来算，我们认识也有十四个年头了，我2003年到淡江大学去参加海峡两岸的文献学会，当时我提交关于礼学的论文，吴哲夫先生和陈仕华先生邀请您做我论文的评议人，那次就认识了。

叶：我记得。

王：后来您跟潘美月老师，还有郑吉雄老师，你们三位一起请我到台大一个小餐厅吃饭，就认识了，多少年来，您一直对我很关照。那么，这十几年来，您在和中国大陆学者的学术交往过程当中，大家交流很多，您怎么样来看待目前中国大陆的礼学研究状况？

叶：其实我对中国大陆的情况了解不够多。因为中国大陆大学这么多啊，研究机构这么多，学者这么多，我实在很难说我真正的了解。但是我至少可以感受到的，这方面的确比过去几年兴旺，好像关心礼的人比较多了，这是好现象。我也只能说这么多了。大概是用感觉的而不是了解、研究的。感觉上似乎比较热了，

悠游经史，诠释传统
——叶国良先生访谈录

叶先生正在接受访谈

这是好现象。

王：据我观察，中国大陆应该说是近十年左右吧，关于经学的研究逐渐地比原来要热闹一点、频繁一点。伴随着经学的研究，大家对礼学的研究我觉得比以前关注的也多了一点，那么也就是说中国大陆的礼学研究也是伴随着经学研究的热闹逐渐地在兴旺发达吧。那么您怎样看待目前中国整个经学研究的状况？

叶：总体来说，其实我不擅长，我刚刚讲过，我所理解的只是其中一部分而已，所以很难做一个比较全面的评估，不过就从感觉的角度来说，您观察的没错，比较热一点，底下会怎么发展实在很难评估。对中国台湾地区我没办法给它太高的期望,因为中国台湾跟中国大陆发展的方向正好有点相反,台湾现在反而有点慢慢冷了。过去讲了五六十年以后,有点累了、倦了,现在好像有点冷了。所以现在台湾的大学,过去研究经学的、礼学的这都是大学中文系打头阵,主要是中文系的教师在研究,现在中文系研究这个的人越来越少了,我个人觉得这几年更是明显,其中重要原因就是学生怕难,因为读礼真的第一个是枯燥,第二就是难,难可能是挂头牌的,枯燥的问题,若通过教师舌灿莲花,或者生花妙笔,也能把它炒热起来,刚刚我们举的那种非常精彩的例子,可能会说动学生。可是不够啊,最主要是要做研究啊,就有人怕难了,这个难的问题,就吓退了学生。过去难不是问题,台湾好的中文系学生往往以研究经学为职志,最好的学生是要研究经学的,现在不是啊,最好的学生研究文学,特别是文学理论。我们现在只能栽培少部分的学生,所以台湾的经学有点退热了,这是我比较悲观的地方。中国大陆的经学反而在兴旺中,发展了。所以台湾的情况让我有点担心。

王:无论中国大陆也好、中国台湾也好,我们是同根同源的,这是没有问题的。那么根据您的观察来看,如果说我们要进一步从事经学研究或者从事礼学研究,您觉得最急迫应该研究的一些方向在哪里?

叶:中国台湾有一批人从事普及教育,他们跟民间打成一片,去创办一些读经班,他教的对象是小孩子、小学生,他也不急功近利,而是长期耕耘,这多半是一些义工在担任的,那这个发展是蛮好的,但我们也很难要求它有明显的社会功能,因为你可能看不见，它就发挥功能了。我知道中国大陆也有很多这种热心的人士在做这种工作，但是我个人不知道具体成果是怎样，只知道中国大陆很多人热心地提倡读《弟子规》啦那些什么什么的，这个事我是知道的，只不过真正的影响我没办法评估，毕竟我在学院里，离社会还是有距离的，不能真正融入，真正地理解。

王：从我们专门的从事经学研究和礼学研究的人来说，您觉得应该研究哪些问题？

叶：这个问题很大。台湾有一派学者，受所谓的新儒家的影响，他们接受钱穆、牟宗三、马一浮、唐君毅这些人的影响，号称新儒家，他们研究的是新儒学，讲的是新五经。所谓新五经，台湾原来没这样说的，但在台湾地区我有位好朋友，杨儒宾，他讲新五经。其实所谓新五经，还是旧五经，他以《周易》和《四书》构成新五经。但这不是朱熹时代就这样吗？而朱熹晚年编成《仪礼经传通解》，大力提倡《三礼》之学，新儒家似乎视而不见，我个人认为这格局比程朱小多了。所以这一派将来的发展会怎么样，我个人是打问号的。

王：叶先生，其实我注意到，上世纪六七十年代，台湾地区无论从学术研究角度还是从出版角度，对传统典籍做了一系列注释、翻译类的著作。后来引进到中国大陆来，大家能看到，我想这些著作无论在台湾地区还是在中国大陆，对学术的普及和推广是起了很大作用的。但是这几年大家对这些书的关注好像又淡了一些。

叶：这是必然的。

王：我们讲要不断继承传统文化，前几年讲得很多的是叫"传统文化现代化"，那么根据您的观察，台湾地区现在如何对待传统文化与现代结合的问题，是一个什么样的发展方向？

叶：我觉得现在台湾学术界和政治界还没想到这个问题，他们觉得目前这可能不是最急迫的，我觉得他们根本不谈这个问题。

王：为什么？

叶：台湾地区前途未卜啊，眼前要操心的事情还很多嘛，没有心情再谈这个问题。我觉得是这样。

王：中国大陆这几年，尤其是这五六年，谈到传统文化怎么样和现代结合，比原来谈得要多，从上到下重视程度也要多。就您的观察，如果要推进这个工作，最急迫的要做什么？

叶：我们学中文的，第一步就是要让年轻人接触传统文化，要接触传统文化，就要先读中国传统中一些读得懂的、比较简易的典籍，这个我们学中文的一定会这样说。可是不学我们这一行的，他会不会这样讲呢？恐怕不会。譬如说，受西方教育的人、学者，他们会觉得何必这样呢？我举个例，我曾经到美国访学，听到一些不同的想法。有一次我到洛杉矶加州大学，正值美国经济危机，他们请我演讲，我讲的当然是东方的儒家思想。闲聊的时候，美国教授讲，美国人不是这样想的，经济危机该怎么处理呢？美国教授说解聘几个人就完了，这样剩下的人就都战战兢兢地好好工作，不需要孔孟之道。这是美国人说的应对之道，而且是学中文的美国教授，他们会讲中文、懂得中国文化。他们的方法，我也无法说不对，但我就说不出口。也就是我们讲了半天的孔孟之道，不见得有用啊。所以我觉得，我们真的可以更广泛地来思考问题，思考社会各方面的问题。这是那次给我的一次震撼教育。

王：干得不好就走人，就不要你了嘛。

叶：对呀。就是你们平常很懒惰，现在我们既然遇到困难，请你走，很简单，干脆利落，你也不能说这不是道理。

八、台大文学院

王：叶先生，根据我的了解，您在台大做了两任中文系系主任，共六年，两届文学院院长，共六年，总共加起来十二年。那么台湾大学，无论在中国还是国际上都是很有影响力的大学。根据您做文学院院长这样一个职位，您觉得在我们中国，如果研究传统学问，文学院应该研究什么？

叶：我们文学院跟别的文学院不太一样。我们的文学院，我一直认为，它目前的架构是个病态，应该拆成三个学院，因为我们有外语的系统，有外文系，有日文系，有东南亚语言，甚至东北亚语言，世界各国语言，可以开出二十几种，但都设在文学院，应该独立成一个外语学院。我们还有语言学研究所、翻译学研究所，也都应该并到外语学院。另外文学院里面有一些艺术科系，比如说戏剧学系、音乐学研究所、艺术史研究所等艺术科系，这些应该独立成一个艺术学院。然后剩下来的文史哲等系才合成文学院。但我们还有一个图书资讯学系，其实已经越来越发展成跟文学院无关了，应该独立出去。可是目前都在文学院，以致文学院是变态的大，我们现在有八系十四所，太庞杂了。所以我对文学院一点都不自豪,当院长要驾驭这么复杂的结构,蛮难的。

王:那么就是说,从传统意义上来说,比如说是文学院,应该培养什么样的学生?就是什么样的学生培养出来是一个合格的文学院的学生?

叶:怎样才是文学院合格的学生?这个很难回答。我们文学院这么复杂,我们还有人类学系,我们还有戏剧学系,所以真的很复杂。你说文学院应该培养怎么样的学生?我真的无从答起。

王:换个角度来说,比如说,我当年80年代上大学的时候,我们老师经常会谈到你是中文系毕业的学生,或者你是历史系毕业的学生,中文系毕业的学生就应该怎么样,历史系毕业的学生就应该怎么样。从这个角度来说,您执掌文学院这么多年,您觉得在台湾地区,文学院毕业的学生,从传统角度来说,应该怎么样就算是合格的?

叶:我觉得不应该这样想,我觉得心胸应该再开放一点。也就是说,虽然学生都是分科分系的,但我们文学院的学生要有人文素养,什么样才叫有人文素养?无从定义,那可以很广。而且,我们何必假设学生发展要受到限制呢?我们学生的发展可以不受限制。也就是说不一定要在现成科系的系统下学习,最好的学生应该能够跳脱这个范畴,你应该能够遨游在人文世界里,甚至教师也要鼓励你超越这个界限,所以台大会办通识课程。

通识课程是这样的,制定十八个学分,这十八个学分中分成几块,有人文科学的、有生物科学的、有物理科学的、有自然科学的,分那么几块,你毕业前要在其中选修几块,比如说有五块之中，你要修三到四块，你才能毕业。所以就要求你要跳出这个框架，让学生有更大的发展性，我觉得这个构想是对的。所以并不是说你是中文系的学生，就一定要如何如何，这不一定。

王：我记得2003年那次到台湾去，就是到台大去，你们几位先生请我吃饭之前还有点时间，当时让我到台大文学院的大楼，进了大楼的大厅，大厅里面是个圆盘，那个圆盘上面其实是类似于书架一样的，上面都是有各种各样最新的杂志、期刊，同时围绕转盘有一圈沙发，每个沙发就好像飞机上那个，有耳机，我可以拿来听音乐，前面还有一个屏幕，我也可以看电视，这个当时给我印象很深。也就是你们想尽办法给到这来的人、学生提供便利的条件。另外，还到一个阅览室，那天那个阅览室一个人都没有，郑吉雄老师当时专门让人开了那个门让我进去，进去以后我感觉那个阅览室大概有60个平方左右，周围全是书架，中间有两个长条桌，旁边有凳子，书架里有很多书，他说你在这里可以随便翻书，那个阅览室里面特别冲击我的是，阅览室的木地板是干干净净，书桌上是整整齐齐，书架都是开着的，你坐着看也行，坐在地上看也行，躺着看也行，给到这里阅览的人提供很好的学习机会。

叶：你说的应该不是文学院大楼，而是总图书馆。不仅台湾大学的图书馆是这样，中正大学的也一样，台湾好几个大学也是这样的设计，你甚至可以躺在地上看书，只要你高兴，怎样都可以。

王：我讲这个事情就是说，这个理念对我冲击很大。2009

年我们到台大参加您主持的经学会议,当时在中间休息的时候,我记得我们听到那个音乐,有乐队在演奏,我当时还问:"叶先生怎么还有音乐?"您说是定期邀请人来演奏。为什么会搞这样的活动?

叶: 没错。当时是我当院长,文学院过去的传统就是师生都太冷漠,缺乏活力。我说我当院长就不这样,我要让文学院充满弦歌弦乐之声。所以我定期举办音乐会,每个礼拜举办一次。我们通常是请路过台湾的音乐家,他们到台湾来反正也要费用嘛,请他们来,他们可以有一些酬劳,他们也乐意在名校表演,而且我们的场地很棒,文学院大厅是巴洛克式建筑,很典雅的。我当院长的时候,除了寒暑假之外,每个礼拜都办音乐会。现在的院长就没那么勤快,但还是办,办就好啦。那时有时有舞蹈,有时候跳肚皮舞、印度舞,什么都有,所以很热闹,也很受欢迎。

王: 那么您当时想通过这件事情要做什么?

叶: 学校应有弦歌啊,这是中华传统的嘛。

叶先生研讨会发言留影

九、饮酒礼仪

王：那我们再请教一个比较开心的话题，叶先生。中国人从古到今，都喜欢饮酒，《尚书》里面有《酒诰》，我们研究礼学，也是离不开酒的。

叶："无酒不成礼"啊！

王："无酒不成礼"。我小的时候，我们老家里面，说来了客人，我们家人经常就会讲，今天请你去坐席。什么叫"席"？无酒不成席。你摆了好多菜，今天没有酒，这不叫"席"，有酒才有"席"。那么，您如何看待酒在中国文化当中的地位？

叶：好！您刚刚说的那种是一般啊，我们社会通俗的说法，就是"无酒不成礼"。然而从古礼的角度来说，并不完全是这样。你看《仪礼》里面有一篇就是《公食大夫礼》，《公食大夫礼》没有饮酒，虽然最后给他一杯酒喝，那不叫饮，叫"酳"，给他漱口用的。它是食礼，不是饮酒礼，也就是古人把食礼和饮酒礼分开。

那说到后代酒在社会中发挥什么功能呢？《礼记·乐记》说，礼跟乐是互相发挥功能的。我们为什么要讲礼？因为人与人之间要保持适当的距离,这个在社会学里也是这样讲的。人跟人之间一定要保持适当的距离,我们是什么关系,我们就保持怎样的距离。譬如我们是夫妻的话,我们的距离就相对的近。我们是朋友的话,跟夫妻的距离便不一样,社会学是这样说的。从礼学的角度来讲,礼是表示距离的,而乐就是要拉近距离,这两者是相反又相成的。音乐拉近人心跟人心间的距离,所以我们要有乐。乐的功能就是拉近人心的距离,礼的功能就是保持人体的距离。喝酒也是这样。喝酒其实是拉近彼此距离的一种礼仪,为什么大家喝酒会很愉快,因为大家的距离就拉近了。我的解释是这样子。音乐也是拉近距离的一种方式。

王:在不同的时间段,我们对于喝酒,是有一定限制的,有时候放得很开,有时候又限制得很死。但是无论你放开也好,限制也好,中国人永远也没有离开过酒,那么酒在文化当中或者在现实生活当中,从礼的角度讲,怎么样把它放在一个大家可以共同理解的范畴之内?

叶:我们现代是多元化的社会,不同行业的人对同一种东西会有不同的想法或看法。譬如医生对酒的看法,就显然跟我们学礼的人不一样。他医生有医生的看法,虽然他可能是喝酒的,但是他作为医生的时候,他的职业就必须劝病人饮酒要节制。等到他下班以后,他不见得这样做。

王:礼书中讲,有食礼,有飨礼,有燕礼,有些有酒,有些没有酒。有酒的场合,少的是"一献之礼",多的要到"九献",它总是有一个限制。在现代社会,有很多朋友在一起吃饭聚会，有酒有菜，互相之间怎么敬酒？年轻人资历浅，怎么敬酒？桌上还有年长的，怎么敬酒？序爵的宴会与序齿的宴会，应该注意什么？

叶：传统礼仪也给了我们很大的包袱。你刚才提的问题就是有待解决的。我们现代人喝酒，适量是好的，过量就不好了。在这个前提之下，我们要面对我们社会的现状。我们应该开发出一套比较合礼的饮酒礼。每一个文化，都有它的历史背景，譬如日本人喝酒就不像我们这样，想把人家灌醉，日本人不会这样。西洋文化也不会，西洋文化是各喝各的，只有在要祝酒的时候才有一些动作，不然的话各喝各的。日本人互相倒酒就是敬酒，所以他们的饮酒文化问题比较小。

韩国文化就蛮麻烦了，韩国保留了一些传统的敬酒方法。如果你去他们那儿作客，可能来了九个主人，就你一个客人，他们先把杯子都清洗一下，然后各倒一杯，各自喝了，然后把酒杯摆在你前面，你前面就十个杯子，你要全部喝完，才能还给他们，不然他们就没酒杯喝酒了，这负担就大了，这种饮酒文化是很可怕的。

那怎么办呢？我想各个民族都应该各自发展出一套比较合情合理的饮酒方式，也就是你要考虑到不太会喝酒的人的情况，经过设计后的饮酒礼，每个人的负担不会太大。我们现在是古今各种礼仪混在一起，各种要求都可以同时提出来，也就是可以无限增加，以至于有人被灌得很惨。目前中国的现状，各省都不一样。

方向东先生：我插一句，这实际上是违反古礼的，并不是按照古代饮酒的方式。

叶：你也知道，古人在开始喝酒的时候，会设一个酒正。酒正也就是做裁决的工作。如果看到大家喝得差不多，不能再喝下去了，他就宣布我们今天的酒会到此结束。我们应该重新提倡这种文化。也就是说呢，我们喝酒前推一个酒正，推一个裁决的人。由他宣布什么时候散会，应该要的。

王：台湾有吗？

叶：没有。我们既然是学古礼的，应该把古礼重新拿出来运用，让事情可以变成真的，这就是我们的贡献，如果真的实现，这就是我们的贡献。郭齐勇先生，我还蛮佩服他的，他是当代经学家中真正支持修改中国法律的。从前中国有一条法律，可以告发自己亲人刑事罪，现在废止了。也就是父亲跟儿子，儿子不可告父亲刑事罪，但民事诉讼是可以的，譬如爸爸开个公司，儿子开个公司，你可以告爸爸的公司，可是你不可以告爸爸刑事罪，这个台湾始终维持着传统。从前有一段时间，亲人之间可以互相控告刑事罪，这很伤害亲情，所以后来废掉这一条。据说郭齐勇先生有贡献，这就是经学家对社会的真正贡献的一个实例。

王：其实从饮酒来说，在中国西北，我老家甘肃那一带，至今有酒正这样的做法。

叶：那更好，我们移用古礼，再移用你家乡的礼仪来推广，来提倡。

王：比如说在兰州喝酒，今天晚上我们四个人要喝酒，或者十个人，那好啦，先选一个酒正。什么样的人能够当酒正？第一，大家公认酒德还不错的；第二，你要做酒正可以，给你倒一杯酒，你先喝完。喝完以后，你就没事了，你今晚喝不喝，你说了算，你是酒正。然后我们其他人来喝酒，他就做裁判。其他人喝的时候要猜拳，猜拳有时候会猜得不清楚，我说我赢了，你说你赢了，那没有办法，酒正说你输了，你喝酒，那就你喝酒，大家都听命于酒正，俗称"酒司令"。

叶：这个完全合乎古礼。

王：合乎古礼。在西北农村，如果有大型的婚礼呀，或者庆贺活动，大家在一起吃饭喝酒，动辄就有十几或二十几桌酒席，有时候会有争端。那怎么办？今天会选一个酒正。这个酒正先发表讲话，他发表讲话酒怎么喝，他也就喝了一杯，他先示范，这种情况下，个别人喝酒不守酒德，比如闹事，酒正直接可以把他罚出去，今天不要你了。至今有这样的饮酒习俗，但是没有那样严格，越来越淡化了而已。

叶：古礼的射礼也是有教练出来示范。所以我觉得你可以稍微做一点调查，把你们家乡的习俗记录下来形成一个文件，然后根据这文件来提倡这样的礼仪，这也是维持社会秩序的一种方式，对不对？喝酒吵架，常发生在酒吧等声色场所。一些人喝了酒之后就耍老大，要求人家怎么样怎么样喝酒，如果不太愿意，可能就打起架来。因为没有裁判，那种场合就很容易吵起来。

方向东先生：中国的酒正呢，实际上是一般的场合都是由主人来担任，但是这个主人他如果承担着两个角色，他是有问题的。主人嘛我要招待客人，又唯恐客人喝不好，所以呢他就失去了这个酒正的作用。然后他自己还要带头喝，要把客人敬好，他主要是陷于这种矛盾。在这种场合，比如说，我作为主人，我要邀请你这个客人来喝酒，他不适宜设一个酒正，他如果设一个酒正，限制我们主客喝酒，它又有问题。对客人也不礼貌，主人也很尴尬。就像我们酒喝得差不多了，然后有一个人过来非要我们喝酒，那也不好。

叶：没错，你说的就是《仪礼》里面的《燕礼》，《仪礼·燕礼》就是诸侯宴客时，先请一个大夫担任主人，诸侯自己不当主人，而由他的臣子当。比如我是诸侯，我要请我的大夫，但要任命其中一人担任主人，主人就是你，你来替我招呼客人，诸侯才是真的主人，但不离开，可以参加大家的酒会。这是一种具有智慧的巧妙安排。你刚才说的既要请客，自己又当酒正，不适合啊，有角色冲突。从社会学的角度来说，这是角色冲突。

王：各地喝酒的习俗不一样，有些民族的饮酒礼仪，含有一种很深的情谊。

叶：没错，很有情谊，很多民族都有这种文化，我们台湾话叫"博感情"，跟你博感情，博是赌博的意思，用普通话讲就是博感情。我们文学院原来有一个考古学系，现在叫人类学系。他们常常去做田野调查，台湾有很多原住民，那些原住民很有情谊，你既然要来那边调查，你就要跟我们博感情，一定要跟我们喝酒。然后原住民拿出脸盆来，用脸盆喝小米酒，吓死人了。你若未经好好训练，是没办法做研究的。

王：这也是民俗。

叶：所以我们刚刚讲还是要多元地看这些事情，因为台湾原住民同胞，很多人喝的酒不是那么好，小米酒不如高粱酒或红葡萄酒，蛮伤身的，怪不得原住民很多英年早逝，都是喝酒害的。医学调查的结果，发现原住民平均寿命普遍比较低。

王：中国不同民族，有各自的饮酒礼仪，我们应该了解。

叶：是，台湾的客家人啊，如果你去做客，你没有说："大嫂，我们这边酒足饭饱了，菜也够了。"你不说这个话，他就一直上菜！我们现在人，不管怎么喝，还是要以维护健康为前提，别把自己喝出胃溃疡之类的。

十、学术师承

王：叶先生，我们换个话题。您刚才讲到您跟屈翼鹏先生，包括孔先生他们学习。中国大陆的学者，对于屈先生、孔先生，除了专门从事研究的人了解，其实大多数人并不了解很多，请您谈谈屈先生他的学术成就，他一生都做了哪些研究？

叶：刚好，我昨天接受山东电视台的访问。他们要制作一个节目叫做《齐鲁家风》，请我谈一谈我所了解的屈先生和孔先生。重点当然是孔先生，因为我跟孔先生时间长，跟着屈先生时间短。他们主要是让我谈谈两位老师，所以我今天是记忆犹新，可以顺便说一下。

屈万里先生是一个非常严肃的人。我说他非常严肃，就是不苟言笑。我最近在看孔先生抗战时期的日记。日记上载，孔先生见到屈先生第一个印象也是说他"不苟言笑"，可见屈先生是非常严肃的。所以我们学生都怕他，我也很怕他。他的脸长得蛮像周恩来，不笑的时候就很严肃，所以我们怕他，学生也蛮怕他，不敢跟他开任何玩笑。孔先生就不一样，孔先生平常就"哈哈哈哈"笑得很开朗。远远地我们就听到"哈哈哈哈"，一路笑过来，我们就知道"啊，孔公来了"。他平常也很爱跟同事，尤其是女同事开玩笑，但是那个玩笑是不伤大雅的，反正就是"哈哈哈哈"，是非常开朗的一个人。平常很喜欢宴请朋友，譬如说请台先生吃饭，他也比较有钱嘛。也经常请我们学生吃饭，所以我们经常和他一起吃饭喝酒。当然是他掏钱，我们是穷学生，他请客。所以我们跟他喝酒的经验很多。

我们吃饭喝酒的时候干些什么事呢？我们主要是听他讲故事。他喜欢讲故事，因为他是一半的政治人物嘛，他始终和政治有关系，是有官职的。但他不和我们谈具体的政治，也不谈时间跟我们接近的政治。他谈的是民国初年、清朝末年的故事，他知道很多掌故，我们喝酒的时候就讲这些有趣的掌故给我们听。但有时会牵涉到一些学问的问题，就顺便讲一讲，但不刻意讲，上课是上课，下课以后谈比较轻松的事情。但不谈敏感的政治问题。

我们课后和他喝酒，也会谈到很多和学问相关的问题。譬如说前人怎么喝酒的。他就说胡适之他们在北京有个酒会，他们的规矩是定期聚会，大家来的时间早晚不一，那时喝酒不像我们现在喝白酒，他们喝绍兴酒。北京文化界的人士是喝绍兴酒的。用二两装的小碗，一次喝一小碗，也就是二两绍兴酒。先到的人就先开始喝，反正等一下会重头开始。也就是正式开始喝酒之前，你先到你就可以喝，喝满二十五碗，算是及格了，暖身了。二十五碗绍兴酒，五十两。然后才开始正式喝，能够喝多少就喝多少。我不晓得这是不是有些夸大，据说有些人可以喝到酒从手指头渗出来。总之，有些人酒量真大！酒仙啊！北京文艺界酒是这样喝的，也就是一个人最少先喝二十五碗。所以你就知道胡适的太太让人家打了一个要戒酒的金戒指给他戴，这个戒指现在南港的胡适纪念馆,就陈列在那里。孔先生就会说这类无伤大雅又能增长见识的故事给我们听,我听了不少。

王:您刚才讲屈先生讲得很短,从学术的角度,您觉得屈先生在经学这方面有哪些贡献?

叶:我觉得屈先生是一个非常刻苦耐劳的人。他是苦学出身的,屈先生只读过从前的那种"野鸡大学",非正式的,读两年而已,他没有大学毕业。孔先生则是从来没有入学的,他曾到耶鲁大学待过一年,但也没有注册入学。孔先生是根本就没有一天入学,都是家里聘请老师教他,当然那些老师很多都是进士名家之类的人。而且教他各方面的知识,所以孔先生知识很渊博,而且他每天都读书。我最近看他的日记,发现他每天都读书,都读一些古典的东西,很用功,因为有好几个老师在督促他。

屈先生是苦学出身的。屈先生的父亲懂得《周易》,所以屈先生很小就由他父亲指导他学《周易》,他经学的底子是从《周易》打下来的。当然其他的一些,如《资治通鉴》等也读,我是看一些资料知道的。屈先生在山东省图书馆当善本部主任,那时候馆长是王献唐。屈先生是王献唐的部下,后来他们一起把一批图书押运到四川去。押运到四川之后,屈先生离开了图书馆,不在王献唐手下工作了。投靠谁呢?屈先生投靠了孔德成先生。那个时候孔先生已经随着政府迁到了四川歌乐山,他有"奉祀官府"嘛,所以屈先生就在他府中工作一段不长的时间,从此建立了数十年的交情,一直到后来一起到台湾,始终都在一起的。

孔先生的研究室和屈先生的研究室是同一间研究室,也就是现在我的研究室。因为我很年轻的时候就被指派到中文系第五研究室，也就是他们两位先生的研究室，到那里担任助教，侍候他们两位老先生。所以我跟他们的关系就这样建立起来了。我知道他们脾气相当不一样。孔先生他虽然是富贵人家出身的，但是他是个遗腹子，而且出生不久生母就去世了。按理讲，像他这种家庭出身的，应该会变成纨绔子弟，可是他从小就有很好的老师群始终督导着他。一直到民国二十五年（1936年）他当了"奉祀官"，还由政府指定丁惟汾先生教他《诗经》。另外他也在家里自修群经，包括《仪礼》等，每天读什么，他日记都有记载。所以建立了很好的学问底子。孔先生是自学的，是在老师、家庭和一大堆长辈的监督下学习的，他也不敢怠惰。所以能够成就他的学问，他的学问就是这样子来的。

王：孔先生是多少代？
叶：77代。

王：他是经过"册封"的？
叶：对，本来在清代就是"衍圣公"嘛。可是到了民国时代，怎么还能叫"衍圣公"呢？不合理吧。但是那时也没有人有心情去处理这些事。后来国民政府的蒋中正政府，才说现在是民国时代了，再叫"衍圣公"不好了。这样吧，改成"大成至圣先师孔子奉祀官"，所以大家就称之为"奉祀官"。现在孔垂长，就是他的孙子，继承"奉祀官"的职务，为无给职。

王：品级里他是一级官嘛！
叶：对，级别最高的。按照古礼叫"上公"。

王：孔先生去世以后，现在等于说是他的孙子继承？

叶：他的孙子继承，这是遵循古礼。因为他的长子先去世，因此要立孙。在《檀弓》不是讲"立孙"嘛！按照古礼立长孙。

王：那么，现在给他封了什么官呢？

叶："奉祀官"。

王：还是叫"奉祀官"。级别和原来一样吗？

叶：无所谓"级别"。

王：无所谓"级别"？

叶：他自己成立一个民间团体叫"孔子协会"。他以"孔子协会"理事长的名义从事社会活动。

王：那有没有相应的经费和待遇呢？

叶：他是无俸给的。

王：无给职，那他的活动经费怎么办？

叶：从前有"奉祀官府"的时候，是有经费的，它里面有秘书的。后来被取消了，所以现在没有"奉祀官府"了。既然没有"奉祀官府"了，当然"奉祀官"就是无给职的，也就是不拿薪水了。

王：听说以前您是做孔德成先生的秘书？

叶：我是非正式的秘书，也就是没有名义的秘书。因为原来的"奉祀官府"是有秘书的，由一个修行的人担任，从中国大陆跟到中国台湾，叫李炳南，李炳南先生人家称他"雪公"。他长期从事佛教的推广活动。但是他也担任"奉祀官府"的秘书，那是正式的。孔先生正式的"奉祀官府"在台中，可是孔先生常在台北，那怎么办呢？他需要一个人帮他忙，最方便的就是上课的时候直接来找我这个助教。我就成了他的私人秘书。我担任他私人秘书二十几年。

王：就是孔先生活动的一些稿件都要你来起草，是不是这样？

叶：对，就是这个角色。被他训练的，可以这么说。他训练我怎么写这种书信、公文、序跋等应酬文章。

王：做秘书，具体您定期要帮他做一些什么样的事？

叶：其实不定期。他找我的时候就去帮呀，他不找我的时候，我也乐得自在。不过他常常会看到我，我逃不掉。他先找我，跟我讲要做什么，我便照做，通常要起草，最后用毛笔誊写，写完以后要我陪他去喝酒，通常是这样。都是先工作，再喝酒。其实我年轻的时候，酒量没那么好，喝酒对我来说是一大负担。因为我除了上课、上班、写论文之外，还要陪他喝酒，而孔先生是海量。

王：我记得有一次我们开会的时候，您在那个签到簿里面写了"礼时为大"四个毛笔字，是很浓的那种颜体字，是不是与孔先生的训练有关系呢？

叶：对。有时候我会模仿他，模仿他的笔迹。孔家的规矩是这样，人家既然称你为"圣人"，把你看成像神一样，民间求字，他们觉得像符一样,是拿回家保平安的。因此孔家的规矩是不拒绝求字,可是不保证是真的,若都由"衍圣公"来写,那"衍圣公"不是累坏了吗?你要就给你,但不保证是真的。有很多代笔人,我们中文系也有一些人代笔,我也是其中之一,但写得不多。我代笔的多半是书信、公文、应酬文章,如寿序之类。

王:记得孔先生带一批学生,做了很多仪礼的复原和推广的工作。请您讲一讲相关情况。

叶:其实吾生也晚,孔先生带领他们做仪礼复原工作,可分两个阶段,第一个阶段是做研究,这一阶段我没看到,我入大学的时候,他们已经做完了。第二阶段是拍电影,拍电影的时候,我只看到尾巴。他们那时候忙搭布景,搭宫室,我看到了,但是我没参加,那是他们当时工作的尾声。我只看到一些布景还没被拆掉,搭的宫室还没被拆掉。我当时进大学修体育课,就把那些布景用的"榻榻米"当成射箭靶子。后来他们拍成了,是小尺寸的胶卷。

又过了几年,我进入第五研究室当助教,有机会和孔先生接触,而且我也看过那部电影,当时有很多学校来借。我亲眼看着这部电影被糟蹋,譬如说放映过程会断,断了要修补,可是外面那些大学不懂,断了竟然用订书机咔嚓订起来。那底下怎么播放?还有一个问题,底片会慢慢消磁,所以影片越放越模糊。我当助教的时候,那时有不同规格的录影带,所以我再把它重新录制一下,看看能不能够维持,可是不论怎么做,它还是越来越模糊。

最后有人提议:"你既是孔先生的学生,我们现在不是有3D动画的技术吗?翻制可以保留原来电影的内涵。"以此来说服我。其实我当时对3D动画根本就没了解,可是人家来游说我,我想替老师做这个事也不错呀，就去找动画家，那时候认识一位3D动画家。我说你可不可以帮助我？我若申请到经费，你可否帮我制作？他说可以呀，不过他没有交代我要申请多少钱。我因不知行情，心想大概不会很贵，我就向"国科会"提出申请，我觉得我已经提出很高的单价了，后来我才知道其实远远不足，大概因我的单价低，所以才会通过，若我知道真正的价格，大概就放弃了，不敢提出申请了吧。

那动画家为什么要帮我呢，其实有一段故事。当初拍电影时，这位动画家曾经参与过，他帮忙他的朋友当了摄影，义务的。他为什么做这工作呢？因为他看上扮演新娘子的那个女生。那女生确实长得很漂亮，而且很古典。他念念不忘那个女生，有旧情在，所以他愿意帮我，把这动画做完。他不计较我能够给他多少钱。我那经费，其实只是真正需要的十分之一而已。可是他帮我把它完成了，我真的很感谢他。如果没有他，我的脸就丢大了，钱是申请到了，做又做不出来。

王：看来这个"心悦君兮"是有帮助的！

叶：他不是为我，是因为对那个女生当初留下了美好的印象。所以人生真是奇妙，有这么一段故事。

王：您送过我一个光盘，就是这样过来的，花了很多心血！

叶：对。历经千辛万苦，而且有时间压力，因为是申请的经费，我只申请一年，我一直担心做不出来，压力很大，而且钱不够。可是奇迹出现了，我也安然渡过了难关，要不然我怎么交差嘛！我自己又不会做。

叶先生与太太合影

王：最后请教您一个问题，就是说现在中国大陆的经学研究，无论从经学角度来说，还是从礼学角度来说，这几年是很热闹。据我观察，因为热嘛，原来是搞历史的，搞哲学的……一下转过来都搞礼了，似乎搞的人很多。但是更主要的是现在有大量的研究生、博士生都来从事这个方向的研究。您是研究礼学的专家，您觉得这些年轻人想要研究礼学，应该怎么做，给他们一些什么样的建议？

叶：我觉得这是很难回答的问题，不过我愿意这样讲，实事求是。因为礼本来就是非常具体的。我们可从两个角度来看，从历史的角度看，它是古代的历史，因此我们要尽量符合古代的实情,而不要杜撰一些说法来。譬如前面提到的清末今文学家如邵、康等人,他们就曾经杜撰故事,讲一些不是古代实际发生的事情,我们不要往那个方向发展,应该从实事求是的立场来研究古礼,尽量符合实情,既不要夸张它,也不要看小它,就是从历史事实的角度去研究它。另外一方面,我们应怎样把礼仪的精神传承下去。礼是中国文化的一部分,是很可贵的遗产,我们要怎样把它保留发扬,是很重要的。我想如果能把握这两个方面,大概路子不会走岔,最怕的就是整个路子走偏了,那就很不好了。

王:但问题是很多年轻人从事这方面研究的时候,他要读的书,要研究的问题很多,他们有时候很迷茫。从您的经验来看,要从事礼学研究,对《三礼》这些书也好,对这些问题也好,怎么样做,才能让他进来,进一步研究下去?

叶:我觉得回答这样的问题,有点力不从心。但我想大概是这样的:首先要立其大者,就是做学问首先要立其大,先把应有的规模立下来,然后依照这个规模来自我要求,这样就不会太狭隘。千万不要一上来就走极端,走偏锋,找偏僻的题目来搞,我想这不是好方法。我认为应该像惠栋向江藩讲的一样,江藩十六岁就写了一部《尔雅小笺》,他通过他的老师江声、余萧客去见他的太老师惠栋,请他指教。惠栋向他讲:"做学问啊,要立其大者。你一开始做学问,就研究这么细小的问题,不是正确的方式。"江藩受教了,也继承了江声、余萧客和惠栋的学问。所以我觉得这个话可以拿来给年轻人做一提示,就是开始做学问时,要先立下应有的规模,然后逐步缩小范围,做比较深入的研究,而不是一开始就钻入牛角尖去,这可能是最不好的方式。

礼学的范围很大，科研问题多得很，研究不完的，不需要着急。而且中国历史时间很长，你要研究什么时代都可以找到题目。所以不要急于走偏锋，还是按部就班，按照正规的方式，从大到小，逐渐缩小你的视野和焦点，这样可能会做出比较具体而且被人认可的研究成果。这是我的想法。

王：叶先生，谢谢您！今天晚上向叶先生请教了三个多小时，您从治学的经历，包括跟老师学习的过程，就很多问题谈了精彩的见解，我相信对于我们年轻的一些学者肯定会有很大的帮助和启发，再次感谢！

2016年10月14日，王老师于杭州采访叶国良先生，访谈稿由张琪、井超、李佩、李学辰、刘晓咏、陶晓婷、李猛元、曹晋婷、侯婕、董政、吕梁、王少帅整理，已经叶先生、王老师审定。

释礼征遗文,证音传旧谱

——贾海生先生访谈录

贾海生先生简介

贾海生先生，山东省邹平县人，现为浙江大学教授，博士生导师，古籍研究所副所长。1993年毕业于西北师范大学中文系，获硕士学位，专业是中国古代文学，研究方向是先秦两汉文学。2000年毕业于西北师范大学中文系，获博士学位，专业是中国古代文学，研究方向是先秦两汉文学。2000年至2002年在浙江大学博士后流动站从事中国古典文献学及先秦两汉礼学文献研究。2002年10月出站，留浙大古籍所工作至今。在《考古学报》《文史》《文献》《中华文史论丛》《文艺研究》《文学遗产》等刊物发表论文五十余篇，出版《先秦文学编年史》（商务印书馆，2010年）、《周代礼乐文明实证》（中华书局，2010年）、《说文解字音证》（浙江大学出版社，2015年）等专著，点校整理《仪礼注疏》（浙江大学出版社，2016年）。完成国家社科基金项目"境外楚辞研究论著总目提要"、钱江人才重点项目"说文解字音证"，目前主持国家社科基金重点项目"中国传统礼学文献专题研究"。获2009年度浙江省高等学校科研成果二等奖、浙江省第十五届哲学社会科学优秀成果三等奖。

一、求学经历

王锷：贾师兄，您好！感谢您接受我们学礼堂的采访！请您先来谈谈求学的经历。

贾海生先生：首先得感谢王锷！感谢侯婕！不辞辛苦从南京来到杭州，浪费宝贵的时间听我唠叨些没有多少意义的闲话。能成为学礼堂的采访对象，当然很荣幸了，学礼堂现在已成了很有影响的微信公众号了。不过很可能让你们失望，因为我实在没有什么值得一说的成绩，当然聊聊我所谓读书求学的经历，能博人一笑，也算值得。我读书的过程和大多数人都一样，经历了大学、硕士、博士阶段，但是能够对古书有点儿感觉却是很晚的事。大学时代学的是中文，认识了一些中小学时代就该认识的字，读了几本小说，念了几首新诗，貌似思考过什么是美之类的问题，那是时代的影响，绝不是自觉的意识，大部分时间都是在踢足球、下围棋的玩耍中度过的，连一场恋爱都没谈过，实在是浪费青春，不值得一提。硕士期间，指导老师是赵逵夫先生。同时进入赵门的还有另外两位师兄弟，赵先生给我们开了一个书单，主要集中在先秦两汉文学方面，算是确定了读书研究的方向。我就按照赵先生的指导，囫囵吞枣地一本一本地读，也包括一些没有标点的古籍，如陈奂的《诗毛氏传疏》等，当然也没有什么感觉了，也就提不出任何有意义的问题，最大的收获就是认识了繁体字，习惯了竖排的古籍。至于如何完成学位论文，一片茫然，既不知道写啥，更不知道如何写。硕士期间，读了赵先生的一篇文章，题目是《形天神话钩沉与研究》，佩服得五体投地，就给赵先生说我也想做这样的研究。赵先生就给我规定了几部必读的书，主要包括《山海经》《楚辞》《淮南子》等。最后在赵先生的指导下，勉勉强强地完成了硕士学位论文。尽管郭晋稀先生还给了一个不错的评语，实际上没有什么创获。

王：硕士论文做的是哪方面的研究？

贾：主要是对《山海经》中的神话从文献学角度做了一点所谓的研究，现在提起来都感到很惭愧，并没有达到赵先生《刑天神话考》那样的高度。如果说有什么收获，主要是在研究方法上有了一点感觉，学了一点赵先生通盘考虑各种材料解决具体问题的方法。硕士毕业后留在中文系工作，不到半年，阴差阳错地调到了学校研究生科，还给了一个副科长的职务。那时叫双肩挑干部，编制在中文系，平时上班在研究生科，职称走业务系列，职务走行政系列，心中时时有"天将降大任于斯人也"的感觉，现在看来太可笑了，也太幼稚了。

王：搞行政是本科毕业还是硕士毕业？

贾：硕士毕业。

王：您硕士是哪一年毕业的？

贾：1993年。硕士刚刚毕业时，在赵先生身边，很想继续搞学问。自从兼任行政工作以后，自己没有一点定力，行政工作带来的热闹也很有诱惑，于是离读书做学问渐行渐远，慢慢开始关注走行政是否顺利，书也就读得越来越少了。现在看来，实际上是浪费了大量宝贵的时间。赵先生觉得很可惜，经常告诫我，无论如何都不能把业务荒废了，就像农民一样，什么都可以丢，锄头耙子不能丢。在赵先生的督促下，平常也还断断续续地读点书，仍然是没有任何感觉。一晃好几年过去了，当年调我到研究生科兼任行政工作的副校长也退了下来，眼看着行政走不通了，身无一技，无路可走，只好继续做学问了，于是1997年又考上了赵先生的博士。自硕士毕业以后，除了在《西北师大学报》发表过文章外，没有什么成绩，心里十分焦虑，才想到要下功夫读书。在攻读博士学位期间，尽管十分刻苦，仍然读不出味道来，读不出感觉来，两眼一抹黑，找不到方向，不知道往哪里走，有一段时间十分郁闷。

博士毕业以后，因为种种原因，2000年进入了浙江大学博士后流动站，合作导师是崔富章先生。崔先生曾对我说：赵逵夫先生是以《楚辞》名家的，我也是搞《楚辞》的，你应该吸收众家之长在《楚辞》研究方面做出更大的成绩。导师的指导，必有其道理，于是一进站就在崔先生的指导下认真研读《楚辞》，还写过一篇《〈武观〉〈五子之歌〉与〈离骚〉》的文章，发表在《中国典籍与文化》上。后来觉得自己对文学的感悟太差，始终不会审美，觉得做点实证性的研究可能比较适合自己，最终还是违背了崔先生的意愿，没有在《楚辞》研究方面继续走下去，其实最主要的原因还是读书没有找到感觉。

王：就是说一直到出站了，还没有感觉？

贾：实话实说，真的没有多少感觉，因为本来就没读过什么书嘛，到哪里去找感觉呢？博士后期间，因为在《文学遗产》《文艺研究》《中华文史论丛》等刊物上发表过几篇论文，符合浙江大学留人的标准，因此出站以后就非常幸运地留在了浙大古籍所工作。我从西北师大出来的时候没有评任何职称，副教授、教授都要在浙大评，再加上没有什么成就，所以从留所工作的那天起，真正感到了巨大的压力，也很焦虑，不止一次地偷偷联系过别的学校，想调离浙大。

浙大古籍所的学术氛围很浓，每位老师都是值得学习的榜样，小环境非常融洽，杭州的美景也很诱人，最终也没有舍得离开浙大。但是我已经清楚地认识到，要想在浙大待下去，让自己能够跟上队伍的步伐，不至于到后来一无所成，唯一的办法就是刻苦读书，拿出浙大评价体系认可的成果来。经过一段时间的刻苦钻研，好像对礼学有了点感觉，这主要是因为我申请博士学位的论文《周初礼乐文明实证》涉及到了礼学，相关的材料稍微熟悉的缘故，方法上主要是根据周初举行过的各种典礼确定相关诗作的作时与作者。因为要完成学位论文，不得已读了一些礼学方面的文献，因而对礼学略有一点点感觉。博士毕业答辩时，赵先生请了曹道衡、崔富章、刘跃进三位先生共同主持论文答辩。崔先生到西北师大参加我的论文答辩时，送了我一本沈文倬先生的论文集《宗周礼乐文明考论》。读了沈先生的书以后，被沈先生的博大精深与独到见解彻底征服了，才发现自己对礼学的感觉太浅薄了，离研究礼学差得太远了。因此到浙大进站以后,曾多次到沈先生家中请教。

沈先生住在杭大新村,操着一口方言,一开始根本听不懂沈先生说什么,后来才逐渐习惯沈先生的方言。沈先生经历过"文革"的磨难,也尝尽了人情世故的冷暖。当我表明想继续从事礼学研究时,沈先生告诫多于鼓励。他说从事礼学研究,出站后连工作都不好找,养家糊口就更难了,现在的社会早已不需要礼学了,言谈之中时时流露出无可奈何的情绪。我到沈先生家中问学都是在上午,每次提一个问题,谈话不超过一小时。向沈先生问学,最大的收获是颠覆了我的许多成见,开阔了视野,知道了该如何读书。在向沈先生问学以前,虽然通读过主要的礼学文献,下功夫最多的还是《礼记》,因为有些篇章朗朗上口,富于文采,不像《周礼》《仪礼》那么乏味。沈先生告诉我,要想在礼学研究上有所收获,必须在《仪礼》上下极大的功夫,否则不可能有收获,《仪礼》是礼学的根基,于是我又认认真真地开始研读《仪礼注疏》。贾公彦的《疏》错讹衍夺十分严重,难以卒读,精义却随处可见。沈先生曾经给我说过,他的老师是曹元弼先生,曹先生有两本专著,一是《礼经学》,一是《礼经校释》,凡是来跟我读礼学的研究生,如果没有认认真真地读完曹先生的这两本书,我不让他们毕业。受沈先生的启发,我从《续修四库全书》中将《礼经校释》复印下来,对着阮刻本《仪礼注疏》一句一句往下读,将曹先生校释的结果直接标在阮刻本上,费时数月,反复数遍,终于对《仪礼注疏》有了点感觉。

2006年,有一个到韩国东新大学从事科研与教学的机会。我自己已经明确地认识到,要想在礼学上作出一点点成绩,还必须要下极大的功夫读书才行，而我又深知自己没有定力，读书喜欢看热闹，什么书都想翻一下，而必须熟读精读的书又往往达不到精熟的程度。为了克服自己这种乱翻书的毛病，去东新大学的时候，除了《周礼注疏》《仪礼注疏》和《礼记正义》之外，什么书都没带，目的就是想对《三礼》达到精熟的程度。在韩国的十八月，语言不通，电视看不懂，也无法参与各种各样的活动，除了必要的教学任务外，整天呆在自己的寝室里读书，翻来覆去地把《三礼》读了无数遍，终于对礼学有了和以前不一样的感觉，对礼学上的是是非非也有了自己的判断。

2008年回国以后，结合出土文献，作了一些所谓的科学研究，写了一些所谓的学术论文，主要目的当然是为了评职称，其中有些研究是前人从未涉及的话题，可以算是自己研读《三礼》的收获吧。前几年，浙大古籍所获批了一个大型集体项目，编纂《中华礼藏》，我负责《仪礼注疏》的点校与整理，为了能写出有一定水准的校勘记，又将《仪礼注疏》反反复复地读了几遍。总结自己的读书经历，坦率地讲，读书不多，见闻不广，但对《三礼》的确下过很大的功夫，历代有关《三礼》的主要研究著作也都或详或略地读过。粗略计算一下，从攻读博士学位起，一直围绕着礼学读书，而礼学涉及的范围太广，许多问题自古以来就有不同的说法，往往让人无所适从，令人十分苦恼，当对有些礼学问题有了自己的看法，能够判断历代有关礼学的是非时，也会享受读书带来的乐趣。

总体来讲，礼学是征实之学，早已渗透到民族精神之中了，不仅是国学的核心，也是儒学的核心，不下苦功夫，难以把握其精髓。不过话说回来，面对传统的礼学，时时以苦修才能得其真知，究竟有多少乐趣可以补偿苦修的艰辛，实在难以评估。更何况以传统礼学为研究对象之后，往往会不自觉地以礼学为传统学术的制高点，也往往不自觉地以古律今，甚至以传统礼学排斥当代文明，其价值何在，也只有在整个文明体系中才能作出判断。

二、《周代礼乐文明实证》

王：《先秦文学编年史》是赵先生曾经主持的一个国家社科基金项目，鉴定结果是优秀，列入国家社科基金文库，已由商务印书馆出版，您参加了这个项目，具体承担了什么任务？

贾：1997年，赵先生申请了一个国家社科基金项目，项目名称是"先秦文学编年史"。那一年赵先生开始带博士研究生，包括我在内一共招收了三名学生。赵先生想用一个项目带动学术研究，也想通过项目的实施来培养研究生，目的不仅是让学生尽快进入科研状态，而且是要进入科学研究的前沿状态。赵先生根据每个学生的特点，将整个项目分成三个部分，我承担了《夏商西周文学编年史》的任务，另外两名师兄分别承担了《春秋文学编年》和《战国文学编年》的任务，每一部分都是必须完成的学位论文。赵先生制定体例，撰写了前言和示范性的章节，目的是根据可信的材料将先秦时代的作家、作品、文学活动等凡与文学有关事件系于具体的年份之下，呈现先秦时代文学创作的全貌。现在来看，赵先生用项目来培养学生的方法非常可取。我们在赵先生的指导下，各个方面都得到了严格的学术训练，为以后从事科学研究打了坚实的基础。

当然,夏商西周的文学编年,涉及各个方面的问题,困难很多,最大的困难在于没有一个公认的年代框架,例如关于武王伐纣的时间就有几十种说法。当年我开始撰作夏商西周文学编年史时,"夏商周断代工程"的结果还没有公布,我能做的工作就是收集材料,期盼着断代工程的结果公布之后可以将材料系于具体的年份之下。经过长久的期盼,终于等来了断代工程的结果,仍不

《先秦文学编年史》

免有些失望,因为夏代只给出了一个总体年代的框架,商代从盘庚迁殷以后稍微具体一些,西周时代各王的在位年数才比较具体。尽管断代工程的结果不能令人满意,毕竟是一个多学科联合攻关的成果,所以夏商西周文学编年史仍采用了断代工程的结果,至于夏商各王的在位年数,是我根据传世文献的记载计算确定下来的。李学勤先生在其为《先秦文学编年史》所作序言中,对编年史采用断代工程的结果给予了充分的肯定。博士毕业时,我承担的《夏商西周文学编年史》已完成了初稿,本来可以作为申请学位的论文,考虑到仍有许多重要的问题没有得到很好的解决,于是就将文中涉及《诗经·周颂》三十一首诗的内容抽取出来,重新编次,题为《周初礼乐文明实证》,充作申请学位的论文。博士毕业以后,随着认

识的不断深入，又反反复复对《夏商西周文学编年史》作了较大的修改，直到 2010 年才在商务印书馆正式出版。

现在来看，新的材料不断涌现，极大地丰富了先秦时代的文学作品。例如上博简有《楚辞》之类的文学文献，清华简有《耆夜》《周公之琴舞》等不见于任何文献的诗歌，这些文学作品都应在《先秦文学编年史》中系于相关的年份之下。赵先生早已叮嘱我们，时时关注新材料，及时将这些材料都补充进去，在适当的时候再出版一个修订本。我参加赵先生主持的项目，最大收获除在赵先生的指导下完成了严格的学术训练之外，也弥补了我知识结构残缺不全的状态，深切体会到了做学问是一件非常不容易的事情。

王：您后来出版的书叫《周代礼乐文明实证》，是不是和学位论文有关系？

贾：我申请博士学位的论文是《周初礼乐文明实证》，本意是根据周初举行过的礼典来判断《诗经·周颂》三十一首诗的作时与作者，因为论文反映了周初礼乐文明的盛况，所以就用了《周初礼乐文明实证》这个标题，实际上论文还有一个《〈诗经·周颂〉综合研究》的副标题。我博士一毕业就进入了浙江大学博士后流动站，出站要有符合考核指标的成果，于是就将申请博士学位的论文修改后全部发表了出来。正因为在站期间，发表了几篇浙大评价体系认可的论文，出站后就顺利地留在浙大古籍所工作了。后来因为稍稍明确了自己的兴趣和方向，就在礼学方面又写了一些文章，分别发表在《文史》《考古学报》等刊物上。

2007 年，浙大古籍所中国古典文献学被评为国家重点学科，学科建设的一项重要内容是在中华书局出版浙大古籍所"中国古典文献学系列研究丛书",于是我就将在流动站期间发表的论文和在浙大工作以后发表的有关礼学的论文搜集起来,选了十篇,形成了一个论文集。因为这个论文集中的几篇文章本是博士论文的内容,后来所写的论文已不限于周初,但也集中在礼学方面而方法仍以实证为主,于是就更名为《周代礼乐文明实证》,交中华书局出版了。

王:《周代礼乐文明实证》是您的论文集,其实收录的文章并不多,里面有一篇很长的文章,我现在想不起来题目叫什么了,分量很重,您个人认为这个论文集有哪些特点?

贾: 你说的那篇很长的文章是指《制服与作器》吧,原文有十二万字,在《考古学报》《文献》上仅发表了七万多字,删削了大量的例证,收入文集时又作了修改和补充。大家都知道,历代研究礼学的学者特别重视《仪礼》中的《丧服》,因为《丧服》是礼学的核心。甘肃武威出土汉简本《仪礼》三种,甲本、乙本有《丧服传》、丙本是《丧服》,西汉时期有关丧服制度的文本流传于西部边陲,可以想见丧服制度自古以来就是人们在社会生活中必须遵循的行为准则,其实丧服制度的本质是用五等丧服表现人与人之间的亲疏远近和高低贵贱。我在研读《殷周金文集成》和《近出殷周金文集录》时发现,绝大多数铜器铭文,不管主要内容是什么,总是在铭文中要说明器是为谁而作,或明或暗地表明器主人与作器所为之人的亲疏远近。丧礼以不同的丧服表现服者与死者之间的亲疏远近,丧礼结束转为吉礼,制作礼器用于祭祀死者,又在铭文中说明器主人与受祭者之间的亲疏远近,实际上丧

《考古学报》

服与礼器是在不同的时期表现了相同的人际关系。《丧服》表现人与人之间亲疏远近和高低贵贱的条目有一百三十多条,《殷周金文集成》和《近出殷周金文集录》收录了一万多件有铭铜器,将丧服与铜器表现君臣、宗亲、外亲等基本人伦关系的条目与铭文联系起来,一一比附论证,涉及的内容很多,所以那篇文章就写得比较长。

你刚才说到《周代礼乐文明实证》收录的文章不多,主要有两个原因,一是要围绕礼学选录我公开发表过的文章,二是有些公开发表过的文章属于不堪回首的习作。因此我在编文集时进行了严格的筛选,只选了十篇不至于贻笑大方的文章。您问我如何评价这本论文集,在方法上都是实证性的考据文章,在内容上都有我自己的见解，有些文章讨论的话题前人从未道及，如刚才说到的《制服与作器》，再如发表在《文史》上的《楚简所见楚礼考论》也是我比较满意的文章，全文也有五万多字。大家知道，楚国从西周以来到春秋时期都是一个比较特殊的国家，传世文献说楚国盛行淫祀。近十几年以来，楚地出土了大批竹简，除郭店简、上博简、清华简之类外，还出土了许多卜筮祭祷简，如望山简、包山简、新蔡简等。这些卜筮祭祷简记载的礼制完全不同于中原的礼制，以传世礼书的记载为参照，就会发现楚国的宗法和祭法有其独特的面貌，为认识楚国的淫祀提供了最可靠的新材料，也为探讨楚国的历史文化提供了可以议论的话题。

《文史》

王：《周代礼乐文明实证》出版后送过我一本，其中的《制服与作器》那篇文章我从头到尾读了，给我的感觉是铜器铭文和《三礼》的记载比较密切。如果我们研究礼制，就事论事，用《三礼》的记载不是不可以，但是有些问题仅靠《三礼》真的说不清楚，利用新材料当然好很多了。所以，在这方面，我觉得这几年您对新材料的关注很多，以后如果说研究礼制，仍然是从这个方向去做，还是有其他的想法？

贾：研究先秦时代的礼制，当然要关注新材料了，否则很难有突破。我们现在能够看到的许多新材料，古人是看不到的，所以他们只能根据传世文献进行研究，即使这样，仍然有许多难以企及的创见。在我看来，甲骨文、铜器铭文、简帛等所谓的新材料，都应纳入到文献的系统中，不仅仅是古文字学家研究的对象。如果新材料不纳入文献的系统中，就仅仅是博物馆展出的文物，那么它们的价值就不能充分地彰显出来。当新材料进入了文献系统中，利用这些新材料进行礼学研究时，一方面得出的结论可能更令人信服，因为这些新材料未经后人有意或无意的改动，比较真实地记载或反映了当时的社会面貌。另一方面，新材料也弥补了传世文献的不足。例如先秦时代列士、大夫祭祀祖考的典礼，《仪礼》中有记载，就是《特牲馈食礼》《少牢馈食礼》，至于天子、诸侯祭祀祖考的典礼不见于《仪礼》，只有《诗经》《礼记》等文献中有一些零星的记载，整体进程和主要仪节仍不明确。前几年发现的"胡簋"是周厉王制作的礼器，铭文记载了天子祭祀祖考的情形，就弥补了传世文献的不足。

充分利用新材料，结合传世文献，研究礼学或其他学科的问题，或许是当今学术研究的趋势，或许也是当今学术研究的前沿。

正因为新材料很重要，所以我今后可能会一直关注新材料，从礼学的角度审视新材料，不知是否能形成较为完整系统的成果。不可否认，传世文献自有传世的理由，新材料不能取代传世文献，简帛中一些没有流传下来的古书自有其被淘汰的理由，有些可以和传世文献对读的古书未必就比传世文献更好，文献的流传永远都是大浪淘沙的过程。如何利用新材料进行礼学方面的专题研究，仍然是一个不断探索的过程。

三、金文与礼学

王：有学者认为，礼学就是《三礼》之学。您怎样看待礼学和经学的差异？您为什么会从金文的角度切入去研究周代的礼制呢？

贾：我在阅读古代礼书的过程中，逐渐形成了一种看法，这个看法不知是对还是错。我认为研究《三礼》可以从不同的角度切入，若关注《三礼》中曾经践行过的礼仪制度就是礼学，若关注《三礼》文本等方面的内容就是经学。不可否认，二者时时纠缠在一起。礼学和经学，在我看来，是应该分开的。探讨礼学之真的目的是认识历史的本来面貌，探讨经学之真的目的是认识文本的本来面貌。我一直认为，礼学更接近于史学，属于专门史的内容。礼学与经学关注的焦点不同，研究方法也不一样。我关注的焦点是礼学而不是经学，所以特别重视考古发现的新材料，包括铜器铭文、简帛文书、实物资料等。其中铜器铭文是当时的实录，未经后人篡改，记载了当时政治生活和社会生活各个方面的内容，若能与传世礼书的记载相互印证，可以最大限度地认识当时的礼仪制度。因此咱们虽然都搞礼学，因为切入点不同，研究结果呈现了不同的面貌。从经学的角度研究《三礼》，涉及版本目录等不同的方面，不仅要求研究者非常细心耐劳，而且许多材料必须目验，我吃不了那个苦。

《三礼》是研究礼学的依据，如果把重点放在《三礼》的文本及对文本的阐释等方面，我认为属于经学的范围。礼学实际上并不仅仅限于《三礼》，传世文献、甲骨刻辞、有铭铜器、简帛木牍、考古所见实物资料等等都涉及礼学。在我看来，礼学的范围要比经学宽广，经学当中有礼学，但是礼学绝不仅仅是限于《三礼》，不知这个看法是否正确。

王：您写的许多研究礼学的文章，都是从金文的角度切入，与传世文献相互参证，得出一个结论。金文涉及周代或商代礼制的各个方面，联系传世文献的记载，从金文的角度研究礼学，您认为特别值得关注的焦点是什么？

贾：铜器铭文大都文字简短，如何从简短的铭文中提取更多的信息，与传统的礼学结合起来，做出正确的判断，或者做出接近历史本来面貌的推测，我认为这是非常重要的一点。要做到这一点，前提条件是对传统礼学，特别是对传世文献中涉及礼学的内容非常熟悉，否则很难建立联想。只有对传统礼学或传世文献特别熟悉，才能从简短的铭文中，甚至一两个字当中，提取更多有关礼学的信息，做出合乎逻辑的论证或推测，对铜器铭文中涉及礼学内容的敏感性是建立在对传世礼书的熟悉程度上的。许多学者在这方面都做出了示范性的成果，然而每个人有每个人的看法，而且每个人的学术训练、兴趣、方向不同，对材料的敏感性不一样，从中引出的话题也就不一样。就铜器铭文而言，简短的文字可能包含的信息量很大,甚至隐藏着一个非常重要的事件,很多话题都可以从中引发出来,只不过因铭文简略,貌似平常而已。

举例来说,前几年在河南平顶山发掘了个应公墓,墓中出土了一个铜器叫应公鼎,应公鼎铭文中有"武帝日丁"四字,许多学者都对"武帝日丁"做过研究。如果从礼学的角度去审视铭文,提取铭文蕴含的信息,可以看到"武帝日丁"四个字反映了一个重要的现象,就是应国曾经在其国内立过武王庙,应公鼎是为祭祀武王专门制作的礼器。今天来看,应国曾立武王庙可能是一件小事,但是放到西周时代,却是一个很重要的事情。因为一个诸侯国敢于在其国内立武王庙,一定有其特殊的原因。联系其他铜器铭文的记载,可知应国曾为周王朝立下赫赫战功,得到过周王朝的嘉奖,才允许应国在其国内立武王庙。对应公鼎的研究,我

应公鼎

应公鼎铭文拓片

已写成了一篇小文，即将在《湖南大学学报》上刊出，结论对不对，可以继续展开讨论。但是从简短的铭文中提取重要的信息，结合传世文献进行研究，认识当时的社会状况，恢复历史的本来面貌，我觉得应该是礼学研究的一个方向，因为当初践行过的礼制，不一定像文献的记载那样，平面简单，实际上可能是非常复杂的。

王：就目前的研究来看，您是从金文当中提取信息，从礼学的角度进行研究。在考古学、历史学界，是不是还有其他学者也是从字里行间提取信息进行礼学方面的研究？

贾：一旦发现新的材料，考古学家、历史学家、古文字学家等都会从字里行间提取信息，从不同的方面展开研究，也有许多学者是从礼学的角度进行研究。只不过学者们的学术训练不同，兴趣点不同，研究的侧重点不同罢了。考古学家可能更关注实物，古文字学家可能更关注文字的准确释读。将新材料与传统礼学结合起来，探讨新材料反映的礼学，学者们早已注意到了这一点，而且取得了很多值得称道的成果。我认为最理想的成果是考古发现的新材料和传世文献能够相互印证，而不是让它们产生更多的冲突，也就是说，不能用考古发现的新材料断然否定文献的记载，也不能用文献的记载轻易怀疑考古发现的新材料，最好的结果是能互相印证，超越考古发现的新材料和传世文献，让它们能够在一个更高、更深层面上有一个结合点。这是我期待的成果，我认为也是学术发展的方向，不知道对不对？

王：这方面的情况我不太了解，从甲骨文或者金文当中提取信息,结合相关文献记载进行礼学方面的研究,哪些学者做得比较好?

贾:我没有资格,更没有能力,评价哪些学者做得比较好。实际上,历代许多学者的成果都是根据新材料结合传世文献对礼学进行研究,新见日新月异,层出不穷,有些学者的研究虽然没有明确集中在礼学方面,但是提出的很多新见对礼学研究也很有启发意义。

王:近几十年来,陆续出土了许多新材料,包括甲骨文、金文、简帛等,有学者结合传世文献的记载,在礼学研究方面推出一批成果。反观已经取得的成绩,您如何评价他们提出的一些观点?

贾:考古学家、历史学家、古文字学家根据新材料,结合传世文献,在礼学研究方面取得的成果很多,有些成果也得到了学术界的普遍认可,也有一些成果是推测性的,推测性的成果往往闪耀着智慧的光芒,需要更多新材料的印证,或者说还需要更深入的研究,才能够逐渐得到认可,因为在材料有限的情况下,完全坐实每一个论点并不容易。

王:把金文与礼学结合起来的研究,肯定是一个值得大家关注的方向,近代以来的许多学者如王国维、陈梦家、郭沫若、李学勤、朱凤瀚等都在这个方面作出了重要的贡献。但是近几十年来随着有铭文铜器的不断发现与增多,充分利用金文研究先秦时代的礼学,仍然面临着很多困难,如断代问题、来源问题等。如果一个新发现的有铭文的铜器,年代比较明确,可以断定是夏代的、商代的、周代的，那么铭文反映的礼制属于哪个朝代也就比较明确，进行礼学研究也就容易与相关的传世文献相结合。但是反过来讲，还有大量新发现的铜器，来源不明，时代不明，这就带来了一些麻烦。对于这类有铭文的铜器，特别是铭文反映了当时的礼制，明知非常重要，如何与传世文献结合起来进行礼学方面的研究呢？

贾：要充分利用考古或非科学发现的新材料，首先要解决的问题就是断代。对有铭铜器的断代，考古学家们主要是根据类型、铭文、纹饰等要素判断它的时代，具体到一个时代的某王某年，则主要依靠铭文的记载来确定。"夏商周断代工程"有一项非常重要的研究成果，就是王世民、陈公柔、张长寿三位先生合撰的《西周青铜器分期断代研究》。这本书的重要特点之一，就是建立了通过类型、纹饰检验西周青铜器分期断代的标准，而这个标准又主要是用王年、月序、月相、干支明确的标准器建立起来的。当发现了一件新的青铜器，将它的形制、纹饰等要素与标准器相比对，若二者类型相同或基本相同，就可以大致判断它的年代。若新发现的青铜器还有铭文，对铭文的准确释读不仅有助于断代，而且也是据以展开各项研究的前提。文字释读可能有不同的意见，不同的意见往往又涉及一些很重要的问题。

例如，前几年保利艺术馆收藏了一件西周初期的青铜器，器主人名叫荣仲，器内壁有铭文。李学勤先生在铭文中首先释出了一个"序"字，序就是文献上说的庠序之序，也就是学校的名称。这件有铭铜器的重要价值，就在于证明了当时的确已经有了教育贵族子弟的学校。我们都知道，礼书中有很多关于学礼的内容，有了可以印证学礼的新材料，自然就可以对学礼进行深入的研究了。当然,李先生从铭文中释读的序字,学界也有不同的意见,上海博物馆的李朝远先生就曾提出过质疑,李学勤先生后来又作了更深入的解释。现在来看,李学勤先生的释读没有问题。李学勤先生从荣仲鼎铭文中释出"序"字,不仅仅是一个释读古文字的问题,而是为研究西周时代学礼提供了证据,可以说是一个非常重要的发现。从现有著录的铜器来看,铭文大都非常简短,即使是涉及礼学的铭文,往往也仅是礼学的一个方面,将涉及礼学的铭文联系在一起,才能窥见礼乐文明的总体面貌。我因为关注涉及礼学的新材料,兴趣也在这个方面,只要碰见涉及礼学的铜器铭文,也包括其他的新材料,有了感觉就在古文字学家准确释读、断代的基础上做一点研究,主要还是和传世文献相互印证解决具体的问题。

贾先生在北京国子监留影

王：您是从青铜铭文的角度切入研究先秦的礼制，杨华兄是从战国楚简切入来研究礼学，方老师和我是从《三礼》文献切入研究礼制，虽然咱们都是研究礼学，其实研究方向还是有差异的，做法也不太一致，关注点也不同。这样的话就会带来一个问题，就是说研究礼学，我们下面该怎么走？还有我们现在也都带研究生，指导学生面面俱到显然不可能，就连我们自己，几个方面都要搞恐怕也不现实，因为时间、精力有限。从您的角度来说，应该怎么研究礼学，包括怎样带学生？

贾：我在古籍所招收礼学方面的研究生，除了督促学生熟读礼学文献外，主要就是要引导学生关注新材料，包括甲骨文、金文、简帛等，所以我开了一门主要面对博士研究生的课，叫"出土文献与周礼"，目的是激发学生对新材料的兴趣，扩大学生的视野，也指导学生如何将新材料与传世礼书结合起来解决具体的问题。在方法上，我要求自己先对有关礼学的新材料做一番研究，就一个具体的问题写成文章。在课堂上，我先把我的观点亮出来，引出一个话题，引导学生从礼学的角度思考问题，然后展开讨论，可以同意我的观点与论证过程，也可以提出批评。这门课已经开过几次了，学生的讨论给了我很多启发，也让我感到了很大的压力，就是我不能总是重复以前讨论过的内容，必须每一学期开这门课的时候都要有一些新的内容，这样就促使我必须持续关注新材料，逼着我自己不断地去写文章。因为不写文章，很难将新材料烂熟于心，很难深入下去，也很难将相关的各种材料组织起来。引导学生关注新材料，结合传世文献，进行礼学方面的研究，对学生的知识结构要求较高，不仅要求学生对传世礼学文献非常熟悉，而且还要求有文字、音韵、训诂方面的知识。我是因为开设了这样一门课，才主要从新材料切入研究礼学，从学术研究的发展来说，也不可能把考古或非科学发现的新材料置之不顾。其实从不同的方面切入研究礼学都会有意想不到的收获，你和方老师、杨华兄在礼学方面的成绩就是很好的证明。

四、整理《仪礼注疏》

王：您整理了《仪礼注疏》，和其他几种整理本比较起来，有什么差异？

贾：现在能够见到的《仪礼注疏》整理本有两种：一个是彭林先生点校整理的，北京大学出版社出版，有繁体竖排和简体横排两种；另一个是王辉先生整理的，上海古籍出版社出版的。彭林先生的整理本是以阮刻本为底本，王辉先生的整理本则是以张敦仁刻本为底本。我整理的《仪礼注疏》也是以阮刻本为底本，主要是考虑到阮刻本流传最广，而且还有阮元的校勘记可以采用，所以就用了阮刻本为底本。大家都知道，《仪礼注疏》错讹衍夺十分严重，几乎难以卒读，但精义随处可见，我整理时就重在吸收前人的校勘成果，力争提供一个可以通读的文本。吸收的校勘成果主要包括以下几种：第一是四库馆臣卷末所附校勘成果；第二是阮元的校勘成果；第三是曹元弼《礼经校释》中的校勘成果；第四是日本仓石武四郎的校勘成果；第五是沈文倬《汉简异文释》中可以采用的校勘成果；第六是清代学者如王引之等人的校勘成果。当然，我也参考了能够见到的各种不同的版本，也有一些我自己的校勘意见。

我之所以要在彭林、王辉二位先生的基础上重新整理《仪礼注疏》，原因是前几年古籍所启动了编纂《中华礼藏》的项目，《仪礼注疏》是其中礼经之属必须收录的重要经典。需要说明的是，我整理《仪礼注疏》时参考了彭林、王辉二位先生的整理本，在这里表示感谢。

实际上，最值得感谢的人要数方老师了。我完成了整理本的初稿，就寄给了方老师，请他指正。方老师非常认真，那一年的春节，方老师都在审读我的初稿，提出了很多非常中肯的修改意见，包括断句错误、文字错误等，写了很长的一篇审读意见。后来我根据方老师的意见，做了修改，避免了许多错误。

王：现在正式出版发行了吗？

贾：《中华礼藏》第一批已经由浙江大学出版社正式出版发行了，这一批共有八种，其中就有我整理的《仪礼注疏》。

王：可以给我们送一套吗？

贾：必须的，还想请你和方老师提提意见以便改进，你们都是礼学专家，而且也都有非常丰富的古籍整理经验，看看我们编纂《中华礼藏》还有哪些需要改进的地方。

五、参编《中华礼藏》

王:浙江大学因为有礼学大家沈文倬先生,学术界一致认为是礼学研究的重镇之一,我们南师大因为有钱小云先生,也被认为是礼学研究的重镇之一。但是你们后来悄无声息地启动了《中华礼藏》的编纂与整理,为什么要搞这样一个项目,给我们谈谈,外界不太了解。

贾:创建世界一流大学,是浙江大学既定的目标。要逐步实现这个目标,学校就鼓励不同的学科凝聚力量,不断推出有规模效应的高质量的学术成果,也出台了各种各样的鼓励政策。我们古籍所承担了中国古典文献学的教学与科研

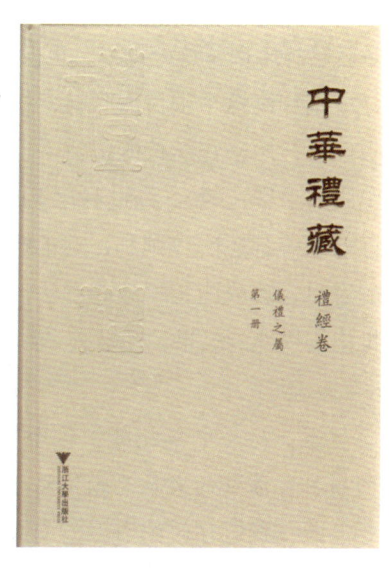

《中华礼藏》

工作，前几年我们古籍所的中国古典文献学被评为国家重点学科，理应保持已经形成的优势，推出符合社会和学科发展要求的成果。浙江大学在实施985资助项目的时候，经过我们全所老师的反复讨论，决定申报《中华礼藏》这个项目，最后也通过了学校的审查，2008年就正式启动了《中华礼藏》的编纂与整理工作。

之所以启动这样一个项目，主要有三方面的考虑：第一，沈文倬先生是著名的礼学大家，也是古籍所的终身教授，培养了一批在礼学方面深有造诣的学者，这是一个有利条件；另外一个有利条件就是古籍所的各位老师虽然都有各自的研究方向，但多多少少都能和礼学联系起来；第三个有利条件是古籍所所有的老师都有整理古籍的经验。因此，启动这个项目可以将全体老师的力量凝聚在一起，各位老师的专长也适合整理不同的礼学文献，于是就趁势申报了这个项目，也得到了浙江大学985专项资助。

刚启动这个项目的时候，多家出版社联系我们，有意承担出版任务，后来在学校的坚持下，最终决定由浙大出版社不计成本出版《中华礼藏》。经过这几年的努力，实话实说，申报项目、论证课题等都还比较顺利，真正要把这个项目落实下来，协调不同的意见，达成比较一致的看法，保证有相当高的整理水平，不断推出规模性的成果，还是有一定的难度。

王：从《中华礼藏》这个项目的名称来看，就是一个很大的项目，涉及的文献恐怕不限于传统意义上的礼学文献吧？

贾：我们在讨论申报一个大型集体项目的时候，首先就决定要整理传统的礼学文献，为了从名称上反映这个项目的规模，也为了反映我们对礼学及礼学文献分类的看法，所以就决定了用

《中华礼藏》这个名称而没有用"礼学文献集成"之类的名称。《中华礼藏》这个名称是我们集体讨论的结果，凝聚了集体的智慧。《中华礼藏》不仅仅是传统礼学文献的整理与汇编，还包括佛教、道教涉及仪式方面的文献，关长龙老师最初编制的目录有四千多种文献。《中华礼藏》应该是一个长期进行的项目，也应该是一个多方合作共同参与的项目。中国是一个多民族的国家，既然称为《中华礼藏》，原则上还应该适量收录其他民族的礼学文献，才能称得起《中华礼藏》这个名称。目前的情况下，我们只能根据关老师整理的目录，选择历代经典性的礼学文献整理出版。即使这样，在项目进行过程中仍然遇到了很多困难。因为每个参与项目的人，心态不同，态度不同，有些文献的整理还需要专门的知识，所以整个进程比预想的要慢一些。

王：这个项目进行几年了？

贾：从开始设计这个项目到现在为止已经七年多了。

王：总舵手是谁呢？

贾：总主编是王云路老师，副主编有许建平老师、关长龙老师和我。后来山东大学邀请我们和其他院校加盟协同创新工程，《中华礼藏》也列入了协同创新工程，于是我们又邀请山大的刘晓东老师担任了学术顾问、杜泽逊担任了副主编。《中华礼藏》是以卷为类，共分八卷，卷下设属，每一卷都有具体的执行主编，目前每卷的执行主编都是我们古籍所的老师，这样的分工主要是为了便于严把质量关，同时也是为了便于协调。

王：现在的进展情况怎么样？

贾：交给浙大出版社的稿子已经有二十多种，今年正式出版了八种。我们计划协助出版社加快出版进程，如果一切顺利，争取在 2017 年将已经交给出版社的稿子陆续推出。

王：具体是哪八种呢？

贾：礼经卷仪礼之属两册、礼制卷总制之属一册、礼乐卷乐典之属两册、礼术卷堪舆之属一册、礼俗卷岁时之属两册。出版的这八种，还不能反映我们对传统礼学文献分类的观念，估计要出版二十种以上才能体现《中华礼藏》对礼学文献分类的框架。

王：这个项目的经费是学校提供的吗？

贾：我们这个项目是浙江大学 985 扶持项目，得到了学校各个方面的大力支持。

王：那你们有没有考虑过在合适的时候搞一个发布会，昭告天下，我们做了哪些工作，有没有这样的想法呢？

贾：当然有过这样的想法了，不过现在时机还不成熟，我们计划出版的种类能够体现《中华礼藏》的基本框架和学术观念时，再搞一个发布会或研讨会，广泛听取国内外学者们的意见。

王：你们有没有考虑过在编纂《中华礼藏》的同时，再编一个不定期的出版物，反映一下你们在整理过程中的阶段性成果，有没有这个想法？

贾：我们和浙大出版社沟通过，得到了出版社的支持，也达成了一致的意见,就是在出版《中华礼藏》的同时,每年出版一本礼学研究方面的论文集,计划2017年开始着手这项工作。不过从目前的现状来看,最主要的困难可能是稿源问题。有一定学术质量的稿子,作者都想发在可以计算工作量的刊物上,未必愿意交给我们。另一方面,我们征集来的稿子,也未必符合出版的要求。稿源问题,是一个连续出版物能否办下去的前提条件。

六、礼学现代化

王：你们古籍研究所因为是沈文倬先生曾经工作过的单位，一直被认为是礼学研究的重镇之一。在我的印象中，2006年以来的十年间，你们开过三次礼学方面的国际学术会议了，现在你们又在集中力量编纂《中华礼藏》，您自己主要也研究礼学，对一些礼学问题也有深入的思考。根据您的研究经历，您怎么来评价国内目前的礼学研究？

贾：你让我谈这个话题，其实我没有资格，更没有能力。但是你要说有没有一点个人的看法，当然也有一些自己的看法了。礼学研究，现在似乎变成了一个热门。不要说别的，现在许多大学都陆陆续续地成立了礼学研究中心、礼学研究所。礼学研究成为热门，当然是一件好事了，但是要超越前人达到一个很高的层次，可能还要有很长的路要走。在我看来，恐怕存在几个方面的问题。

首先，就是礼学研究和经学研究的关系要摆正。礼学研究和经学研究是两个不同的方向，经学研究的对象主要是传世的经典文本及相关的阐释，礼学研究针对的则是经学文献和其他文献中涉及的各种各样的礼制。不可否认，礼学研究与经学研究有交叉重迭的部分。例如《三礼》记载了各种各样的仪式典礼，是研究礼学必须依赖的文本，同时《三礼》也是经学研究的对象。那么研究《三礼》，从一般的意义上来说，也可以说是礼学研究。其实有的时候，反而没必要一定要在经学研究和礼学研究之间划出一条严格的界限来。但在学者的心目中，一定要分清自己从事的研究是礼学研究还是经学研究，否则就很容易陷入和前人不断争论是非的境地，难以有很大的突破。

贾先生参加礼学会议留影

其次，话又说回来，礼学研究往往必须依赖经学研究的成果，优秀的经学研究成果可以大大促进礼学研究。例如您的《三礼研究论著提要》就是礼学研究必备的工具书，还有方老师的《大戴礼记汇校集解》为充分利用这部书研究礼学做了一份功德无量的好事。经学研究发展到现在，积累很厚，成果丰硕，完全有条件从中提炼出礼学研究的内容。研究传统礼学是求史实之真，研究经学是求文本及相关阐释之真，这是二者的根本区别。单纯对《三礼》进行经学或文献学的研究，严格来说，是不能代替礼学研究的。当然，熟读《三礼》，正确认识《三礼》所记载的礼制及相关礼学文献，包括出土文献，提高辨别真伪虚实的能力，也是研究礼学很重要的一个方面。

第三个方面就是要有眼光，更要有胸怀，不仅能把人类学、民族学等其他学科与传统礼学联系起来，正确地判断出当时的价值，而且更要判断出传统礼学的现代价值。不能研究传统礼学，就不加辨别地推崇传统的礼仪制度。礼书上说礼以时为大，这才是礼学得以经久不衰的原因。如果仅仅把礼学文献中记载的一些曲礼的内容，例如如何走路、如何吃饭、如何说话之类的容礼看作是礼学研究的对象，我觉得层次太低了。因为礼仪制度涉及的内容很多，按照沈文倬先生的说法，礼是无处不在的，本是当时政治生活和社会生活的重要内容。所以说，礼学现在虽然很热，但要提高研究水平，拿出既有宏观视野，又有微观实证的一流成果，恐怕还是很难的。

王：您觉得当下的礼学研究，最急切的应该先研究哪些方面？

贾：研究礼学有不同的目的，也就有不同的路数。是要恢复古礼，客观地认识礼乐文明的本来面貌？还是要让传统的礼学接地气，实现传统礼学的现代化？这是两个不同的方面。

无论出于什么样目的，首先都要对历代重要的礼学文献做一番彻查、梳理，对文献记载的礼仪制度有清楚的认识。其次要从那些礼仪制度中挖掘出真正的礼义。若想客观地认识古代礼仪制度的面貌，不仅要甘心坐冷板凳，对研究对象始终抱有浓厚的兴趣，而且要用考古所见实物资料与礼书的记载相互参证，正确判断礼书所记礼仪制度的真假虚实与历代礼说的是是非非。在学风

2016年纪念沈文倬先生百年诞辰暨东亚礼乐文明国际学术研讨会后合影
关长龙、王云路、贾海生、王锷老师

日益浮燥的状况下，很难做到这一点。承受巨大的生活压力，抵御各种利益的诱惑，仍然赤心不改，实在是太难了。

如果研究礼学的目的是为了实现传统礼学的现代化，就比较热闹了。热闹的程度，我不说，大家都能感受到。但是传统礼学，也就是古代曾经践行过的礼仪制度，能不能实现现代化？这也是我自己一直在思考的一个问题。不可否认，传统礼学的确塑造了我们的民族精神。但是渗透到民族精神当中的礼学内容，是否一定要用传统的礼仪制度把它表现出来？时代发展到现在，恐怕已经不大可能了。

举个简单的例子吧。古时没有座椅，也没有沙发，都是席地而跪，有些表现敬让的仪容都是在这样的条件下完成的。要实现传统礼学的现代化，把这样的一种礼仪搬到现在，一是不现实，二是没有必要。所以说，传统礼学在我看来，主要就是这两种研究路数。当然，还有一个重要的问题，就是无论抱着什么目的研究传统礼学，对于最经典的礼书，例如《三礼》，也包括《大戴礼记》，要融会贯通，知道礼书中哪些礼仪制度是曾经践行过的，哪些礼仪制度是礼书的作者构想的理想模式，这样就在心中树立一个判断是非的标准，才能对汉代以来的各种礼说做出合理的判断。因为礼书对于先秦时代各个阶层践行过的礼仪制度并没全部记录下来，存世较多的记载是士礼。汉代以来大都是根据士礼推寻各个阶层的礼仪制度，如何根据文质相变的规则推寻各个阶层的礼仪制度，不同的人都有不同的说法，聚讼纷纭的争论不可胜数。因此，必须对最经典的礼书下一番功夫，这需要一个相当长的积累过程，所谓"累世不能通，当年不能究"，并非虚言。

王：任何学术研究都有它的特殊性，礼学研究也不例外。我想我们既不能食古不化，也不能完全丢弃传统。今天怎么做？不研究古代只研究现代，或者是只研究现代不研究古代，都不可取。在我们的观念当中，大家都摆脱不了对这些问题的思考。比如说，一说到孔子的那个时代，为什么他在那急急忙忙地要恢复古礼，就是因为礼崩乐坏了嘛！我原来也以为礼崩乐坏了，后来读书，才慢慢觉得根本谈不上礼崩乐坏，其实就是一个时代根据当时的时代特征不断对古礼进行重建的过程。从叔孙通以来，历代都在改变古礼，一直至民国时期，都是如此。新中国成立以后，政府并没有组织建立过符合现代社会的礼仪制度。您觉得政府有没有必要组织专家设计一套现代的礼仪制度？如果要搞，怎么搞法？

贾：这个话题实际上有点大而且涉及的方方面面太多，也不是我能回答的。不过从我研究传统礼学的角度来说，觉得有几个问题先要弄清楚了才行。第一，需不需要搞？这是一个涉及文化认同的问题；第二，如何搞？这是一个涉及学者与各级部门如何建立信任、如何沟通的问题；第三，搞出来能不能贯彻下去？这又是一个涉及认可程度的问题。制定现代礼仪，免不了要从传统礼仪中汲取体现民族精神的东西。任何一个传统的礼仪拿出来放到现代社会，赞成的人，反对的人，都是一大片。当真正领会了"礼之所尊，尊其义也"的精神，制定的现代礼仪或许还有点生命力，否则就是食古不化。

比如现在许多地方都在搞加冠礼，依照礼书的记载，加冠礼的仪节繁复，不同的仪节有不同的礼义，其中最重要的礼义就是要明白自加冠之时起实现角色的转变。加冠之前，是一个少年，加冠之后，就是成年人了，就要承担成年人对家庭、社会的责任。如果内心没有完成角色的转变，无论仪节有多么繁复、华丽，无论是在多么庄严的场合，都是在表演。相反，如果内心真正实现了角色转变，无论加冠礼的仪节如何简省，无论是在什么场合，都可以称之为真正的加冠礼。至于加冠时穿什么衣服，是三加还是二加还是一加，都已经变得不重要了。

再比如，人与人的交往中要表达一种敬意，礼书上记载了各种各样的仪注，若心中根本没有敬意，无论是再拜稽首，还是三叩九拜，也都是一种虚伪的表演。不可否认，任何一种礼义，都必须要用与之相关的礼仪传达出来，而传达礼义的礼仪肯定都是随着时代的变化而变化的，总不能生活在现代，要表达对人的一种敬意，用先秦时代的再拜稽首之礼吧。有了这样的认识，才能制作符合时代要求的礼仪规范。实际上，制定现代礼仪并不是学者们的事情，学者们有制定现代礼仪的愿望，却根本没有制礼的条件。即便是制定出了符合现代社会生活的礼仪，也无法去贯彻执行。

王：还是很深刻的思考。
贾：没什么值得称赞的内容，大放厥词而已！

七、礼学文献专题研究

王：您前几年不是申请了一个国家社科基金重大招标项目吗？您在浙大折腾，把我们都搭进去了，让我们也承担了两个子课题，结果是给了您一个重点项目，那个重点项目现在的进展情况如何？

贾：依照国家社科基金重大招标项目的管理规则，如果设标的单位或个人最终没有中标，可以根据实际情况下达一个重点项目。当时我们设的标是"中国传统礼学文献整理与研究"，湖南大学陈戍国先生领衔的团队参加了竞标，结果是我们没有中标，于是就给我们下达了一个重点项目，项目名称是"中国传统礼学文献专题研究"，立项通知书要求我们适当缩小研究规模或研究范围，突出研究重点，特别强调要避免重复研究，立足学术前沿，体现有限目标。

既然我们设计的"中国传统礼学文献整理与研究"已经花落湖南大学，如果下达的重点项目继续做这个课题，肯定会出现重复研究的现象，因为主要的传统礼学文献就那么多，无论谁整理研究都避免不了重复。于是我们就根据社科基金规划办的要求，调整了研究的重点与内容，考虑到参与项目的成员的研究专长与兴趣，最终将研究重点确定在出土文献与周礼这个方面。之所以确定这样一个方向，主要是根据规划办的要求做出的。因为出土文献日益增多，许多都涉及礼学，或者说可以从礼学的角度进行研究，希望通过做这样一个专题研究多多少少体现学术前沿。至于我们的研究成果能否体现学术前沿，那是我们的水平问题。到目前为止，我们已经发表了十几篇有关出土文献与周礼的论文，总体来说，进展还算顺利。不利的因素是从招标项目变为重点项目，似乎不太适合集体攻关了，再加上其他方面的各种原因，进展比较缓慢而已。

王：这不就和您以前从金文角度研究礼学结合在一起了吗？顺着以前的思路接着往下做嘛。

贾：我也只在这个方面稍微有一点点感觉，也只能顺着以前的方向继续往下走了。我读书不多，换一个方向，驾驭不了。就礼学研究而言，我和你还有方老师等其他搞礼学研究的学者不能比，你们敢于下苦功夫，读书又多，搜罗宏富，取得的成就自然很大。你做礼学文献研究，方老师做汇校集注。做这方面的研究，都有一个非常重要的前提条件，那就是各种版本都要经眼，若不经眼怎么研究呢？你要经眼各种版本，并不是很容易就能做到，有的时候你明明知道有个版本收藏在那里，但未必能够看得到。因此，在我看来，做礼学文献方面的整理与研究，实在是一件非常辛苦的事情。我没有你们那么勤奋，去把各种版本都找来进行心细如发的研究，所以我就把研究落实到出土文献与周礼这方面了，看到的出土文献与周礼有关，就把自己的想法写出来而已。

王：显然比我们高远嘛！

贾：不是高远，而是一种胸无大志、偷懒取巧的做法。出土文献经过古文字学家的释读，我拿来做礼学方面的研究，大多数情况下我只涉及其中一个很小的话题，可以在短时间内完成，这样每年都可以发表几篇文章，不至于一年到头拿不出一点成果来，让人感到很难为情。你做《礼记郑注汇校》《礼记注疏长编》，方老师做阮刻本《十三经注疏汇校》，都是规模宏大需要长期坚持的大课题。我没有勇气，也没有能力做这样挑战耐心的研究，所以说我的研究都是小打小闹，不值得一提。

说到这里，我正有一个问题要向你们请教。你的《三礼研究论著提要》，实际上还包括《大戴礼记》研究论著提要，是礼学研究者必备的工具书。你对从古至今礼学文献的总体面貌十分清楚，哪个时代会出现什么版本，各种版本的优劣及承袭关系也心中有数，所以你的书不仅是目录学著作，而且也显示了经学史、学术史，甚至社会史的内容。方老师做《大戴礼记》、阮刻本《十三经注疏汇校》研究，必定涉及各个时代不同的各种版本，对各种版本的优劣也了然于胸。如果从事文献学的研究，达不到你们这种从总体上全面把握文献流传过程全貌的水平，就像现在的一些研究生，仅仅对某处收藏的一种文献进行孤立的文献学研究，是不是在做图书馆管理员的工作，而不能算是真正意义上的学术研究？

王：也是学术研究，只不过显得单薄一些。

贾：有些文献学的文章，特别是一些研究生也包括我的研究生写的文献学的文章，我就总感觉到图书管理员没干的事，你们替图书管理员在干，学术意义不是很大。

王：传统的文献学研究，或者版本学研究，一般来说，首先要明确我手中的书是什么版本，是宋元版还是明清版？这是首先要搞清楚的。第二要搞清楚的是我手中的宋元版或明清版，和其他人藏的宋元版或明清版有什么差别？这个就比较难了，往往很难做到这一点。因为以前的书，除了政府收藏的以外，大多数都是私人藏书家收藏的。研究者通过各种渠道，知道他人也收藏了这部书的一种版本，可是他人收藏的善本书不可能让我拿在手里把玩十天半月或更长的时间，也许就是大概翻一翻。在这种情况下，如果我对整个文献心中有数，翻看一部宋元版善本书，就会调动脑子里所有的知识和这本书结合起来，也许很快就能写出一篇文献学的文章。为什么古人要写题跋？就是要记录某年某月某日在某处看到了什么书，书名是什么，它有多少函多少册，里边行款怎样，书里钤盖了谁的印章。如果对手中的书特别特别熟悉的话，其中有些语句不很顺畅，经过和他人收藏的书对比，发现了一些讹脱衍倒的文字，就很容易判断这个版本的价值，仅此而已，现在从事版本学研究的部分学者仍然是这种做法。

从目前特别是近十几年文献学研究的发展来看，假如让我主编一个版本学的杂志，我不会发这样的文章。为什么呢？以前可以，也很有用，因为某个版本的书就只有某人收藏，谁都没有，只有通过这样的文章才知道某人手里有这样一本书。现在的情况发生了很大变化，大多数宋元明清版的书都已经电子化了，而且人人都可以看到了，完全没有必要仅仅是描述此书行款，上面有谁的印章，当然，如果某部书是谁都没有研究过，仍然可以介绍，顺便说清楚它的源流。但是更重要的是研究这个版本是什么时候刊刻的，当时的大背景是什么样，它和其他版本是什么关系，父子关系？爷孙关系？还是兄弟关系？搞清楚了各种版本之间的关系以后，还要搞清楚对于今天的整理研究有什么用途。如果对该书进行整理，选择哪个版本作底本，哪些版本作对校本，哪些版本作参校本。这些都是建立在对整部书的相关版本心中有数的基础上的，必须对整理书的刊刻史、学术史都十分清楚。如果对这些都不清楚，写来写去，都是在做图书管理员的工作，只能写些介绍性的文章，并不是严格意义上的学术研究。

贾：对呀，所以我经常告诉学生，从事文献学研究要力戒替图书管理员做事，因为费了很大的劲搞出来的东西意义不是很大。

王：我原来在《三礼研究论著提要》中揭示版本，那时候看不到书，别人怎么说，我只能顺从，比如傅增湘怎么说，我就跟着怎么说，李盛铎怎么说，我也跟着怎么说。这几年我写版本研究的文章，主要揭示版本的源流，更主要的是揭示一个版本和其他版本之间的关系，有何异同，随着大量古籍善本的影印出版和电子化，版本研究已经有了很大的进步，从事版本研究的学者，意见尚不一致。版本研究，历来有分歧。有人主要关注版本特征，就是书的封面怎么写，里面怎么写，大概多少册，这是面上的东西，有人讥诮为"书皮之学"。但如果是古籍整理或专题文献研究，就完全不一样了。面上的东西是次要的，更看重的是一本书对我的研究有什么学术价值，和已有的版本之间是什么关系，有用还是无用，必须研究书的内容、文字差异。目前的版本学研究已经有了长足地发展，既有版本特征的研究，又有文献内容的探讨，二者已经结合了。这样研究的成果，对读者来说，看不到原书也好，能看到原书也好，都可以通过研究成果对原书有所了解。

近年从事古籍整理的一些学者和研究生，你让他去研究一部书，他任意找来两个版本，就在那里校，有什么可校的呢？你根本就没有搞清楚两个版本之间的关系。首先是要搞清楚版本源流，然后确定底本，底本确定好以后，再去确定哪个版本适合对校，哪个版本只能是作为参校，否则，就是乱校，瞎用功，只能添乱，不能解决任何问题。

贾：谢谢高人的指点！回到礼学研究上，恐怕也有类似的情形。礼学研究，从汉代以来，有些话题一直争论不休，除了见解不同外，对相关文献的解读也是一个方面。有些话题，若没有新材料，恐怕永远都会争论下去，很难得出一个大多数人都认可的结论。研究这类话题，若不能提出独到的见解并进行合理的论证，结果是要么肯定历史上的一种观点，要么肯定历史上的另一种观点。对于这样的研究，我总觉得是在瞎搅和，礼学研究领域这样的文章很多。

王：是的，这样的文章给人有目不暇接的感觉，是庸人自扰。

贾：所以说，从事礼学研究，选题很重要，选题一定要体现学术眼光，体现学术前沿。选题不对，还要进行研究，除了重复前人的研究之外，就是白费神。当然，还有另外一种情况，就是有些话题很好，可惜研究不深入，或者说研究不到位，把一个很好的话题给糟蹋了，别人还不好再去研究了。有些人包括研究生

释礼征遗文，证音传旧谱
——贾海生先生访谈录

从事礼学研究，为了避免重复前人的研究，不得已只好选择一个边缘化的课题去做，或是用异质文化解释传统礼学，有时也会让人不知如何评价。因此，搞礼学研究，有时还真让人苦恼得不行，不知道如何走下去。反而做文献整理与研究，如你做《礼记注疏长编》，方老师做汇校集注，杜泽逊做《十三经注疏汇校》，都是实实在在的研究，非常受学者的欢迎，一本在手省去了许多翻检之苦，比起那些瞎搅和的研究，不知要强多少倍。

方向东先生：你说到有些话题很好，可惜没有进行深入研究而被糟蹋了，这就好像有一个好地盘被开发商开发坏了一样。

贾：对对，就是这个意思。

王：老方的这个比喻，我也有同感，是瞎搞。回到文献整理与研究上来，就拿经学研究来说吧，其实有很大的麻烦。大家都知道，历史上流传下来的经学文献那么多，四部当中经、史排在前面，《二十四史》早就有了很好的整理本，现在第二轮修订已经开始了。但是对经书文献的整理，这几年快速出版了一些，可是大家都不满意。为什么不满意呢？通过我这几年研究《礼记》，得出一个结论，就是研究任何一部经书的人，有几个人能够明明白白、清清楚楚地研究过这部经书的版本源流？比如《周易》，第一，《周易》究竟从宋代以来刊刻过多少次？第二，刊刻的版本留存下来的有多少？第三，存下来的这些版本之间是什么关系？第四，如果要整理《周易》，如何选择底本和对校本？这些是十分重要但需要花功夫研究方能回答的问题，整个《十三经》都存在这样问题。我自己花十年时间校勘《礼记》，校完了以后，是有一些想法。

有一天，赵老师让董芬芬给我打电话，约我写一篇文章，我就把校勘《礼记》的一些想法写了出来，题目叫《〈礼记〉版本述略》。这次到你们浙大来开会，我就把这篇文章提交到会上交流。后来我专门画了个图，让学生给我做成图表，往返做了好长时间。那个图表，我在微信上发布过，正式的图表是提交给你们这次学术研讨会的。我那个图表一旦公布出去，人们一看我这个图表，就知道《礼记》怎么整理了，《礼记》的版本之间是什么关系，我说得比较清楚。

杜泽逊兄已经校完《尚书正义》《周易正义》，正在校《毛诗正义》，他对这三经的版本关系也都非常清楚。所以说，整理任何一部书，底本的选择非常重要，如果整理过程中更换了底本，只要换一次底本就是重干，为什么呢？不就是这些问题没有解决吗！

贾：不要说《十三经注疏》现在还没有令人满意的整理本，就是想找一部可以信得过的白文繁体标点本《十三经》都没有。很多年以前，我对《三礼》和《大戴礼记》下苦功夫的时候，就在搞《三礼》和《大戴礼记》的白文繁体标点本，一方面是为了便于时时诵读，另一面是为了写文章时便于引用，可是到现在都没弄出来。不要说文字的校订，仅仅是加上精准的标点符号都很难。根据注疏加上了标点符号，可是一看历代的研究著作，觉得标点符号要改，有时不知所从，尤其是引号，很难判断应将哪些话放在引号内。根据我的经验，整理古籍真不是一件容易的事，涉及的问题太多了，有些问题非得专门之学才能解决。如果对整理的文献没有做过深入的研究，没有理清各种版本的优劣，贸然整理点校，难免会闹出笑话来。

王：因为有很多东西都没搞清楚。

贾：的确是这样，除了版本、文字之外，不同的说法就会有不同的句读，而各种说法都有各自的道理，有些专门之学例如天文、历法等，还要求整理者具备相关的知识，否则连断句都可能会搞错。

王：我现在做《礼记注》定本，发现同样的地方我有改过五六次，有时发现最后改的还不如第一次的，后面改的反而错了。

方向东先生：有些文献还真的没有办法加上标点符号，《尔雅》中就有一些词语，没有办法加上标点符号。除非根据一种说法，才能确定如何标点。

王：就经文来说，如果你不理注疏，是一种标法；一考虑注疏，它就是另外一种标法。有时候还有注和疏不搭的情况，的确很麻烦。

贾：我对《三礼》和《大戴礼记》读得很熟，但是至今都加不上让我满意的标点符号。

王：今天晚上关于礼学的一些问题谈得很好，看来都是您思考的问题，对我们启发很大。

贾：你太抬举我了，都是些不着调的胡言乱语，让你们见笑了。

八、《说文解字音证》

王：您这几年主要从事礼学研究，突然出版皇皇巨著《说文解字音证》一书，为什么？

贾：我读硕士学位的时候，赵逵夫先生就常常教导我们，搞先秦文学，一定要在文字、音韵、训诂上好好下些功夫。1993年，郭晋稀先生在西北师大给甘肃省高等院校从事古汉语教学的青年教师讲授音韵学。那一年，我刚刚硕士毕业，有幸聆听了郭先生的课。当时一起听课的有伏俊琏、漆永祥、周玉秀等人，也包括在校的研究生，一共也就十几个人。郭先生讲授的音韵学是曾运乾的音学理论和自己的研究心得，开始听课时，一点感觉都没有，根本就听不懂，原因是基础太差了，不过还是坚持听完了。

王：好像讲了一学期吧？

贾：郭先生讲了整整一个学期，讲课时郭先生一手拿烟，一手拿粉笔，操一口夹杂着湖南方音的普通话，生动的情形还时时浮现于眼前。当时郭先生整理的曾运乾的《音韵学讲义》还没有出版，全靠板书，讲课非常辛苦。《广韵学》讲的是曾运乾的五声五十一纽、二百零六韵在三十摄的分布；古音学讲的是曾运乾的古声十九纽和韵分三十部的理论以及顾炎武以来各家的学说。郭先生也讲了自己证明中古音邪纽古读定纽的结果。曾运乾认为中古音的邪纽古音读同心纽，钱玄同认为中古音的邪母在上古音中绝大多数读同定纽，少数读同群纽，郭先生根据谐声偏旁和大量经籍异文，证明邪纽古读定纽，少数读同匣纽。郭先生在讲《广韵学》的时候，给我们复印了《广韵补谱》的空表，指导我们如何填表。当我费了半年多时间把《广韵补谱》填了一遍以后，才对音韵学有点感觉，反切上下字背得滚瓜烂熟。

1996年《音韵学讲义》出版了，买来一读，才发现错误比比皆是，不能卒读。于是又将《讲义》提到的音韵学的书都找来，校定《讲义》的错误，这样一来，又把历代主要的音韵学的书读了一遍。校定《讲义》，陆陆续续进行了好几年。等到将《讲义》校过一遍后，似乎对音韵学的理解更深了一点。到浙大古籍所工作以后，因为兴趣、方向转移了，也就再没有理会音韵学。后来所里决定让我担任硕士研究生"训诂学概论"的教学任务，又对音韵学下了点功夫，这个阶段主要读了一些近现代学者运用新工具、新方法研究音韵的著作，如高本汉、陆志韦、李荣等人的著作，也读了章太炎、黄侃等人的著作。越读越糊涂，各种学说相互冲突，甚至颠覆了我以前形成的认识，不可否认，对《广韵》也形成了新认知。

2007年底，结束了在韩国东新大学十八个月的合作研究与教学。回国以后，关长龙教授就给我说，在国外高访一年以上就有资格申请"钱江人才项目"，申报这个项目的成功率比较大，因为只针对回国人员，此前关长龙教授从哈佛回来后申请这个项目就获得了成功。我当时特别渴望有一个自己的项目，于是就立刻坐在电脑前花了一个下午的时间填写了一个证《说文解字》音读的项目申请书。报到省人事厅以后，非常幸运地中了一个重点项目，资助金额十万。项目下来了，总得要交差，于是就开始收集资料。收集材料的过程十分辛苦，说白了，就是个体力活，把音证材料收集起来，主要的任务就是打字。体例是将《说文》的九千余字按古音分为三十部，每一部中又按喉牙舌齿唇十九纽的顺序列出声首字，从声首得声的谐声字退后列于其下，每字之下列出可以证明声类、韵部的韵文、异文及历代的研究成果，然后再根据徐铉的反切推导出上古的读音。2012年结项的时候，完成了一百二十万字的初稿，填写了结项报告书之后，就顺利结项了。

  2013年，我们古籍所启动了编纂《中华礼藏》这个项目，浙大出版社承担了出版任务，我们就经常与出版社各个部门的负责人沟通出版事宜。有一天，出版社的副社长黄宝忠先生到我办公室谈事情，看到桌子放着结项时的《说文解字音证》打印本，他大略翻了一下，就问我是否已经联系了出版社，我说还没有联系呢，他就说你交给我们出版社吧，保证不要任何出版经费。我欣然同意，就交给了浙大出版社。2014年，浙大出版社为《说文解字音证》申请到了国家出版资助。这就意味着当年必须出版，否则会影响出版社申请下一年度的出版资助。那一年我没写一篇论文，排除了各种干扰，连暑假都没回家，专心致志修订《音证》初稿，主要是核对引文，刊正各种错误，补上了北京师范大学开发的小篆字体，这也是一项极其繁重的体力活，枯燥乏味，极其无聊。到年底就将定稿交给了浙大出版社，总计二百多万字。

  《音证》出版以后，我给你们都寄过，也给山东大学刘晓东老师、杜泽逊老师、刘心明老师各寄了一本。刘晓东老师精通音韵，所以特别想听听刘老师的意见。2015年5月，我到山东师范大学参加一个学术会议，杜泽逊老师邀请我为山东大学尼山学堂的学生做一个讲座，我推辞不过，就和尼山学堂的学生座谈了一次，非常荣幸的是刘晓东老师也参加了座谈，议题主要是以音韵学为主。在那个座谈会上，刘晓东老师谈了他学习音韵学的经历，也谈到"文革"时期没书可读手抄《广韵》的经历，我就把我写作《音证》的理论依据、撰作体例、音理辨析以及对各家学说的看法全都说了出来，能说的说了，不能说的也说了，没有一点保留。刘晓东老师对《音证》给予了肯定，后来辛德勇先生在微博上也对《音证》作了推介，我心里才感到踏实了一些。《音证》的出版，对我来说，也就是完成了一个项目，用了人家的经费，总得有个交待嘛。

王：看来您对音韵学还是下过很大的功夫，撰写这部书也的确花费了很大的精力。那么，让您自己来评价一下，您这部书和前人的类似的著作相比，您觉得有哪些特点？

贾：音证之类的著作，并非没有先例。顾炎武的《唐韵正》就是专门辨证《广韵》韵部与上古音韵部分合的名著，以《诗经》《周易》的用韵情况为判断的标准，引用的音证材料晚至唐宋，不免有过泛之嫌。朱骏声《说文通训定声》之类的著作按古音韵部设声首系联《说文》的九千余字，意在通训诂、辨假借，实际上也都蕴含了证音的意味。根据先秦两汉韵文、异文专门证明《说文》每一字的声纽、韵部并由中古音推出上古音读的著作，我见闻不广，还没有看到，这也就是我撰作《说文解字音证》的初衷。

贾先生工作照

王：这么说来，您的这部书是填补空白之作了！

贾：不能这么说，我只是按照前人开辟的道路往前走了一小步而已。我这部书依据的古音系统是曾运乾和郭晋稀研究音韵学的结果，声纽有十九纽，韵部分三十部，由中古音推出上古音的依据是徐铉的反切，而辨析中古音用纽、用韵之疏的依据也是曾运乾鸿声配侈韵、细声配弇韵的理论。之所以用曾、郭二位先生的古音系统，就在于他们的理论与历代学者研究古音声纽、韵部的结果不冲突。例如钱大昕说古无轻唇音、舌上音，章太炎说古音娘日二纽归泥，黄侃说古音照系二等归精系、照系三等归端系，曾运乾说喻三归匣、喻四归定，郭晋稀说邪纽古读定。定古音声有鸿声十九纽，可以吸收钱大昕以来历代学者研究古音声纽的成果，是由中古音推导上古音的依据。若遵从时下通行的古音系统，断定上古音有细声三十二纽，那么钱大昕以来历代学者研究古音声纽的结果就无法落实了，等于全都白说了。很多年以前，伏俊琏兄在《曾运乾先生对汉语音韵学的杰出贡献》一文中，就对古音十九纽与三十二纽的得失作过非常全面的评论，赞同古音十九纽之说。再如古韵分部，自顾炎武至于黄侃、曾运乾，经历了离析《广韵》又回归《广韵》的过程，黄侃发现《广韵》中与十九纽相配的有三十二韵，并开合

释礼征遗文,证音传旧谱
——贾海生先生访谈录

为一,得二十八韵,认为这二十八韵就是古本韵。其中先、屑相配而无阴声,以沃、冬配豪而萧无入声。曾运乾分其齐部为二,以齐部之半与先、屑相配,又以沃、冬配萧而分铎部之半配豪,上古音的韵部才趋于严密,从上古音至中古音分化的轨迹才变得更加合理。因此,上古音声分十九纽,韵分三十部,在我看来是一个比较合理的古音系统,可以反映历代学者研究古声、古韵的结果,所以我撰写《音证》时就用了这个古音系统。

上古音的音读,历代都很模糊。顾炎武离析《广韵》,有时自拟一个反切以明上古音读,但大都违反《广韵》反切鸿声配侈韵、细声配弇韵的音理。段玉裁能分支、脂、之为三部,却不知各自的音值,写信向江有诰求教。近代以来,许多研究音韵的学者沿着高本汉开创的道路,利用新工具、新方法,依据方言、汉音、吴音、高丽音、安南音拟测古音,古音的音值渐趋明朗。然而各家面对相同的材料,同一个字的拟音,往往不仅元音的高低前后长短不同,介音的有无、开合的分别也是各执一说,到底谁的拟音最大程度地接近古音呢?《广韵》是一部荟萃古今南北各种方音、雅言的韵书,保存了近四千个反切,都是曾经出于古人口吻的声音,古音也寓于其中,这已是学者的共识。那么,反映古音系统的反切,实际上就是上古音的音值了。我就是按照这个思路,在《音证》中由中古音推出上古音并施以上古音的反切,不用国际音标的拟音,上古音也可出于口吻,避免了黄侃所说"古韵家所作反切,往往世无此音"的弊端。但这并不是我的创见,黄侃早就这么做了,只不过依据的古音系统不同,推出的古音或有开合、声调并不完全相同的情况而已。

《音证》的另外一个特点就是资料丰富,几乎将先秦两汉可以证明《说文》每一字古音的资料全部收集起来系在了字下,任检一字,就可以知道此字在先秦韵文中的用韵情况及相关的异文,同时也将历代学者的研究结果引录了出来,每一字声纽的确定、韵部的归属都有据可依。关于《音证》的特点,王诚博士、伏俊琏兄都写过书评,分别发表在《中华读书报》和《光明日报》,可以参看。

王:由中古音推出上古音,有规律可循吗?

贾:上古音演变为中古音,当然有规律可循了。概括而言,不外乎两个方面,一是一部鸿声侈韵演变为不同的细声弇韵,二是几部鸿声侈韵因音变演变爲一部变韵。就《广韵》的二百零六韵而言,古音系统的鸿声侈韵包括等韵学所谓的一等韵和四等韵,它们同用一套反切上字,共有十九纽,这些音古今相同没有变化。由它们演变出来的中古音,才需要推出其上古音。依照黄侃和曾运乾的做法,由中古音推出上古音,也就是把细声弇韵和变韵都变为鸿声侈韵而已。说起来很简单,做起来可能会复杂一些。我之所以采用曾运乾的音学理论,也认同由中古音推出上古音的做法,那是因为我对语音的演变有自己的看法。在我看来,语音的演变是十分缓慢的,一代一代口耳相传,不可能发生巨变,即使有强制推行的通语和异质文化的侵入,方音仍然是人们日常交流的工具,一定会独自保持其本来的面貌,而且往往还不太受通语的影响。从《诗经》时代到陆法言撰作《切韵》,不过一千多年的时间。在这短短的一千多年间,先秦时代的语音真的和中古时代的语音有巨大的差别吗?我不相信。所以我认为《广韵》中一定保存了先秦流传下来的语音,因为其中的鸿声侈韵和从《诗经》

《楚辞》等先秦韵文归纳出来的韵部完全吻合，所以才被确定为古音系统。

王：您把《说文》中的九千余字纳入到《广韵》的古音系统中，每一个字都能加上上古音的反切吗？

贾：从理论上讲，《广韵》古音系统中的反切就是上古音。把《说文》中的九千余字纳入到古音系统中加上上古音系统的反切，前提条件是被切字与反切下字必须同部，但是也有极个别的反切，其切语下字与被切字不同部，凡遇到这种情况，就从《玉篇》《集韵》等字韵书中选择一个切语下字与被切字同部的反切，而选择的那个反切与被替换的反切在中古音的系统中实际上同音。如"该"字，徐铉古哀切，上古音"该"在噫部而哀在衣部，《玉篇》"该"字古来切，上古音来在噫部，与该同部。古哀切虽是古音系统的反切，哀从衣声，自然属衣部，这时就用古来切代替古哀切，以古来切为"该"字的上古音。但在中古音系统中，古哀切与古来切音同。《广韵》古音系统中绝大多数的反切都与被切字同部，实际上反映了上古音的语音系统，不需要特别处理。

王：的确是一部付出了很多心血的巨著。

贾：谈不上巨著，只能说是材料收集的比较全，显得厚重罢了。

王：您的这部书反映了曾运乾等学者的音学理论，显示了《说文》九千余字的谐声系统，也提供了大量音证材料，对于搞音韵学、文字学的学者来说，无疑有重要的参考价值。但是对于研究古文献的人来说，有什么重要的价值呢？

贾：我的这部书，虽然是用大量的韵文、异文、谐声等材料论证《说文》九千余字在上古音系统中的读音，实际上是一部工具书。对于研究古文献的人来说，尤其是对于研究先秦两汉和出土文献的人来说，凡是遇到通假、转注等涉及音韵方面的问题，或许还能用这部书解决一些问题。

大家都知道，《说文》是一部分析字形探求本义的书。在具体的文献中，根据《说文》对字义的解释，未必能讲得通，原因是文献中可能使用的是假借字。先秦时代的文献用假借字成文的现象应该十分普遍，出土文献如郭店简、上博简看上去满眼都是假借字就是很好的证明，只不过在流传的过程中，有些假借字换成了本字，有些假借字还一仍其旧。同一种文献在一个学派的传承过程中，有些假借字换成了本字，但在另一个学派的传承过程中保留了假借字，这样就会产生大量的异文。当然，异文的产生，并不是这么简单，实际情况一定相当复杂。那么要读懂文献，碰到假借字就要确定其本字。

就一般情况而言，假借是有条件的。第一，假借字与本字在音韵上有相当密切的关系，或是双声，或是叠韵，或是对转，或是旁转，音韵上没有任何关系，假借的可能性极小。第二，仅仅断定假借字与本字存在双声、叠韵、对转、旁转的关系，仍然不能确定二者有假借关系，还需要实实在在的证据，而最能解决问题的证据就是异文、韵文等具体的材料。我的这部书把《说文》九千余字纳入古音系统中，不仅声纽、韵部都标示得非常清楚，对转关系在谐声谱中一望可知，而且把能收集到的韵文、异文等有用的材料都汇集到了相关的字下，可以任意采择，对于利用

《说文》解决文献中的假借问题或许有一定的帮助。

不可否认，这部书对于文字学、音韵学可能也都有一定的参考价值，这里就不详细说了，否则有卖瓜之嫌。

王：刘晓东老师对您的这部书评价很高，崔富章先生对我们说您的这部书是可以传世的。

贾：都是过誉之辞，护犊之情，可以理解！

王：二百多万字的著作，可以称得上是重器了，写作的过程十分辛苦吧！

贾：刚才已经说了，很多情况下，就是个体力活，但必须要十分细心才行。

王：稍不留神就会出错。

贾：是的，在打字的过程中，稍不留神，就会打错。有些字打错了，还可以原谅，有些字是绝对不能出错的。如把开口呼打成合口呼，一字之差，音色全变。写作过程中，天天都在提心吊胆，生怕出错。书出版了以后，都不敢再看一遍，生怕发现不该出现的错误。应该承认，写书是给自己留下遗憾的事情，我不敢保证我的书中没有错误。

王：关键的地方错了，别人就觉得您是外行了，会给您挑毛病的。

贾：是这样，现在写书大都是完成一个项目，有严格的时限，不像古人十年或几十年磨一剑，出现错误在所难免。

九、音韵学

王：我们这个访谈，年轻学者尤其是学生看得很多。如果我们研究古文献的学生要想学习音韵学，从您学习音韵学的经历来说，您觉得有哪些经验可以介绍给他们？

贾：你总是问一些让我很为难的话题，我根本没有谈论如何学习音韵学的资格和能力，我只能把郭晋稀先生指导我们如何学习音韵学的方法和步骤概括地介绍一下。

学习音韵学，首先要从《广韵》入手。关于《广韵》的声类，陈澧考证有四十个，曾运乾、陆志韦、周祖谟都考订有五十一个。依照曾运乾的说法，这五十一个声纽分鸿声和细声，鸿声有十九纽，细声有三十二纽，如影纽的鸿声有哀、乌、安等字，细声有於、央、忆等字，代表声纽的字都要熟记下来。《广韵》有二百零六个韵，有的韵仅有一类，如哈韵只有开口呼，有的韵分二类，如登韵有开口呼、合口呼，有的韵分三类，如麻韵有开口呼、合口呼、齐齿呼，有的韵分四类，如支韵齐齿呼有二类，撮口呼有二类，每一类都有若干代表字，这些代表字也要熟记下来。当反切上下字都烂熟于胸的时候，就要进一步搞清楚反切上字与下字的搭配关系，如鸿声只与开口呼、合口呼搭配，细声只与齐齿呼、撮口呼搭配。变韵是例外，喉音、牙音、唇音用鸿声，舌音、齿音用细声。要搞清楚反切上下字的搭配关系，最好的办法就是填表。

《音韵学讲义》中的《广韵补谱》就是郭晋稀先生填好的表，反切上下字的关系一目了然。填表的好处，不仅可以熟悉反切上下字的搭配情况，而且还可以辨别《广韵》的错误。如敦煌发现的《切韵》系的韵书，有真韵而无谆韵，《广韵》分为真、谆二韵，区别在于真韵是齐齿呼，谆韵是撮口呼，但是真韵中有几个小韵应当归入谆韵，仍然留在了真韵中，造成了齐齿、撮口混在一韵的现象，只有通过填表才又能发现这种混乱。如果想进一步了解《广韵》每一个小韵的音值，可以看高本汉、陆志韦等学者的书，他们都拟出了《广韵》各小韵的音值。他们拟测每一个小韵的音值基本都是根据等韵来确定主要元音的音值，所以对等韵学也要有所了解。等韵学是宋元以后才兴盛起来的，各类著作很多，只有《韵镜》和《七音略》反映了《广韵》的语音系统。现在的音韵学著作或古今音手册，基本上都是用等韵描述每一字的音韵地位，所以等韵学是不能忽略的。需要说明的是，无论是谁的拟音，都是对中古音音值的一种描述，并不表明中古时代的人就那样发音，王力说拟音都是示意图，学习音韵要有这样的认识，否则容易陷入其中难以自拔。经历了这样的学习过程，音韵学就基本上过关了。

学习上古音，则是另外一种方法。先秦时代没有韵书，但是有《诗经》《楚辞》等韵文，系联入韵字就可以归纳总结出先秦时代的韵部。顾炎武分古韵为十部，江永分古韵为十三部，段玉裁分古韵为十七部，越分越细，后出转精，曾运乾分古韵为三十部。中古音是由上古音分化演变而来的，也就可以通过中古音推出上古音的音值。由中古音推出上古音，我用的是曾运乾、黄侃的方法，前面都已经说过了。当把上古音和中古音贯穿起来以后，就会觉得音韵学并不是人们所说的绝学，实际上并没有那么复杂。如果真是绝学，就没有人能够学懂。只要人能学懂的，就不是绝学。

说到这里，不妨把我在学习音韵学的过程中形成的一些看法说出来，向各位请教。在我看来，无论是中古音还是上古音，都是后人根据文献资料构建的语音系统，说白了，都是观念中的语音系统，是不是反映了先秦时代、中古时代实际的语音系统，无法证实。唯有字书、韵书保留下来的反切，或许还记载了实际的语音。但是这些反切并不是某一个语音系统中的语音，有古音，有今音，有雅音，有方音，情况十分复杂。反切有分析音素的功能，但不精确，所以要借助国际音标作精确的描述。因为观点不同，面对相同的材料拟测出来的结果千差万别。高本汉几乎用了所有可以利用的元音音标拟测上古音的语音，陆志韦拟测的上古音的语音系统竟然没有一个开音节，先秦时代的人说话真的这样讲究音色的不同吗？高本汉拟测的中古音，用了各种各样的介音符号，中古时代的人说话也有这么多的曲折变化吗？古音的拟测大都是根据等韵确定元音的高低前后，曾运乾、郭晋稀根本不相信等韵，各有辨驳，我曾经根据曾运乾的学说，按照语音学的原理，编造出了上古音、中古音的拟音，标在《音证》的每一个字的后面，考虑到与时下通行的拟音有较大的差别，正式出版时全部删掉了。

学术研究追求知识的系统化，音韵学也不例外，所以才有了根据文献构建的上古音系统、中古音系统。如果这些语音系统可以合理地解释书面语言涉及的各种音韵问题，如假借、转注、声转等，我认为就达至了研究音韵的目的。若以为音韵学的终极目标是要完全复原先秦时代、中古时代的语音，再现先秦时代、中古时代的人如何说话，既没有必要也不可能。

王：我们的专业课调整以后，有音韵学这门课，但是怎么上，现在还没有想好。您啥时有空，我们请您来给我们的学生讲讲音韵学。

贾：从目前的课程设置来看，古文献专业都开了音韵学这门课。根据我了解的情况，各个大学讲授的内容主要是两个学派的音韵学理论。北京大学传承的是王力的学说，北京师范大学传承的是章黄的学说。历史比较音韵学也是一个很重要的派别，许多专家学者都在从事这方面的研究，推出了一大批成果。你们南京师范大学的徐复先生是章黄弟子，从学术传承上说，是不是应该弘扬章黄学说呢？

王：我曾经和刘晓东老师交流过音韵学的教学问题，麻烦就在于学生坚持听完了一学期的课以后似乎觉得已经懂了，可是仍然不能用音韵学的知识解决具体的问题，也就是说，虽然设置了音韵学这门课，可是并没有取得应有的教学效果。

贾：根据我了解的情况，大学里音韵学的教学内容主要是《广韵》学、等韵学和古音学。学生在短短的一学期内，要兼顾三个方面的内容，几乎不大可能对音韵学有深入的了解，更谈不上运用音韵学知识解决具体的问题。根据我的体会，学习音韵学首先要把《广韵》摸熟，最有效的方法就是填表，刚才我已经说过了。当然，要精确的描述音素，还要了解一下语音学。等把《广韵》摸熟了，再去学习等韵学、古音学才会有感觉，等把上古音、中古音贯穿起来，也就能运用音韵学知识解决诸如假借等涉及音韵的问题了。

王：郭晋稀先生在《音韵学讲义》中填过的那种表格，周玉秀曾经给我复印过，她让我有时间也去填一填。现在这么忙，哪有时间去填？我至今还保存着复印的空表，你来我们南京师范大学授课，先教会我们的学生如何去填，有一个学生学会了，就可以教给其他学生了。

贾：那个表格是专门为《广韵》设计的，反映了五声五十一纽与二百零六韵的配合关系。表格有两种类型，一种用于填写正韵，另一种用于填写变韵。填写表格，郭先生在《音韵学讲义》的前言中说，曾运乾生前曾著有《广韵补谱》，但未印成讲义。现在我们在《音韵学讲义》看到的《广韵补谱》是郭先生填的，加写了凡例。学习填表，很容易，不需要我教，因为有现成的《广韵补谱》可参看。之所以要亲自填写一遍，目的是为了掌握五十一纽与二百零六韵的搭配关系，同时也是为了熟记反切上下字，所以最好能亲自填写一遍。曾运乾的讲义，郭先生手中有一份，文字的错讹衍夺十分严重，我从郭先生那里复印了一份，的确没有看到有《广韵补谱》。据郭先生讲，他手中的讲义是曾运乾在东北大学讲授音韵学时刻印的。

王：郭先生为甘肃高校青年教师讲音韵学时，我当时也想去听，因为我住在市中心，离学校太远，也就没去听，现在想起来都感到很遗憾。据我所知，周玉秀在西北师范大学带学生，也是先让学生填表，不过很多学生都不愿意填。我曾经想过，侯婕回兰州时，让她去拜访一下周玉秀，让周玉秀教教她如何填表。她学会以后可以教我们的学生了。

贾：填写表格，一定要参考曾运乾的《广韵之考订》，不能完全根据《广韵》来填。因为《广韵》中的有些反切，在表中没有音韵地位，填不进去。这些填不进去的反切，依照陈澧、曾运乾的说法，都是不知音理的人擅自增加的，并不是陆法言《切韵》的原貌，《广韵之考订》都一一说明了为什么不合音理，填表时就要把这些不合音理的反切剔除掉。补充说明一点，从敦煌发现的《切韵》系统的韵书残卷来看，有些所谓不合音理的反切已见于《切韵》，并不是《切韵》之后增加的。陆法言等人撰作《切韵》时，从以前的韵书中选择反切按韵编排，难免有审音不严的情况，陈澧、曾运乾他们把《切韵》想象得太完美了。

王：填表是学习音韵学的一种训练方法，漆永祥曾给我说过，填表的过程虽然很枯燥，甚至很痛苦，但填完了之后音韵学也就基本搞懂了。你们几个跟郭先生学习音韵学的人都填过表，实践证明这个方法很管用。我前段时间向刘晓东老师请教音韵学，刘老师也非常认可这个方法。他说现在的大学生学习音韵学，听完课之后就都还给老师了，总是不懂，也不会用，可能就是没有经过这种填表的训练。

贾：不可否认，填表是一种学习音韵学的方法。但也不能说这种方法就是万能的，其他的方法都不管用。填表的目的不仅仅是为了熟记反切上下字,更重要的在于归纳总结规律,发现不合规律的现象,能够审音,判断是非。如果用其他的方法也能达到这个目的,填不填表都不重要了。

王:是这么个道理。今年南京师范大学文学院请鲁国尧先生来讲音韵学,许多学生去听,每周五讲一个下午。

方向东先生:以前我们也请他讲过一次,而且我全程陪同,我们也请王继如老师来讲过音韵学。

王:对于学生来说,只听讲座可能收效不大,一定是要带着他们做一些类似于填表之类的训练。

方向东先生:那就要下很大的功夫了,不是随便翻翻《广韵》那么简单。

贾:听大学者的讲座,前提条件是对讲座的内容已经很熟悉了,就好像要去某地旅游要先做一番攻略一样,否则很难体会到讲座的精彩之处。如果听音韵学家的讲座之前,对音韵学一点都不了解,那就如同听天书一样。你们的学生很幸运,还有机会听到鲁先生、王先生的讲座。

王:把反切上下字分别系联起来,归纳总结反切上下字也是学习音韵的一种方法吧?

贾:陈澧就是用这种方法总结出了《广韵》有四十声类,有些韵还能分为二类、三类、四类。但是曾运乾考订《广韵》有五十一纽,他设计的表格,更容易看出五十一纽与开、齐、合、撮各韵的搭配关系。系联与填表都是学习音韵学的有效方法,比较而言，填表可能更容易培养审音能力。

王：所以您最好还是先教会我们的学生如何填表，您指导学生把两个类型的表都填一下，填错了，您给他指出来，学生明白了填表的原理，也就可以自己填了。

方向东先生：到底怎么个填法？

贾：填表真的不需要我教，看一下《广韵补谱》就知道怎么填了，关键是要把表格反映的音理搞明白。举个例子来说吧。依照曾运乾的说法，鸿声只和侈韵搭配，但也有个别的侈韵用了细声，如《广韵·豪韵》中的操字是七刀切，刀是侈韵，应当用鸿声，而七字却是细声，显然不合音理，《集韵》就改为仓刀切，仓是鸿声，鸿声配侈韵，合乎音理。凡是这类侈韵用了细声的反切，都是审音不严用纽之疏的结果。当然，也有弇韵用了鸿声的情况。这类用纽之疏的反切，弄明白了《广韵》的音理，自己就能判断出反切上字应该用什么字，不需要翻检其他的韵书。

王：那个表格反映了曾运乾的音学理论，郭先生是曾运乾的弟子，可能只有跟郭先生学过音韵学的学生填过那种表格。您什么时候到我们学校来，指导我们的学生填填表。

方向东先生：徐老没有给我们讲过音韵学，他只是说《广韵》要好好学。

贾：假若徐老给你们讲音韵学，肯定给你们讲章黄的学说，章黄弟子嘛！黄侃的音韵学自成一家，很了不起。从顾炎武以来，历代学者们研究上古音，都是根据先秦韵文、谐声偏旁归纳总结韵部。黄侃独辟蹊径，从《广韵》中总结出了古音的二十八部。

他发现《广韵》中有三十二个韵只和十九个声纽相配，于是他就把那十九个声纽定为古本纽，把三十二韵中开口与合口相配的韵合为一韵，得到了二十八韵，他就把这二十八个韵称为古本韵。黄侃的古本韵与从先秦韵文和谐声偏旁归纳总结出来的韵部基本吻合，所以得到了当时很多学者的认可，现在也仍然有很多学术著作都在用黄侃的二十八部。那么，啥是古本纽？与古本韵相配的声纽就是古本纽。啥是古本韵？与古本纽相配的韵就是古本韵。很多学者都批评黄侃的这种论证方法是循环论证。黄侃的音韵学超越前人的地方，不在于分部的多少，而是在于他把二十八部中的反切作为语音系统，他还论证了上古音只有平声、入声而没有上声、去声。这样一来，上古音可以读出来了，也可以听得见了。黄侃在《反切解释》中给每一个反切上字都标出了古反切，所谓古反切就是二十八部中平声韵的反切。例如"影"字，《广韵》是於丙切，他标出的古反切是乌郎反，《广韵·唐韵》中的鸯字是乌郎切，黄侃认为"影"字的上古音读乌郎切，也就是说"影"字在上古时代读鸯音。曾运乾推测上古音的方法和黄侃相同，或许是受了黄侃的影响，差别在于曾运乾分古韵为三十部。我在《音证》中也是用了这种方法由中古音推出上古音，只不过我用的是曾运乾的古韵三十部，保留了平上去入四声，因为上古音到底有几个声调，现在还没有结论性的共识。黄侃之所以受到那么多人的追捧，就在于他的音韵学有语音系统，而这个语音系统保存在《广韵》之中。

方向东先生： 音韵学的书我也读得不算少，曾运乾的书我也读过，王力的《汉语音韵》、丁声树的《汉语音韵讲义》，还有明人的《四声等子》之类的书，也都读过，可是越读越糊涂。

贾：您太谦虚了。您既然说到了《四声等子》，我在这里不妨顺便把曾运乾、郭晋稀二位先生对等韵的看法也说一下，毕竟他们的音韵学也包括等韵学的内容。等韵学是宋代以后兴起的，大盛于元、明、清。曾运乾认为等韵及其门法是俗僧不了文义，坐禅无事者之所为，他的讲义的第一部分主要就是辨驳等韵。郭晋稀先生著有《等韵驳议》，可惜现在还没有出版，只有油印讲义，听说周玉秀正在整理，准备正式出版。

曾运乾、郭晋稀二位先生认为，《广韵》的声纽本有五十一类，二百零六韵与声纽相配的规律是侈韵配鸿声，弇韵配细声，任何一韵与声纽相配，在韵图上都不会出现小韵不在同一水平位置的现象。如果把声纽比作坑，把每一韵中的小韵比作萝卜，那就是一个萝卜一个坑，决不可能出现两个萝卜一个坑的现象。等韵把五十一纽并合为三十六纽，有些韵与三十六纽相配，不得不把同一韵中的有些小韵列在不同的等位上，同用一套反切上字的一等韵和四等韵都属于侈韵而等韵却分别列在一等和四等的位置上。这就好像以前的女人裹小脚，只有把本来很大的脚裹小了才能放进三寸金莲的小鞋中，而裹小脚的结果必定要伤筋动骨。等韵把二百零六韵弄残了，只能设立各种门法来补救。所以在曾运乾、郭晋稀二位先生看来，等韵不可信。但是高本汉一系的音韵学家拟测古音，却主要凭借等韵来确定主要元音的音值，而且也可以得到方言、汉音、吴音、高丽音、安南音的验证，可见等韵也并非完全不能用于审音。最有意思的现象是陆志韦也承认《广韵》的声纽应当分五十一类，而且还作了进一步的阐释，可是他在拟测中古音的音值的时候，仍然据等韵为说。假如他看到过曾运乾的《广韵补谱》，拟测中古音时还会据等韵为说吗？把曾运乾的音学理论和等韵联系起来，有时还真让人怀疑那些据《广韵》制作的等韵图，如《韵镜》《七音略》等，可能还真的隐藏着更深的音理而没有被揭示出来。

　　黄侃认为等韵的弊病在于破碎，举寒、桓二韵驳之。他说试问开口呼寒、合口呼桓、齐齿呼贤、撮口呼玄四音之间，尚能容纳一音乎？这样看来，他也不相信等韵，所以就在陈澧《切韵考》的基础上定《广韵》的声纽为四十一类。这四十一纽与二百零六韵如何相配，他没有进一步的说明。我们在黄焯的《声韵学笔记》中发现，黄侃后来又说《广韵》的声类当分为五十一纽。黄侃和曾运乾同时都在东北大学教书，黄侃曾把曾运乾的音韵学讲义借去看了一个星期，当是接受了曾运乾声分五十一类的学说。这是郭晋稀先生说的，想必是曾运乾亲口告诉郭先生的。陆宗达先生回忆说，黄侃从东北大学回到北京，连家都顾不上回，打着灯笼到陆宗达那里，告诉陆宗达说东北大学有个高人，论证了喻三归匣、喻四归定，是非常了不起的发现。根据陆宗达的说法，黄侃看到过曾运乾的讲义当是不容置疑的事。当曾运乾的声分五十一纽的说法得到学术界认可后，黄侃有个学生不干了，硬说是他的老师黄侃首先提出来的，曾运乾证明了而已。上次刘晓东老师和我在山东大学尼山学堂与学生座谈时，刘晓东老师明确说明，黄侃那个学生的说法，完全是不顾事实的谬论，《广韵》声分五十一纽的发明权属于曾运乾。

　　王：刘晓东老师也认为《广韵》声分五十一组是曾运乾的一大发现？

　　贾：是。据我所知，学术界一致认为是曾运乾的一大发现。

曾运乾在音韵学上贡献，概括起来有以下几点：一、论证了《广韵》声分五十一纽；二、论证了喻三归匣、喻四归定；三、分黄侃上古音的齐部为二，分铎部之半为豪部入声。正是这几大发现，奠定了曾运乾在音韵学史上的地位。其实曾运乾还有更牛的，那就是附在《音韵学讲义》后面的《声学五书叙》，全文都用双声字写下来，而且还文采飞扬！

王：当然只有非常精通音韵学的人才能那样来写。您刚才说过，《音韵学讲义》中的错误很多，是这样么？

贾：书中的错误随处可见，多不胜数，主要是排版造成的。我推测排出来以后，都没有校就发行了，而且还印了好几次。

王：那你彻底校一下重印一次嘛。

贾：我以前校过一次，花了很长的时间。现在来看，仍有很多错误没校出来。

王：这几年您的兴趣都在礼学方面，其实音韵学您也很精通。

贾：谈不上精通，只是下过功夫而已。

十、学术师承

王：讲了这么多，让我们对您的治学有了更深入的了解，那么再请您讲讲哪些先生对您的治学影响最大？

贾：领着我进入学术之门的是赵逵夫老师，我跟着赵老师读的硕士和博士，不用多说，赵老师的学术思想、治学方法、为人处世对我的影响最大。

郭晋稀先生对我的影响也很大，我在郭先生的指导下，对音韵学产生了兴趣，对曾运乾的音韵学理论也有了更多的体会。郭先生不仅精通音韵，对先秦文学、明清文学、古代文论都有很深入的研究。他的《文心雕龙译注》曾是我经常翻阅的案头之书，不仅校勘、注释有独到之处，译文也非常流畅、准确。

到了浙江大学以后，对我影响最大的就是崔富章先生，他是我的博士后合作导师。我以前在西北师范大学读书的时候，实际上对文献学一窍不通，因为没有老师开过这门课，只有赵老师讲课时顺便讲讲文献学。崔先生对文献学有深入的研究，特别长于版本、目录之学。我在整理崔先生的文集时，系统地读了崔先生在不同时期发表的论文，弥补了我文献学方面的不足。

王：那沈文倬先生呢？

贾：我到浙江大学时，沈先生已经不上课了，很遗憾没有听过他的课。因为我的博士论文涉及礼学，对礼学感兴趣，非常仰慕沈先生，所以我一到浙江大学就想去拜访沈先生。第一次拜访沈先生是办公室张淑亚老师带我去的，沈先生操一口吴语，我根本听不懂，还需要张老师翻译，后来才慢慢熟悉了沈先生的口音。

我到沈先生家里问学，总共也就五六次，沈先生有时谈兴很浓，有时对有些话题不发一言。沈先生对礼学的前景很不乐观，时时流露出无可奈何的情绪，大概和他的经历有关吧。沈先生研究礼学的成果，大部分都收在《宗周礼乐文明考论》中了。这本书，我读了很多遍，真正感受到了什么是博大精深的学问。第一、沈先生的文章视野非常开阔，既有宏观的关照，贯通古今，又有微观的考证，心细如发。同时运用各种方法容纳材料，信息量极大。第二，对传统礼学中的任何问题，几乎都有独到的见解，文中的每一句话，几乎都凝聚着思考的结果。

若说沈先生对我的治学有什么影响，我只能客观地从两个方面分开来说。读他的书，很受启发，坚定了我继续研究礼学的信心，因为我从他的书中体会到了礼学研究仍然有很大的空间，也非常神往达到他那样的高度；如果听他的话，早就放弃礼学研究了，因为在向沈先生问学的过程中，他常常对我说，现在的社会不需要礼学了，继续研究礼学连工作都找不到，更不要说养家糊口了，最好不要去做礼学研究。

王：看您的文章，我总觉得有沈先生的影子。

贾：我向沈先生问学的时候，沈先生不仅说过如何读书，也说过如何写文章，有时还会针对某本书、某篇文章发表一些意见。在这个过程中，我逐渐体会到了如何写文章。您说我的文章有沈先生的影子，可能是因为有意识地贯彻了沈先生的教诲吧。

王：沈先生的《宗周礼乐文明考论》我也读过几遍，里面的很多文章都很长。读沈先生的文章，要花时间仔细体会，否则连中心都抓不住，泛泛而读，相当于没读，不知道你有没有这种感受？

贾：的确是这样，因为沈先生的文章大都写得密不透风。

王：其中《略论礼典的实行和〈仪礼〉书本的撰作》这篇文章，的确是花了很大的功夫，而且也确实有很多精彩的见解。

贾：学生经常问我如何写文章，一问这个问题，我就给他们推荐两篇文章，让他们看看高手们是如何写文章，一是沈先生的《略论礼典的实行和〈仪礼〉书本的撰作》，另一篇就是闻一多的《高唐神女传说之分析》。我告诉学生，这两篇文章的观点你可以不同意，但是如何处理材料，如何安排结构，如何推出结论，如何锤炼语言，这两篇文章都是极好的典范，要好好地体会。其实学生在研究的过程中，针对某个问题形成一个观点并不难，判断这个观点的价值却比较难，囊括各种材料把这个观点论证出来让人信服就更难了。有一个很好的观点，未必能写出一篇很好的文章。

王：还有另外一种情况，提出了一个观点，能不能写成文章？有没有必要去写？

贾：是的，有的观点，看似新颖，实际上违背学理，除非为了哗众取宠，否则根本没必要去写，有的观点，前人早已论述过了，当然也没必要去写了。这就是我刚才说的，对自己提出的观点要有一个价值的判断。提出一个观点，如何论证，大有讲究。不说别的，单就语言而论，拿我们搞古文献来说吧，引用的材料大多数都是文言文，如果自己的叙述语言是西式语言，甚至是网络语言，文中还夹杂着各种各样的西式概念和生造的词语，引用文献与叙述语言差异太大，读起来就会感到非常别扭。如果在准确的前提下，把叙述语言锤炼得典雅一些，就会大大增加文章的可读性。我们看沈先生的文章，叙述语言非常典雅，几乎与引用文献可以无缝对接，是一种很难达到的境界。

贾先生在授课

十一、研究计划

王：您在学术研究上已经做得很不错了，还有什么想法？下一步准备做什么？

贾：我不是还有一个国家社科基金重点项目没有结项嘛，下一步的主要任务就是争取尽快结项。好在研究内容已经作了调整，继续做出土文献与周礼的互证研究。以前为了评职称，要在学校认可的刊物上发表文章，所以文章都写得比较长。现在不准备写很长的文章了，力争写得简短一些，一篇文章解决一个具体问题，形成两个系列，一是铜器铭文与周礼，一是简帛文献与周礼。围绕这两个方面，已经发表了十多篇文章了，最终能否达到预设的目标，还要看我自己如何努力了。《中华礼藏》才刚刚推出了第一批成果，还要继续投入很多精力协调各项事务性工作。

王：小学方面没有什么打算吗？

贾：我在撰作《说文解字音证》的过程中，又读了许多音韵学方面的著作，对音韵学有了更深入的理解，对某些问题也形成了自己的看法，刚才已经说过了。那些看法对不对，我也还在探索之中。如果有时间、精力,还打算把自己的想法写出来。真做起来,也是件非常辛苦的事,未必能坚持下去。

王:您对我们从事礼学研究的学生有什么建议?

贾:我没有什么宝贵的经验,也没有灵丹妙药之类的建议,我的做法更不值得效仿。我只能根据我的经历,谈谈我的感受和我的认识。研究礼学,首先要把《三礼》读得很熟,顺序是先读《仪礼》,再读《礼记》,最后治《周礼》。要熟到什么程度呢?最好是能背下来。《三礼》白文加起来,不过二十万字,完全可以在短时间内达到很熟的程度。要读懂《三礼》,离不开注疏,也离不开历代学者的研究成果,不能只读白文不读注疏及相关的研究成果。如果读得不熟,一是不能判断历代各种说法的是非,二是不能建立联想。如果不能建立联想,也就发现不了问题。特别是有了新材料,如铜器铭文、竹书简帛等,如果不能在出土文献与传世文献之间建立联想,就很难发现有价值的话题。为了充分、正确地利用出土文献,对文字学、音韵学、训诂学也应有所涉猎。等把《三礼》读熟了,为了研究的需要,就会自觉地去扩大视野。视野并不仅仅限于古代,也包括当下和境外。随着视野的不断扩大,见识也会越来越高。具备了这样的条件,就应该尽早进入研究状态。这时就要根据自己的兴趣和特长,选择一个有意义、有空间的论题展开研究。如果选题意义不大或没有意义,就是边缘化的论题。边缘化的论题不是不能研究,是很难取得有影响的成果。犹如人们都在学术之颠舞刀弄枪,你却躲在山脚下一个没人的地方奋力耍棍,自己觉得炼就了一身本领,实际没有什么杀伤力。如果选题没有空间,就只能重复别人的研究了,甚至还是低水平的重复,不利于提高和发展。选定了有意义、有空间的论题,就先解决整个论题中的一个一个的具体问题,而解决具体问题的最好的办法就是写成小文章。不写文章,对材料的理解往往不到位,读材料和用材料是两种不同的感觉,只有把材料放在文章中才能有更深的体悟。越不写文章,就越不敢写,越不敢写,就越不知道怎么写,写多了才能驾轻就熟,才能将看似无关的材料联系起来,才知道如何处理材料、如何组织材料,才能不断增强对材料的敏感性,不至于许多重要的材料都在眼前一晃而过,引不起重视。

贾先生与学生讨论学术

实际上，写文章的过程，就是理解、消化、运用材料的过程，解决整个论题中一个一个具体问题的过程，也就是知识系统化的过程。过去许多老先生都强调年轻时要多读书，不要轻易写文章，黄侃也说五十岁以前不写书。我不认为人人都要这样才算正途，尤其是在现在这个社会。二十多岁就能写出有独到见解的文章，为啥不写？三十多岁就能写出解决疑难问题的文章，为啥要等到五十岁以后再写？大器未必一定要晚成，晚成的未必一定是大器。从事学术研究，脱颖而出一定要早。脱颖而出得早，才能有更大的发展空间，才有机会干出一番大事。

十二、学林轶事

王：听方老师讲，钱老写《三礼通论》似乎与沈文倬先生有关？您知道这方面的情况吗？

方向东先生：当年我听钱老说，他一直打算写《三礼通论》，后来听说沈先生要写，他就不打算写了，再后来又听说沈先生不写了，他才写的。钱老认为，像《三礼通论》这样的书，沈先生写更合适，因为他觉得沈先生在宏观把握方面比他强。钱老的《三礼通论》写完要出版了，又听说沈先生早已经动笔在写了。沈先生知道钱老的书要出版了，所以他就没有再写下去。这也是钱老亲自给我说的。沈先生到底有没有写过《三礼通论》，我们都搞不清楚。

贾：沈先生的《宗周礼乐文明考论》出版后，在学术界影响很大。2006年为庆祝沈先生九十华诞，商务印书馆又出版了《菿闇文存》上下册。《菿闇文存》不仅收录了《宗周礼乐文明考论》中的文章，重新做了校订，而且还补充了一些沈先生没有公开发表的文章，书后还附上了沈先生自己写的学术自传。我在《菿闇文存》中丝毫没有察觉到沈先生想要写《三礼通论》之类的书，只在他的学术自传中看到他有写作《周公与宗周礼乐文明》一书的计划。沈先生晚年一直忙于点校整理胡培翚的《仪礼正义》，似乎也没有更多的时间和精力去写《三礼通论》。我从沈先生的弟子陈戍国老师、吴土法老师那里也没有听说过沈先生要写《三礼通论》之类的著作。沈先生去世以后，沈先生的女儿沈蕤老师一直在搜集整理沈先生的遗稿，我从她那里也没有听说沈先生有《三礼通论》之类的手稿。

方向东先生：可能沈先生当初有写这样一部书的想法，其实并没有形成文字。

王：钱老听到的，也可能是别人的误传。

贾：我举一个最能反映沈先生治学为人风格的例子，推测一下事实的真相吧。中华书局出版过《中国古典名著译注丛书》，大家都很熟悉，有杨伯峻的《春秋左传注》、周振甫的《周易译注》等，本来还有沈先生的《仪礼译注》。中华书局和沈先生签定了出版合同，他在1990年写的学术自传中说已经完成了初稿。我们在《宗周岁时祭考实》中，还可以看到一部分译文，补出了经文没有记载的仪注，凝聚着沈先生治礼的心血。可是这部书到现在都没有正式出版，我曾经向吴土法老师打听过这部书的情况。吴老师告诉我，当沈先生看到市面上已经有了好几种《仪礼译注》的时候，就下定决心不再出版自己的《仪礼译注》，也就没有把手稿交给中华书局。从这件事情上可以看出，沈先生宁肯毁约，也不愿重复别人做过的事。所以事情的真相可能是钱老打算写《三礼通论》，听说沈先生要写就放弃了自己的计划，而沈先生要写的书是《周公与宗周礼乐文明》，并不是《三礼通论》，钱老后来又听说沈先生没有写《三礼通论》，才最终完成了这部书，沈先生没有写完的书不是《三礼通论》，而是《周公与宗周礼乐文明》，因为沈先生在学术自传中明说《宗周岁时祭考实》是其中的一个章节。传言有误，才引出了这段佳话。

王：沈先生的文章分量都很重，其实他发表在《中华文史论丛》的一些小的文章也很精彩，几乎每篇我都看过。

贾：那些小文章最后结集起来，题名《茹闇述礼》。每一篇小文章都解决了一个具体的疑难问题，所以都很精彩，语言也非常典雅凝炼。我曾在一个学术会议上用"微观极于毫末，宏观囊括古今"来评价沈先生的治学特点，不知道合适不合适。

王：沈先生在极其艰难的情况下，取得了令人赞叹的成就，着实不容易。如果让您自己述说简历，您会如何说？

贾：贾海生，祖籍山东，长于西北，既无山东人高大伟岸的体魄，也没有西北人大碗喝酒的气量，命中注定打不了群架，抢不了军帽，当不上警察，干不了城管，加之眼睛高度近视，总是看不见马路边有人丢了一分钱，于是我也不能把它捡起来交到警察叔叔手里边，自知将来不可能一颗红星头上戴，手握钢枪保边疆了。幸而从小学开始就练习应付各类考试的技巧，跟着感觉走，要么全选 A，要么全选 B。于是逢考就试，考大学，考硕士，考博士，最后竟然在赵逵夫老师的祖护下混了一张博士学位证书。本世纪之初，进入了浙江大学古籍所博士后流动站。听着浙江大学进军世界一流大学行列的号角，看着浙江大学迈向世界一流大学目标的步伐，自卑了，惊呆了，哆嗦了，吓哭了，都不好意思说自己毕业于西北师范大学了，好在有崔富章老师的呵护与指导，博我以学，励我以志。两年之后，该出站了，面临着新的选择。杭州是美丽的，真不忍心离开；西北是留恋的，不好意思回去。于是不顾出身卑微，学无所长，提出了留所工作的申请。当成为浙江大学古籍所的一员时，激动的眼泪稀里哗啦地不按规则乱飞，让人感慨万千：不是每一种牛奶都叫特仑苏，不是每一个古籍所都能给人以家的温暖。正式在浙江大学古籍所工作后，才发现游戏规则不同了：考试改考评了，A、B、C、D不让自己选了。从小学到研究生苦练得来的正能量应试技巧全废了，傻了眼，灰了心，失了眠，碎了梦，一声惨叫晕了过去，幸福指数狂跌探底。焦虑之后，求生存，谋发展，自信天无绝人之路。于是喷着烟，奔着泪，翻着书，码着字，"揉搓"出了几篇文章，"忽悠"来了几个项目，同时拉着古籍所前辈的衣角，拽着古籍所同事的胳膊，连滚带爬，跌跌碰碰，一路走来，屈指一算，至今已是十有三年。期间评了教授、当了博导，爽了，也变了，开始网上游荡了，每当感到弱爆时，精神也会胜利了：哼！真的不要小看我，我也发表过论文，我也出版过专著，我也得过奖，我也有项目，我也参加过学术会议，不信就到网上去搜搜。

王：哈哈哈！有意思！老贾真牛人也！谢谢您接受学礼堂的采访！内容很精彩，许多都是我们从未听到的高论，相信一定会给读者带来启发。再次感谢！

2016年10月13日,王老师于杭州采访贾海生先生,访谈稿由张琪、井超、李学辰、刘晓咏、陶晓婷、李猛元、曹晋婷、侯婕、董政、王少帅整理,已经贾先生、王老师审定。

遗俗求诸四野,古礼用契当代

——杨华先生访谈录

杨华先生简介

杨华，1967年生，湖北钟祥人。1983年考入复旦大学历史系，在该校获得历史学学士、硕士和博士学位。现为武汉大学中国传统文化研究中心（教育部人文社科重点研究基地）主任，历史学院教授、博士生导师。2007年入选教育部"新世纪优秀人才支持计划"，2012年被聘为武汉大学珞珈特聘教授。主要从事先秦秦汉史、中国文化史，尤其是中国古代礼制方面的研究。主持"简帛所见楚地丧祭礼制研究"等多项国家课题、国家社科基金重大项目"中国传统礼仪文化通史研究"，出版《先秦礼乐文化》《新出简帛与礼制研究》《古礼新研》《楚国礼仪制度研究》《中国文化史》（合著）等著作，发表学术论文百余篇。

一、求学经历

王锷：杨华兄，您好！很高兴您能接受学礼堂的访谈，请您先谈谈上学的经历。

杨华先生：从小学谈起的话，我们实际上是同龄人，我是1967年出生的，比你还小几岁。很幸运，我们的小学、初中、高中和大学教育，还算是完整的。我出生在江汉平原北部一个叫钟祥的地方，就是李济先生的故乡，也是嘉靖皇帝发祥之地。钟祥在古代还有一些人文底蕴，但是到我出生的那个年代，已经没有太多的文化氛围了。我很小就上学了，因为那时的农村没有幼儿园，家里也没人管我，我隔壁有个小学老师，他在我们生产大队的小学教书。有一次，我一个人在门口的堰塘里边玩水，我母亲看着非常危险，她就让这个老师把我带到学校去了，实际上是帮忙看管一下（后来我才知道，在我出生的十年前左右，我有个同母异父的姐姐，就淹死在门口的堰塘里）。没办法，我就上学了，正儿八经地成了小学生，实际年龄也就六岁。

说起来有意思，70年代初，大队（现在叫村）除了办小学，居然还办中学。不过，我念书时当地只有小学了，初中必须到距离我家四五公里远的一个小镇去上学。开始第一年,每天早晨起来放牛,然后吃过早饭后再跑步去上学。途中要翻过两座小山,一路小跑,半小时到达,所以我的中长跑耐力向来不错。初中后面两年,就住校了。高中就考到另外一个叫作胡集的大镇去读书了,距离我们家大概有上百里路。必须坐火车去上学,也是住校。所以,我十二岁就离开家庭,成了自由人。

那时候,农村条件很艰苦,学校也没有什么阅览室,从小学、初中到高中,除了从小伙伴那里传读过一些小说、连环画之类(这一点我有专文回忆),我可以说没读过太多课外书。也没什么童子功,更没有受过什么古典文学方面训练,知识相当贫乏。

不过很幸运,我考取了复旦大学。那是1983年,我当时十六岁。实际上,也不是我自己选择的历史系,我自己对历史没什么感觉,我首选新闻系,次选中文系,因微弱分差被调剂到历史专业。不过,说起来也不是事出无缘。高中两年中,有个历史老师,

复旦硕士
学习期间留影

遗俗求诸四野,古礼用契当代
——杨华先生访谈录

很有学问,好像并不太关注历史事实,而是关注历史解释。他也很有古典文学修养,也有些文采。我现在还记得,有一次他在课堂上得意地说,昨天晚上给刚去世的一个老人作了一副挽联:"一抔黄土何作恋,半缕轻烟上九霄。"他的意思是说,老人何必留恋土葬呢。现在想起来,他当时摇头晃脑念这条联语时,大概是用传统的声调进行吟诵的。这位老师影响了我。在我的心目中,文学与史学并没有太多差别,我当时语文、历史成绩都蛮好。高考成绩相当不错,是我们县的状元,在全省排六七十位吧。后来复旦新闻系和中文系没有录取我,就把我调剂到了历史系。

到了复旦历史系,我也没有正儿八经读什么历史书,不像你们采访过的那些前贤,遇到什么好老师啦,受到什么好训练啦,我的大学四年基本上就是个散养。准确地说,复旦是一个培养精神贵族的摇篮,崇尚优雅而无用的精神享受,在80年代更是如此。严格地说,我基本上就没有怎么念过正经的历史教材和历史著作,可以说我的中国通史、世界通史课,以及其他专业课,得到"良"都比较少,大部分只是混个及格,有时候连及格都够呛。很大部分时间,我都在看杂书、闲书。那个时候的图书馆跟现在也不一样,没有现在这样的电脑检索系统,所以我们完全是散读,也就是瞎翻乱看。复旦的开架书库非常自由,随便进,我可以说是一架一架的书翻过去,反正只要有好看的、没见过的,就翻一翻,尤其是小说。复旦图书馆的开架书库也宽松,我们浏览书架,有兴趣的就拿到阅览桌上去看,看完一丢,有管理员帮助推车上架,反而不希望我们自己上架,怕你放错了位置。复旦实在是个精神贵族学校。

有个印象,郁达夫好像说他在日本留学期间看了两千本英文小说，我想我绝对没读到两千本，但起码有三五百本。很多小说我没有看完，看半截就丢掉了，如黄侃所说"杀了书头"，这样的书翻了太多太多。有些中外小说，后来改编成电影，成了大片，我一看这不是我看过的小说嘛。比如，有本小说叫《吕蓓卡》，我也不知是看的哪个译本，觉得很有意思，后来在电视上看到一部老电影，题目叫《蝴蝶梦》，情节很熟悉，原来就是由《吕蓓卡》改编的。反正我看了不少杂书，毫无学科界限。

说起我的大学教育，历史系对我影响反而不大，我倒是听了不少其他专业的课，尤其是中文系的课。跟那个时代的大部分青年一样，我很喜欢文学，自以为是个文学青年，还发愿要写小说。中文系的课，我想我听了将近一二十种。寻着课表，乱七八糟的都去听一听，很多课跟"杀书头"一样，也是"杀课头"，听到一半觉得没意思就走了。"唐代佛教文学"（陈允吉）我听过，"方言与中国文化"（游汝杰）我听过，"现当代小说流派"（潘旭澜）我听过，"接受美学"（朱立元）我听过。还有些课，听了但已忘记老师的名字，比如"文学概论""中国古代文学史""红楼梦研究""建筑美学"，等等。哲学系的课我也听过一点，比如"伦理学"，我也听不太懂，觉得枯燥，听了几次就走了。复旦真是个极其自由的学校，随便听课根本没人管。现在的学生难以想象，因为他们在中学期间就过早地把自己的学习热情榨干了，进大学后，又过分地窄化自己的学习范围，是电线杆式而不是金字塔式的知识结构，脆弱得很。

我到武汉大学后，有一次跟冯天瑜先生聊天，他说他母亲是湖北省图书馆的管理员，他小学时下课后就把图书馆里的书都翻了个遍。这就是童子功呀。他小学、初中时看的那么多书，都深深地嵌在脑海中了。全世界的地理，各国家之间的边界，中国各省的边界，他现在还能随手画出来。每个国家的历史、人口、物产之类，他张口即来。我校很有名的西方哲学史专家赵林教授，他说现在招博士生，进校的第一个要求，就是你先看十本西方小说再来跟我听课。现在的大学生，因为高考压力太大，没时间读课外杂书，更没时间看小说，进大学后又不补充，所以缺乏人文熏陶。

总之，我在大学没有接受到太多的专门训练，完全是散养，但客观上却大有好处。得到了博和通的知识结构和人文视野，与当前正提倡的博雅教育或通识教育不谋而合，算是歪打正着了。

王：对。您当时读那么多书，显然对您影响是很大的。

杨：作用肯定是有，但你也很难说哪部书起了作用。现在，跟中文系的老师在一起，我也能聊两句；跟哲学系的老师聊起来，我也不算陌生。我听了那么多杂课，也不一定听完了，也没参加他们的考试，但总还是有些用处的。

硕士学习期间在外考察

王：其实这样听课和读书，可以极大地拓宽您的知识面和眼界。

杨：是的。说起我们历史学和文献学，我确实没接受过什么正规训练。张舜徽先生的那几本书，像《史学三书平议》《中国文献学》我也翻过，姚名达的《中国目录学史》也读过，但是半懂不懂的。大学阶段，对我影响较大的专业课，有徐连达老师的"中国政治制度史"、许道勋老师的"中国经学史"、邓廷爵老师（邓老师后来成了我的硕士导师）的"先秦诸子研究"、李华兴老师的"近代思想史"、陈匡时老师的"中国近代史专题"、汤纲老师的"中国思想史"、吴浩坤老师的"古文字学"，等等。另外就是葛剑雄老师和周振鹤老师的课。他们是改革开放后培养第一批博士，1983年毕业，他们授博士学位的仪式我们都参与了，就在复旦相辉堂（大礼堂）举行，相当隆重。葛老师上"中国人口地理"，我是课代表，他在方法论上对我有些影响。他教会我们一句话：只有了解古代，才能看懂今天；只有了解今天，才能看懂古代。他多次说，今人玩的很多猫腻，古人早就玩过了，比如户口统计和垦田数目的做假之类。如果没有人生历练，你研究不了历史，你也研究不了人文学问。我现在越来越觉得，这句话有道理。从学校一步步成长的学生，做工科和理科没问题，但要做好人文学问和社会科学不行，因为缺乏历练，不懂世事，看不透文献记载的背后信息。

本科四年，对我影响最大的，毫无疑问是朱维铮老师。他给我们班开了两门课，一是"中国史学史"，二是"中国文化史"。中国史学史他讲完了，中国文化史他只讲了一半，由另一位青年老师代讲。在中国史学史这门课上，我得到了"优秀"的成绩。

这个我要说，大学四年，我印象中没有一门课程超过80分的，唯有朱维铮老师给了我高分（好像是90分），我至今引以为傲。朱老师是一个极其奇怪的人，简直是个"虐待狂"，他的考试尤其有意思。因为朱老师协助周予同先生主编《中国历史文选》，对选文相当熟悉，也打下了坚实的古文献功底。他后来编周予同先生的《周予同经学史论文集》，修订了好几遍，当时给我们上课时，他正在编辑。有了这些文献打底，他讲中国史学史的时候，都是专题式的，几乎每次课就是一篇论文。他在课堂上念稿子，开始时总是声音很小，念着念着便开始脱稿，臧否人物，嘲讽时事，可谓嬉笑怒骂，皮里阳秋，让我们这些青年学生大开眼界，知道原来世上学问有高下之分，知道原来以为是常识的东西很可能并不可靠。考试的时候，他把手写的五十道题贴在墙上。这五十道也不是具体的题目，而是《读某某篇》《读某某书》，比如，《读〈韩非子·说难〉篇》就算一道题了。可是这些题目里，都有机关，都有题眼。你就得把《韩非子·说难》篇读完、读懂，他要求你根据这篇文献写篇文章。这个文章呢，他要求不能超过一千五百字。写好后，他当场进行面试。他从不预先收集论文，也不事先准备，都是当场看，当场提问。考试时，全班同学坐在教室，大家轮流"过堂"。你把作文交上去，他先当场翻阅一下文章，然后开始评判。常常是一边翻一边骂："你这写的是什么东西？你引的这篇文献，究竟读不读得懂，唵？你引某某的文章，你知不知道他这部书里错了九十几处？这种混账东西也能引用！……"当时的文稿纸每页五百字，他把你三页纸翻下来，五六个问题问下来，你早被骂得体无完肤了。有时候，他骂完，甚至把文稿像垃圾一样掷向地下。被他当场骂哭的，大有人在，如果狡辩，将会更惨。

我们班 51 人，用两个星期"过堂"，没有上前受审的都坐在下面旁听，人人惊悚颤栗，面无人色。

我写了一篇《读〈北史·魏收传〉》，刚好我那时翻到周一良先生的《魏晋南北朝史札记》，看到一些跟这个问题有关的内容，再加上朱老师上课也讲了一点，我把《魏收传》也详细读了两遍。魏收向来为人轻薄，史书说他"惊蛱蝶"。他修《魏书》时把宗祖姻戚都立有专传，饰以美言，还四处散布狂言："何物小子，敢共魏收作色，举之则使上天，按之当使入地。"我那篇小作业的意思是说，他在著《魏书》立传时的或举或按，绝非感情用事，后面一定有世家大族的势力支撑。看了我的作业，朱老师没有太多表扬，也没问我太多问题，只是阴阳怪气地说："你这个人嘛，还是会写文章的。"哎呀，吓出一身冷汗。他从来不轻易褒扬人，有这句评价就够了，够我享用终生。在他的影响下，我翻阅了一些他课堂上提到的书，比如周予同几种经学史著作，以及他正在编的章太炎《訄书》，梁启超《历史研究法》《清代学术概论》《中国近三百年学术史》之类。《章太炎全集》第三卷、《周予同经学史论著选集》《梁启超论清学史二种》《梁启超史学论著四种》、陈子展《诗经直解》、李宗侗《中国史学史》等书，至今还在书架上。在那么窘迫的生活条件下，大学毕业时，我居然攒了几百本书，无疑跟朱老师的影响有关。

此外，必修和选修的专业课，我们也修了不少，大多印象不深。至今我还保留有一些通史课和选修课的笔记。我现在也教中国通史课，教了近二十年了，我发现当时老师们教的，真跟我现在的课堂内容没法比，那时讲得太简单了。

王：听说朱先生说话很不客气，对学生表扬很少？

杨：非常少，我们都觉得朱老师为人苛刻，我当时没敢考他的研究生，估计他也不一定看得上我。不过，我们那一届他没招生，一个也没招。跟朱老师念研究生的，后来都学有专攻，成名成家了。为什么呢？他的训练非常严格。据说他让学生每个星期都必须研读一本书，比如《墨子》，一个星期读完，写作业交账。一年五十二周啊，五十二本书干下来，那还得了？蔡尚思先生那本《中国文化史要论》，就是开了个书目嘛，也是他当年训练学生的教材，朱先生可能就是按照这个目录训练学生的。每位同学一

邓老师与学生们1988年元旦留影
左起曹峰、杨华、邓廷爵、吕静、朱明、井上聪

个星期读一本,那谈何容易。经过这样的严苛训练,他的学生都成了今天的学界精英,比如马勇、苏勇、徐洪兴、李天纲、邹振环、杨志刚等人。

王: 那是逼着学生读书啊!请您谈谈攻读硕士、博士的情况。

杨: 我念硕士、博士阶段,也没人管,还是个散养。我不像你们,所以我很羡慕你们有好的导师,有系统的专业训练。

王: 那吴先生、杨先生他们,也不给你们上课吗?

杨: 完全没什么训练,所以我是个自由人啊。我最初的硕士导师实际上是邓廷爵老师。你们可能不太了解,他是研究战国史的,我估计他当年是杨宽先生这个梯队里的成员之一。邓老师的学问非常窄,主要是研究《战国策》。《战国策》的版本和《战国策》里的一些史事辨析。他就带了两届学生吧。80年代后期杨宽先生离开复旦后,胡致祥师兄、吕静师姐这一届硕士生转给他了,算是半届。然后我们这一届,包括曹峰、井上聪(一个日本同学)两位师兄,是邓老师独立招生的。我在本科时,他讲"先秦诸子研究",我就是课代表。进入硕士阶段,他专讲他的细微、狭窄研究,我们也不太懂。尤其是我,当时年龄太小了,刚刚二十岁,什么都不懂,糊里糊涂的。

王: 他讲这些是从纯文献的角度讲吧?

杨: 对,纯文献。主要讲黄丕烈、卢文弨、雅雨堂什么的,我兴趣不大,记得不太清楚了。邓老师一生没写几篇文章。但是对《战国策》的版本问题,他自己是有独立见解的。他曾请郑州大学的李民教授来给我们讲《尚书》,记得李先生重点讲的是《盘庚》篇,大概讲了一个月。其他印象不深了,只记得李先生大概有腰椎尖盘突出的毛病,胡致祥师兄到处去帮他找硬板床。到邓老师五十九岁的时候,还没有评上教授,必须得退休了。复旦做事真绝,很快就终止了他带硕士生的资格。邓先生被迫以副教授身份退休,被迫把研究生转交他人,估计也落了一肚子气。邓老师为人非常好,他家在一楼,房子实在太小,两个儿子各占一间,他和师母的卧室,既是书房又是饭厅。但平时我们随时都到他家,他非常热情,坐在床边,咳嗽着谈话,上课也在这里。他被退休,

1990年夏硕士论文答辩留影
前排左起吴浩坤、顾孟武、吴泽、邓廷爵、许道勋
后排左起杨华、井上聪、曹峰

我们实在舍不得。

　　硕士最后一年,我们就转给吴浩坤老师了。吴老师原来是个右派,到我念硕士阶段,当然已经平反了。他是复旦历史系1952级的,与师母潘悠先生都亲炙过胡厚宣先生教诲,二人合著过《中国甲骨学史》。吴老师是周予同先生的及门弟子,好像念过硕士。朱维铮先生是周先生的助手,但是没有念过硕士。吴老师平反以后,曾做文博学院的院长。当时的文博学院既包括历史学专业,也包括文物博物馆专业。他那时忙于建立文博系,成天跟国家文物局打交道,也没时间管我们,没怎么给我们上过课。所以我们跟吴先生也没太多联络,说实话,也没建立太深的师生感情。我们就稀里糊涂地毕业了。

　　硕士毕业以后,我们都没地方去啊。师兄曹峰去了上海人民出版社,后来又跳槽到公司,最后到东京大学去留学去了。同班的另一位师兄井上聪,毕业直接考到华东师范大学吴泽先生那里去读博士了。1990年夏天,情况比较特殊。我就没着落了,没地方工作了。学校的政策是,从哪里来就到哪里去。一层层下派,我回到湖北省,再到荆州地区,仍然没工作,眼看就要到我的家乡钟祥县了。好在离开上海之前,吴泽先生说,让我回去读他的博士。因为我们硕士答辩时吴泽先生是答辩主席,参加的有华东师范大学的吴泽先生和桂遵义先生、邓老师,然后是上海人民出版社的资深编辑顾孟武先生。吴泽先生当场说:"好,你明年到华东师范大学来我这里念博士吧!"所以我的行李就丢在上海,并没带走。现在回湖北没地方可去。因1988年我陪井上聪兄到湖北参加过一个楚史的大会。在这个会议上结识了当时在湖北省社科院工作的程涛平先生,算是一个学术之交吧。后来程先生去做了官,我那时候还是小孩子,但是程先生还真不错,他就把我从荆州地区弄回到武汉市黄鹤楼公园管理处待了一年。

王:那你硕士毕业以后先工作了一年?

杨:工作了一年。讲起来这也是个有趣的事,那时候黄鹤楼公园管理处的处长,兼武汉市园林局的一位姓胡的副局长,名字我已记不得了,是周扬的外甥。这个人非常注重文化,他跟程涛平先生讲啊,我们要把这个黄鹤楼办成一个文化公园,广交世界各地的名流、书画琴棋,需要几个有文化的年轻人来帮忙张罗一下。程先生就把我介绍给了他。那时黄鹤楼公园正好缺人,胡局长就把我的户口从荆州弄上来,落在武汉了,这在当年那是非常困难的。干了一年,我后来要走,他们也不让我走,费了很大劲。在1990年代,怎么可能说来就来,说走就走?

这位胡局长真是好人,也是个文化人,他是"文革"前的大学生。经过我的一番诉苦和精心游说,他被感动了,说:"像你这样的人啊,在我们黄鹤楼公园,真是有点浪费。"于是把我放了。我回到了上海,跟谁读呢?当然首先是考吴泽先生的,吴泽先生那么大名气,我的师兄井上聪也在他那里,那个时候我与吴先生以及他的弟子们都很熟悉了。我考吴先生博士的时候,就住在他家里帮他看家,他到南京大学陈得芝先生那里主持答辩去了。我在他家住了一个星期。那个时候我们都知道,吴泽先生要收我做他的博士生了。吴先生的考试,很是奇特。无论哪一届,他永远是考那两道题。虽然是相同的两道题,但答题的程度不同,这就看出水平高低了。比如"试论唐代中叶的政治斗争"之类,这种题目不同的考生答题水平当然不一样了。

王：永远不变？

杨：永远不变。吴先生识人很有水平，我考得很好，吴先生很满意。后来，跟吴先生念书的臧世俊兄告诉我，吴先生给我打了最高分。当年招四个人，我当时就算是入了吴门了。可是呢，刚被录取，我又被召回复旦去了。我的硕士导师吴浩坤老师就动员我回复旦读博士。为什么呢？你知道90年代初，正是商品经济大潮席卷中国的时候，全民下海，没人读博士了，全国都是如此。教育部规定，如果一个点连续三年招不到博士生，该博士点就要停招。复旦这个点连续两年没招到博士生了，吴老师和潘师母就动员我回去读。当时复旦古代史教研室，研究上古史的老师青黄不接，青年教师张治平和姚平都出国了。姚平后来在美国拿到学位，成了美国女性主义研究的代表人物，其代表作品《唐代妇女的生命历程》现在国内有翻译出版。有了潘师母的这番话，加上我也很熟悉复旦，师兄师弟都在那儿，所以我就动心回复旦念博士了。那个博士点的导师是谁呢？是杨宽先生！杨先生是导师，吴老师是副导师。杨先生80年代后期就到美国去了，我从来没见过杨先生，估计他也不知道有我这个挂名学生的存在。我实际上是由吴浩坤老师指导的。

与吴泽先生合影

王：这就被录取了？

杨：这就被录取了！实际上就考了一门外语，笔试和口试，这个我没太多障碍。专业课就是组织了一场面试，吴老师组织教研室几个老师问了几个问题，都是熟人，知根知底嘛。我心里也没压力，就胡说八道了一通。我记得很清楚，许道勋老师问，你对解放以后中国的史学思潮怎么看？我讲到雷海宗《战国策》派、"五朵金花"什么的。老师们还问了一个问题，谈谈80年代三论（系统论、控制论、信息论）对史学研究有何影响。我当时不知天高地厚，就说"好像也没什么影响，用三论来研究史学尽是他们胡说八道"，现在回想，真是汗颜，现在绝对不会这么回答的。

反正轻轻松松就回到复旦了。回到复旦以后的整个博士期间，我的学习和表现也很一般。说实话，吴老师也从来没给我们认真上过什么课。我只记得他给我们上过一门课，并且只讲了不多的几次，就是《金文选读》。当时选读过《大盂鼎》《毛公鼎》之类的铭文，简单读一读，他也没系统训练我们怎样查阅资料、怎样解读史料。虽然本科时我就上过他的古文字课，但是当时我们压根也没入门，只是大致讲了天干、地支和数字，以及天、人、日、月这些文字的初形和常识。不会使用甲、金文工具书，没法解读古文字中的历史信息。研究生阶段，吴老师这门课也没严格训练，所以说，我的博士阶段仍然是混过来的。

王：杨宽老师就没见过面？

杨：压根就没见过面，后来答辩时论文封面上倒是写着杨宽、吴浩坤指导。虽然从2005年出版的杨、吴合署主编的《战国会要》（上海古籍出版社）后记来看，当时吴老师与早已定居美国的杨先生肯定有书信往来，但不能肯定杨先生知道我的存在。

王：那当时博士论文怎么写，导师定题目还是自己写？
杨：题目是我自己定的。硕士论文就是这个题目，就是写音乐与礼制的关系。

王：那您当时为什么想着写这么一个题目呢？
杨：我说过，我最初是个文艺青年。到处去散读散看嘛，音乐跟文艺学、美学、古典诗歌这些东西有关嘛。自然而然，我就觉得音乐与礼制是紧密相关的，古人说礼乐相须、无乐不礼、无礼不乐嘛。在硕士阶段，我借助杨伯峻先生的翻译本，把《左传》过了一遍，从中也看到不少材料。在这种思路下，我又查了一些书，看了一些《音乐史》《舞蹈史》之类的著作。朱谦之先生有一本书专门讨论音乐与文学的关系问题。

王：嗯，朱谦之是大家！我读过他的《老子校释》，功力深厚！
杨：朱谦之先生学问很大，有几十本书，其中有一本书叫《中国音乐文学史》。朱自清也有一篇很有名的文章，叫《诗言志辨》，这个对我影响比较大。读过之后，我觉得这里面还是有东西可写。但礼与乐的关系具体在哪儿，硕士期间基本没搞懂，只是搭了个框架。博士期间呢，慢慢地琢磨一下，我就把这个题目拓展一番，在青铜铭文和考古材料方面下了点功夫，试图通过这些材料来展示礼仪和乐舞的关系，算是稍微有点进展。其实这个选题，现在来看也是一个很好的角度。

王：在那个年代，关注音乐的人不多，关注礼制的人也不多，能够把礼乐结合研究的人就更少。

杨：是的。只能说复旦的教育让我们听了这些杂七杂八的课，获取了一些杂学知识，加上我们脑筋不笨，所以找到了有趣的题目。但是功夫不行，学力未到。现在回头来看，当年的博士论文非常粗浅，可以说只是一个入门级的东西。

复旦博士学习期间（1991—1994）

二、进入武汉大学

王：您从复旦博士毕业以后就到武汉大学工作了？
杨：我 1994 年毕业，就分配到武汉大学历史系了。

王：怎么到武汉大学工作的呢？
杨：找不到工作呗！

王：当初不是要留在那边嘛？
杨：我也以为会留在复旦，但是没有留成。我想有两个原因。一是我自己在三年博士学习期间表现太一般，发表了两篇东西，都很初级，加之那时太年轻，不太懂事，跟吴老师没有建立起太多的私人感情，所以他可能主观上没有看中我。另外，吴老师他从文博学院院长位置上退下来了，他此前在文博系留人太多，轮到我时不一定有名额了。

王：喔喔，那就是说话不管用了。
杨：反正留校的事就不了了之。吴老师这人非常淡，他说：

1994年夏博士论文答辩
前排左起方诗铭、吴泽、徐连达、蒋孔阳
后排左起朱顺龙、杨华、邹逸麟、桂遵义、吴浩坤

"你到上海师大去看看吧。"我估计他跟上海师范大学方面也有些联系,但我一听复旦留不成了,对上海师范大学也就没太多兴趣了。因为那时已经结婚了,而且生了小孩,再把内人和孩子调到上海去,在90年代是相当困难的。因内人在报社工作,当时条件算好的,要到上海找到类似工作简直不可能,所以我也没去努力。多年以后,我碰到上海师范大学古籍所的汤老师和戴老师,他们说,当时吴老师经常和上海师范大学古籍所一起合作、开会什么的,他大概已经帮我打探过了。但我没有去努力,因为当时太年轻,可能也有点赌气。如果真去找,说不定就留在上海,到上海师范大学古籍所工作了。

王:上海师范大学古籍所有戴建国、顾吉辰等先生。

杨:是啊,就是那批优秀的学者。他们的祖师爷是研究宋史的王毓铨先生,他是那个学科点的创始人,沈从文的学生,非常有名。与他们做同事,应当很幸福,我后来的学术道路可能会是另一番光景。

我当时没办法,就回到武汉大学来了。武汉大学刚好也招人,当时武汉大学很少招外校学人入职。对我来说可能也是个偶然,为什么呢?因为当时正赶上八九十年代的"文化热",他们把湖北大学的冯天瑜先生挖过来。冯先生在90年代初要调走,湖北、武汉要花大力气不让他调走,于是就把他调到武汉大学来了。武汉大学当时正在筹建一个文化研究的机构,我就被安排在这里。我一开始并不知道这个,我开始是被安排在武汉大学考古系的,做杨宝成老师的助教。杨先生是商周考古的权威,安阳殷墟考古站著名的"二杨"之一,杨锡璋和杨宝成。张光直先生有文章,谈到他 1975 年回到安阳去参观的事情，提到两位著名的杨先生。现在杨宝成老师已经去世了。是杨宝成老师把我弄到考古系来的，因为我在复旦的专业是先秦史嘛。

我在武汉大学考古系教的第一门课叫"中国青铜器"。我此前没有什么系统训练，杨老师非常信任我，他的这门课就让我教了。因为博士论文用了不少青铜材料，在复旦读博期间也听过上海博物馆陈佩芬老师的青铜课，我就着杨老师给我的幻灯片，自己下了点功夫备课，就开始上课了。我教了考古系学生一个学期。不久冯天瑜先生就调来了，他来后组建了一个中国文化研究所，放在中国史教研室。系里就把我调到中国史教研室，进了冯先生那个团队。因为我的博士论文写的是《先秦礼乐文化》，带"文化"两个字嘛，系里就安排我做冯老师的助手之一，三四个人一起协助他建设这个学科点。后来，我们中国文化研究所发展成为中国文化研究院、中国传统文化研究中心，成为教育部百所人文社会科学重点基地之一。申报这个基地时，我在美国，没有亲历。但它的其他工作，包括创办《人文论丛》杂志，创办基地网站，申请"985"平台，以及历届的所有评估材料，我都是直接参与者。我当年学会做 PPT，就是在设计中心网站时坐在一个聘请来的物理系老师旁边看会的。又比如，1998 年创办《人文论丛》，我张罗首期发布会，准备了新闻发布会通稿等材料，我记得写错了一个字，把"观照"误成"关照"。郭齐勇老师很温和地指出来，但材料已经发给记者们了，哈哈，当时钻地缝的心都有。想起来，当时也就三十出头，冯老师、郭老师他们真是信任我，自己也得到了不少历练。

王：当时武汉大学的考古和历史系是分开的吗？

杨：当时没分开，都属于历史系，考古只是一个教研室。这个考古教研室建立得很早，大概1976年就建立了，应该是全国比较早的考古教研室之一，实力也相当强。

王：您当时能来是很了不起的。武汉大学的历史系、古代史，唐长孺先生，魏晋南北朝这一段，世界史吴于廑他们，都是很厉害的。我本科也是学历史专业的，我们那时候对武汉大学都是仰望的，所以你当时能进武汉大学，是非常厉害的。

杨：在某种意义上，武汉大学的学风跟复旦有所不同，武汉大学的历史学特别崇尚实证朴学。而复旦则培养了我们广阔的视野和灵活的思辨能力，以及吸收知识和分析问题的能力，这些对一个人的学术道路都非常有用。不过，我在复旦训练不是太坚实，可能是我个人太散、太野，所以有此遗憾。我没有太坚实的文献解读训练，而武汉大学的朴学之风则在这方面大有优势。有一次，在路上遇到著名的石泉先生，他是我们武汉大学历史地理学科点的创始人。他知道我来自复旦，便下意识地说起海派学术。我当时也不知天高地厚，直接回答说："现在是海派不海，京派不京。"现在想来，也没说错。两种学风可以互补，现在的学术流派早就不再按地域来划分了，哪里还有什么明显的海派和京派。石先生也没在意我的鲁莽，我后来到复旦出差，他还托我带一本晚清的中英字典给周振鹤老师，周老师那时正在研究近代的名词翻译问题。

话又说回来，我到武汉大学以后，受到这种学术环境的影响，算是"被逼"着做了点朴学学问。我在武汉大学历史系上课还算是受欢迎，学生们说，我们武汉大学老师不是你这样上课的。有

遗俗求诸四野，古礼用契当代
——杨华先生访谈录

一次，我到南开大学开会，有个研究生说，对我的"中国文化史"课早有耳闻。我想，主要是因为我上课没有任何约束，以启迪学生思维为主，有时候天马行空，不介意什么学科边界。这些都和我在复旦的经历有关。相反，武汉大学有非常严格的学术分界，研究极其具体。我加入冯先生这个团队后，曾经一时也找不到具体的抓手。因为中国传统文化博大精深，文化史学科体系很庞大，很宽广，没有深厚的学术积累和特出的学术才气，根本没法把握。我有段时间也很彷徨，怎么个做法呢？

后来我慢慢摸索，一方面是继续往礼制问题这方面探索，自己原来的博士论文还是有点基础的，另外一方面，是赶上了好时机，就是加入到了简帛学的研究洪流中。两湖地区早就有很多战国简帛出土，但在学术界并没引起太大波澜，只是小众学术。从90年代后期开始，大概1998、1999年，简帛研究逐渐成了热点。包山简是1987年出土的，发掘报告《包山楚墓》1991年出版，陈伟教授那本《包山楚简初探》是1995年出版的。郭店楚简是1993年出土的，而整理报告《郭店楚墓竹简》于1998年出版。

1999年到2000年，我到美国伊利诺伊大学做了一年访问研究。出国之前已经看到了郭店简的报告，但是读不懂。而1998年郭店楚简刚公布不久，中外学者就在美国达特茅斯大学召开了一个郭店简的大会，讨论楚简研究的方法和理论问题，可以说，从那时开始楚简研究就成了西方学术的一个热点，成为一个世界性的学问，它是从外向内而热起来的。郭齐勇老师参加了达特茅斯会议，他回来后就主持召开了一个国际性的楚简会议，这是一个里程碑式的会议，《人文论丛》为之出版了一期特刊。我出国前还参加了筹备，不过后来去了美国，没有参加武汉大学举办的这场盛会。后来，简帛研究逐渐成为显学，我在美国又受了一点西方学术的熏陶，打开了一点视野，正好赶上这个大热潮，于是我就把自己的礼制研究与简帛学结合起来了。我开始在这方面发表文章，是从 2003 年开始的。

美国伊利诺伊大学访学留影

三、《先秦礼乐文化》

王：回头去看《先秦礼乐文化》这本书，您觉得它有哪些特点？

杨：主要是礼和乐的结合，然后把考古材料引入到礼制研究中来。郭宝钧的《中国的青铜时代》，以及商周考古，我还算是比较熟的，虽然没有实地考古的系统训练，但我对考古报告不陌生，读起来有现场感。要知道考古报告很枯燥，很多人没耐心读，或者读不出其中的信息。写博士论文时，我自己摸索着找到了一

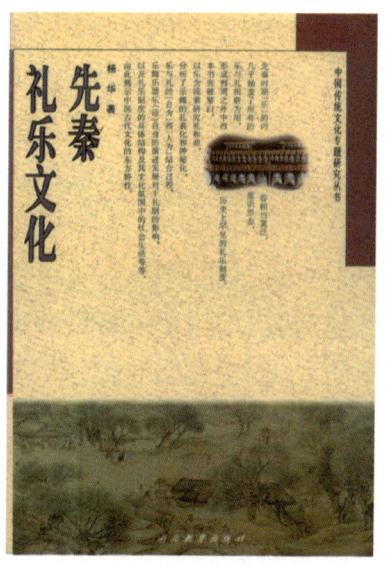

《先秦礼乐文化》

些路径，就是把青铜器铭文和商周考古的发掘实物与礼制进行简单的对比。另外，就是用乐器特别是楚国的乐器，来跟传世文献

中的周礼仪式加以关联。很早的时候，我看到赵世纲先生一篇很好的文章《楚国乐舞研究》，大受启发。1988年，我从复旦到武汉大学参加了石泉先生主持的一个楚文化国际学术讨论会，那时我才硕士二年级，啥都不懂。但是，年轻也有好处，吸收知识的能力比较强，在会上听一听，很快就知道这个领域的学术前沿和着眼点在什么地方了。大约是在会议上，我听到赵世纲先生谈到楚国的乐器、楚国的音乐。当时曾侯乙墓虽然已经出土，但系统的考古报告还没有出来。对曾侯乙墓编钟的乐器文字，以及那些乐器铭文所反映的礼制信息，说实话我还没能力解读。然而大约在同时，美国的罗泰（Lothar von Falkenhausen）——现在是美国艺术与科学院院士、美国汉学界的大佬——后来就利用曾侯乙墓乐器上的一些铭文写作了博士论文，叫《Suspended Music》(《乐悬：编钟和中国青铜时代文化》)。后来他在美国得了学术大奖，这本书可能是他的成名作。当时我只具备了发现问题的眼光，但平心而论，基础训练并不扎实。如果当时自己在古文字方面功夫下得更深一点，可能这篇博士论文会做得非常好，现在只有遗憾。严格的师承有好处也有坏处，好处是让你少走弯路，快速成长，坏处是过早地把你塑型了。

王：对！老师要放得松呢，您就自由，但是要碰很多钉子，走很多弯路。

杨：我的硕士和博士阶段训练不够系统，关键是自己用功不够。

王：这本书从您博士论文写完毕业到出版有几年？

杨：我 1994 年答辩前，曾经以 4 万多字的提纲形式分寄给 20 多位专家，他们都写了很好的评语，加以鼓励。后来答辩时，吴泽、方诗铭、蒋孔阳、桂遵义、邹逸麟、徐连达、吴浩坤等七位老师参加了。这些评阅人和答辩专家都是先秦史的一代名家，我在该书的《后记》中都列了出来，现在很多已经作古，令人唏嘘。毕业后很快就把它出版了，具体时间是 1997 年。那时刚好遇到湖北教育出版社组织一套文化史方面的丛书，就把拙著收进去了。硕博士阶段，我虽然没有太大的学术创见，但是发现了礼制研究这个领域，这在当时是非常生僻的。经学和礼学在 20 世纪中后期，都是负面文化，很少有人问津，我是误打误撞，闯入了这个领域的。尤其是乐舞与礼制的关系，更是值得深入研究。现在出土简帛中又新发现了很多与乐舞、《诗经》有关的内容，我也在不断积累，但是目前还没有时间来修订自己的博士论文。说明这个领域仍然还有生长点。

《先秦礼乐文化》这本书，在音乐史和文学史领域比在历史领域反响大。武汉音乐学院的李幼平先生是音乐考古专家，出版过《荆楚歌乐舞》，他多次说起用这本书指导研究生，让他们学习音乐文献与考古发掘相结合的方法。2007 年 11 月，我在台湾大学参加简帛会议，台湾大学外事部门负责人沈冬教授见到我，还专门提到这本书。她是做音乐史的专家，当听说我的兴趣转向简帛方向，便说："中国的音乐史方面，修海林（出版有《古乐的沉浮》一书，山东文艺出版社，1989 年）没做了，你也没做了，真是遗憾！"

四、《新出简帛与礼制研究》和《古礼新研》

王：您从事礼学研究，关注最多的是礼与简帛的结合，出了好几本书，请您谈谈《古礼新研》主要讨论了礼学的什么问题？

杨：谢谢您看重这本书。《古礼新研》是用简帛研究礼制的路子，如果可能，我准备再出二集、三集，已发表的稿子都是现成的。胡厚宣先生不是有《甲骨学商史论丛初集》到《甲骨学商史论丛四集》吗？这个方法很值得学习。目前出的这本初集，是国家社科基金的一个项目，叫做"出土简帛所见楚地丧祭礼制研究"。我自己设计了一个框架，想通过这个课题讨论楚人的丧葬礼制和祭祀礼制。丧葬和祭祀，在礼书中最常见、最重要。我要讨论的是：第一，楚人的丧礼和祭礼与中原文化有什么异同。第二，楚简里面的丧葬和祭祀材料，跟《仪礼》《礼记》等传世文献中的记载有什么异同，能不能互证。这两个问题，既是咱们经学和礼学的大问题，又是个楚文化的大问题。研究楚史的学者，此前不太注意这些方面。而做简帛文字研究的这部分学者，他们把简帛上的文字释出来了，把句子读通了，等于说是耕过第一遍地了，但这些简文背后的礼学信息,他们不注意,解读不充分。这就给我们留下了研究空间,如古人所说,还有剩义。

我所用的楚简材料,主要有两类。一是直接的礼学文献,出土简文中有好些篇章都是直接的礼书篇目,比如《武王践阼》《缁衣》《民之父母》《六德》等。第二种材料就是卜筮祭祷简,就是社会生活史的东西。卜筮祭祷简是些什么内容呢?楚国贵族死亡之前,

《新出简帛与礼制研究》

总有个生病的过程。在此过程中,他要占卜。古代巫医一家。怎么占卜呢?请不同占卜系统的巫师到家里来,占卜祟源,就是他生这个病是什么东西在作祟。像包山楚墓的主人邵𨧱,官做到左尹,相当于副丞相吧。他有时一天请六七拨人来给自己占卜,有的用筮占,有的用龟占。结论自然也不同,或者认为是山鬼在作怪,或者认为是死去的旁系亲戚在作怪,或者认为是孤魂野鬼在作怪。占出来了以后,巫师们就要进行巫术仪式,来剋制这个病祟,后代的厌胜巫术也是一样。卜筮祭祷简里面看到的有贡献牺牲、酒食、玉器、衣物之类。这些仪式做完之后,再第二次占卜,叫做习占。习占的结果是好了,无咎无殃。这就是卜筮祭祷简的记录格式。

李学勤先生有文章谈过,卜筮祭祷简的这种格式实际与周原

甲骨里的差不多，楚国人的记录可能更丰富一点。通过这些卜筮祭祷简文，我们可以看出楚国人有哪些鬼神，有些什么巫术仪式。这些鬼神里面有直系亲戚，也有旁系亲戚，由之可以复原楚人的祖先系统和亲戚关系，这就涉及礼学中所谓"庙制"问题。楚人的鬼神系统里面，有很多内容可以跟《礼记》《仪礼》等传世文献进行对应。

举一个简单的例子。"五祀"，我们读《仪礼》和《礼记》的时候都知道，人临死之前要"祷五祀"，是指即将寿终正寝（死于"嫡室"）时去祭祷一下五祀。所谓"五祀"，就是五个家居小神，即门神、中霤、灶神、户神、行神这些。一个人活着的时候，平时进出家园、远行出差时，也都要祭祷这几个小神的。人生病了以后，自然也要做这件事情。很幸运，现在关于祭祷五祀的内容被记录下来了。包山楚墓里，写有这五种小神的神牌都埋进去了。此外，五祀之神也常见于出土的日书简牍。所谓日书，就是看日子的书，类似于现代的黄历。日书里面有五祀，比如某某干支日适合祭行神，某某干支日适合祭门神和中霤神。我把所有这些材料收集起来，进行统计，从中可以看出当时五种小神的名称与传世礼书的记载有什么差别，排列顺序有什么差别。经学上，就五祀问题产生过很多争论。《礼记》的《祭法》篇说，不同等级所祭的家居小神有数量之差，王祭七祀，诸侯五祀，大大夫三祀，士二祀，庶人一祀，并且分别列出了它们的名称。而《曲礼》篇中说，天子到大夫都只祭五祀，并没有等级差别。郑玄为这两处经作注时，也是矛盾的，解释不清楚时，他就说是商、周之别。而历代的礼学家们也为之争论不休，历代制定祀典时有的用五祀，有的用七祀，差别很大，一笔糊涂账。现在，我们把战国、秦、

遗俗求诸四野,古礼用契当代
——杨华先生访谈录

汉的简牍信息一统计,就可能发现,其实当时没有什么等级差别,无论什么规格的墓葬,出土的简文都是五祀,这样就彻底否定了七祀、五祀、三祀等级差异的说法。然后我们也可以看出,这五个小神的排列顺序,从战国到汉代存在着变化,不是一成不变,而是逐渐形成的。比如说,汉简所见的五祀系统中有个小神,叫做井神。在战国时候根本就不祭这个神,汉代以后五祀中怎么来了个井神呢?这个很奇怪啊。战国时候祭祀行神,即道路神,出门之前要举行軷祭。但到汉代,行神怎么被井神代替了呢?这就是差异,也是问题了。我的想法就是,秦朝人重水德,秦朝以后水神就更加受到重视。

像这样的一些工作,还有不少,写了二三十篇,也就是说找到二三十个切入点。我就一个一个小专题做,拿来跟经书对照。从而知道历代的经学争论哪个说得对,哪个说得错。这种方法和个案研究,算是我们的一点贡献吧。

杨先生书房工作照

王：《古礼新研》里面的这些论文，大概都是一个专题一个专题去讨论这些事？

杨：是的。比如说天神，包括司禐、司祸等诸司，地祇包括山神、水神，都讨论了。新蔡楚简记载，有一次"有祟见大川有"，于是对之举行了"昭告"之祷。那么，这个"大川有"是什么意思呢？学者们有不同解释，我觉得它实际上就是指"江边"，楚辞《哀郢》中有"哀州土之平乐兮，悲江介之遗风"，朱熹、蒋骥等前代学者都认为"江介"是江间、江边的意思。曹植有诗"江界多悲风"，江边容易生凉风、旋风，阴森恐怖，所以常常被怀疑为有祟出现。楚人把这里看作致病捣乱的祟源，用巫术和祷告的办法来剋制它，再自然不过了。

还有祭祷仪式，比如对牺牲和玉帛的处理，有沉、埋、坎、衅、燔等多种方式，都值得讨论。比如有个仪式，叫做"瓔"，以前不太重视。大概就是把玉璧挂在树上，礼书和其他文献中都讲到过。比如《山海经》里面讲到每个山的时候，会讲到山名，并说明对这个山神的祭祀方法，它的名号是什么，怎么呼号它，有时候会提到瓔玉，这跟楚简中的记载可以对应起来。

比如，里面收了一篇《战国秦汉时期的里社与私社》，是专门用简牍材料讨论战国秦汉时期的社神崇拜的。这些社神又有"地主""侯土"等不同的名称，它们基本都附着在乡间最小的行政单位"里"上面，当时围绕着里社的巫术活动十分盛行。除了使用南方出土的楚简和秦简（尤其是日书）外，我还用到江苏出土的汉代《神灵名位牍》，以及香港中文大学收藏的《序宁祷券》，证明在官方性质的里社之外，还有民间成立的"私社"，他们另立社神，这也就是后代的"淫祀"了。其实宁可先生在1980年代

遗俗求诸四野，古礼用契当代
——杨华先生访谈录

就谈过汉代的"私社"问题，但我发现的新材料不仅对见于《汉书·五行志》的那条唯一史料是个大补充，而且时间上提前了一百多年。

王：这些出土材料比有些传世的文献讲得更细？

杨：讲得很细，材料很丰富，当然它不连贯，不像传世文献那样有系统性。比如说，楚人卜筮祭祷简中列举致病的祟源时，会显示有哪几个祖先神在作祟，墓主生前是怎样祭祷他们的，我们从中就可以看出楚人的祖神人鬼系统。首先要祭祀的是"三楚先"，即三个固定的祖先搭配，老童、祝融和穴熊，这类似于商人祭祀的先公。还有先王，即从哪一个王祭到哪一个王，对他们的办法类似于儒家祭礼中的袷祭，即合祭，一起祭。接下来是另外一个档次，即四代直系亲祖。汉代郑玄讲的祭祀四亲祖，父、祖、曾、高四代，都在楚简里面有反映。我们把这个东西慢慢排列出

1992年吴文化会议留影（右为夏麦陵先生）

来，由此便知道了楚国人的庙制。先王之祭，四亲庙祭，跟儒家礼制中的"新庙"和"丹楹"都可以联系起来思考。昭穆制度下，父祖曾高四亲祖，如果新死的亲属进了庙制系统，高祖便往上推，不能再占位了，只能放在始祖庙的夹室里面，合着一起享祭，这就是合祭，即祫祭。楚简材料跟礼书完全可对照。

比如祭祷仪式，在新出土的河南新蔡葛陵楚简中，我们看到多次提到用乐，不仅给祖先上供品、祭品，而且"钟乐之"，在信阳简和天星观简中写作"前钟"，李家浩先生读作"栈钟"，所谓栈钟就是编钟。楚人用乐舞祭祀鬼神的简文，与南方出土的多批编钟完全可以对应起来。另外我发现，卜筮祭祷简中常常提到"乐之，百之，贡之"，显然这三个动作是一个仪式搭配，这是我首次指出来的。"乐"和"贡"好理解，"百"是个什么动作，不好理解，我也没讲明白。有学者指出，它可能读作"柏"，就是烧柏树枝以便发出气味，让神灵来享，我觉得比我讲得好。

又比如，关于楚人祭祷的时间，我发现楚简里常常写作"某某之夕以迄某某之日"，有时候也用"某某之昏"。前一个干支日名与后一个干支日名，是前后相继的两天。说明他们往往是在夜里祭祷神灵的，我把它叫作"夜祷"。甲骨文、屈原的《楚辞》里都有线索。秦朝崩溃后，楚人夺取政权，也把这种夜祷的习俗带到宫廷，文献中称为"夜祠""昏祠"。汉武帝时定郊祀之礼，还"采诗夜诵"，司马相如等人都参与创作诗赋十九章，都是童男童女通宵唱。如果把这些信息都串起来，相当有意思。关于"夜祷"我先写了一篇文章，后来觉得没谈透，又看了些简文，于是再写了篇《补说》，发在《简帛》上。

王：台湾出的那个《新出简帛与礼制研究》和这个也是类似的？

杨：《新出简帛与礼制研究》收了15篇文章，《古礼新研》收了19篇文章。大部分是类似的，一个个专题谈，实际上有一半文章是重合的。因为那本书出版得比较早，后来算是个简体版。

王：《古礼新研》早还是台湾那个早？

杨：台湾版早。2005年，在清华的经学会议上，实际上我跟你也是在那场会议上认识的吧。会上，有个叫丁原植的台湾学者，看到我那篇谈"诸司"的文章。当时我发言时他就坐在我旁边，他问我，这样的文章你还有吗？我说我大概还有十来篇文章与此类似。他说，你给我，我给你弄个集子。因为台湾的古籍出版社正有一套相关的丛书，出版类似的集子。后来，我就整理了十来篇已发表的文章给他了。谢谢丁先生帮我出版了这本集子，那是在2007年。

王：《古礼新研》是在后面吗？

杨：对，《古礼新研》是在后面出版的。2012年，我们学院利用"211"工程建设经费，在商务印书馆为每位教授出版一本著作。我就以台湾这本集子为主，换了几篇文章，另外也增加了几篇文章，出版了这本《古礼新研》。

五、《楚国礼仪制度研究》

王：《楚国礼仪制度研究》一书，是不是就在这些专题研究的基础上做的？

杨：《楚国礼仪制度研究》是另外一回事。湖北地区的楚文化研究一直非常有特色，可以说是先秦区域文化研究中最早最活跃的一部分。90年代出版过一套《楚学文库》丛书，是张正明先生主编的，那套书影响非常大。张先生去世以后呢，张先生弟子刘玉堂先生，现在是湖北社科院的副院长。他重新组织了一套丛书，叫做《世纪楚学》，以便展现这二十年来楚文化研究的最新进展。因为我一直在从事跟楚国礼制有关的研究，刘先生就拉我来写这本书了。我也有些顾虑，不能老重复自己啊！他说，整个楚国礼仪制度你都把它写一写吧。我说，我主要对丧葬和祭祀熟悉点，其他部分做不了。于是就把一部分博士和硕士研究生的成果纳入进来了。实际上，这些学生原来做的硕士论文或博士论文，都跟楚国礼制有关。我平时指导学生写毕业论文时，也有意识地引导他们做这些问题，比如冠礼、军礼、婚礼、宾礼、宴饮礼之类。他们对楚简材料所反映的这些内容，也采取我的办法，与传世文

遗俗求诸四野，古礼用契当代
——杨华先生访谈录

献进行对照分析，写出来也还有些特色。比如，战国秦汉的日书中，关于加冠、结婚的时日宜忌非常多，当时民间肯定很流行冠、婚之礼。但这些适合或不适合加冠、结婚的日子，跟儒家《三礼》中的时日占卜是否一致呢？对比考察的结果，儒礼认为不适合加冠、结婚的坏日子，在楚地的黄历中可能是好日子；相反，楚地黄历中的坏日子，在儒礼中可能是好日子。这只能说明，当时社会存在着上下层之别，存在着雅俗之分。

王：我看到作为先秦时期国别的礼制史，恐怕您这是第一种吧。

杨：这个很惭愧。我一个人还做不了这么全面，我也没有完全做通。而且说实话，我做得也不算好，自己不是很满意。所以你看我很少向朋友们赠送这本书。我觉得，我只是在方法论上有些创新。

王：通过您做这些，您觉得楚国的礼制和中原的礼制有哪些差异？

杨：这是必须回答的根本问题。首先要思考什么是楚文化，早期楚文化从哪里算起。从传世文献记载来看，早期楚国文化，可以从楚武王向上推，有鬻熊、季连这些。但从出土材料来看，比较可靠的是周原甲骨里面的"楚子"。大约相当于周成王时期，这时楚人受封为楚子。如果从这里算起的话，楚国有一个中原化的过程，实际上也是一个礼仪化的过程。不过，按照目前上古史的叙述框架，中原之外的诸侯国都有这么一个过程，即逐渐认同中原礼仪的过程。

楚国人最初没有中原意义上的礼制。楚国人觉得自己是蛮夷，而且以蛮夷而自豪。楚国国君熊渠说："我蛮夷也，不与中国之号谥。"楚武王熊通也说过类似的话，还要周王室尊他为王，后来干脆不管中原，自称为王了。在诸侯国中，楚国人是最早称王的。到战国时期秦国和齐国"徐州相王"，后来诸侯国都互相尊王，而楚国早在公元前700年就称王了。但是总体看来，楚人在跟中原各国接触的过程中慢慢中原化，向中原的礼仪制度靠拢了。我们现在所能利用的楚简材料，最早也只能上溯至战国早期。比如说曾侯乙墓，它的年代是公元前453年，而且还不是完全的楚国，只算是受到楚文化影响的楚系简牍。迄今没有发现春秋时期的竹简，楚简基本都是较晚的战国材料。从这些材料看来，楚人的礼制基本上已经中原化了，跟中原文化没有太大的差别了。如果楚礼还有些特色的话，那也只是一些局部的和细节上的差异。比如说，《国语·楚语》里有一篇讲到，楚国令尹屈建的父亲屈到临终前交代家臣，死后用自己特别嗜食的菱角（"芰"）来祭祀自己。到"祥祭"时，家人正准备用菱角作贡品来祭祀他，但是遭到屈建的反对，其理由就是国家有《祀典》，国君、大夫、士、庶人的祭品有严格的等级规定，不能"以其私干国之典"。另外还可以举一个例子，楚国人恐怕是重视小儿子的，嫡长子的礼制不太严格。此前早就有学者谈过这个问题，那都是仅从传世文献所做的推测。我们从楚简的材料也能看出一些端倪，我觉得"支子不祭"这条礼制原则可能在楚人那里没有严格遵从。贾海生先生有一篇文章也用了这些楚简材料，结论与我相近。经过不断的中原化，到战国后期，楚国人已成为一个讲礼的国族。陈胜、吴广起义时，天下被秦朝迫害的儒生都去投奔他们。《史记》说陈胜、项梁的队伍

遗俗求诸四野，古礼用契当代
——杨华先生访谈录

1989年在大理考察留影

"皆齷齪，好苛礼"，于是郦食其就去投奔了大大咧咧的刘邦。至此，再看不到一点蛮夷的特点了，反而成为"中国"的代表。

从上层贵族的丧葬礼仪来看，出土的墓葬中有青铜的材料，无疑是按照中原的礼制埋葬的，例如九鼎八簋、七鼎六簋、五鼎四簋之类的。所以罗泰就认为，整个楚国的礼制是在中原的体系下面的，没什么独特性。然而夏含夷（Edward L. Shaughnessy）认为罗泰的观点太武断。在夏含夷最近出版的《海外夷坚志》里，收有一篇他为罗泰写的书评，文中指出，罗泰用的考古材料全部来自楚国上层贵族的墓葬。夏含夷说，你怎么知道楚国的民间社会就是礼仪化的社会呢？怎么知道他们是跟中原文化一样呢？能够随葬青铜器，就说明墓主地位不低了。他们虽是海外汉学家，却代表了整个学术界两种常见的对立观点。我无法说谁对谁错，但凭常识可以肯定，楚国不是突然一天生长起来的，不应当下绝对的判断。而且，现在很多问题还没有研究清楚，也不好贸然下判断。

比如说，楚国的高级贵族来自哪里？确实是从中原来的吗？关于楚人来源的线路，现在有好几种说法，包括湖北西部说、随枣走廊说、鄂西北汉水流域说，等等。他们来之前，江汉平原难道没人居住吗？这里的原住民是些什么人呢？原住民是以什么样的礼仪制度在生活呢？现在这些问题都还没有最后定论。江汉平原迄今发掘的楚国墓葬，最早也就是春秋时期的，西周时候的遗迹几乎没有。不过，在湖北东部的随枣走廊、大别山区，西部的三峡、宜昌等地，倒是找到了西周墓葬。在这些西周贵族进入江汉平原之前，当地人是怎样的生活方式，现在没有完全解释清楚。不过，商代和西周之前，乃至更早的原始社会时期，这里有很多新石器时代的遗存。从屈家岭文化，到石家河文化，出土了大量的玉器、陶器，都很精致、成序列，说明那时候人也不笨，自有一套礼仪，也不完全是野蛮民族。你难道说那不是礼制吗？然而，新石器时代江汉平原的社会生活规则，跟目前发掘出土的先秦时期青铜时代的这一套礼制之间，如何进行衔接？这中间缺了很大一环。学术界现在没有解释清楚。而且，新石器晚期的那一段，算不算数？当然不是楚国，但是不是楚文化？一个文化总有前缘和后继吧。这些都是问题。虽然清华简里有《系年》一篇，专讲楚国的早期历史，另外据说安徽大学藏楚简中也有一篇类似的东西，但是，目前的材料还不够完整，不够系统，条件还不具备，大家都讲不太清楚。

王： 从您研究楚国的礼制来看，可以这样来说，简帛所反映的楚国的礼仪制度，基本上也可以印证《三礼》文献中记载的周代礼制，或者说是弥补一些周代礼制的不足，而不是二者截然不同？

杨： 没有根本的推翻。例如，随州这几年连续发掘了好几处曾国墓地，曾跟楚是两个国家，但它后来成为楚国的附庸国之一。在曾国墓地，现在已经发掘出西周早、中期的墓葬了，而且发掘出土的青铜器形制、组合、葬制葬俗，完全可以跟《仪礼》进行对比。随州叶家山曾侯墓地出土后，2013 年我在《江汉考古》发表过一篇文章，就是谈叶家山墓的四种丧葬礼制，完全跟《仪礼》可以配上套。这个墓地的下葬时间是西周早期，比孔子早近五百年。然而，却与《仪礼》中记载的葬式葬俗差不多。而按照沈文倬先生的说法，《仪礼》比孔子又晚近百年。也就是说，孔子和孔门弟子总结的这一套礼制规范（至少是丧葬礼制），在早于孔子五百年前的公元前 10 世纪，在中国的南方就已经被严格执行了。所以说，礼制绝对不是孔子发明的，儒家只不过是继承或吸收了商周时期社会规范和风俗习惯，将其加以总结，使它规范化、典制化而已。另外也说明，商周时期的南方，并不像我们想象的那样蛮荒，与中原礼制那样疏离。

王： 这个很重要。从您研究的角度，比如说现在出土的简帛文献和礼制的结合，还有哪些领域或者方向是可以接着做的？

杨： 确实，这是个大问题。我对此也做过一点思考，应该说有，但空间不是太大。五礼中能够用这种方法，即用简帛和墓葬材料与传世文献进行互证的，有丧葬和祭祀礼，但被我做了。我的学生要跟我做同样的题目，被我劝阻了。婚礼有青铜媵器材料可以利用。军礼、宾礼也有一些材料，但比较零散，仅仅楚地出土的不够，若放大到全国来考虑，则可以再思考。期待更多的东西被发现，每一批新材料都可能带来新进展。

王: 如果没有新材料,是不是很难有新成果出来?

杨: 很难。有一个生长点,那就是礼与法的关系问题,我已让我的学生范云飞做了。这个生长点已经有好几个学者意识到了,但是他们大多没有接受过礼学的训练。迄今为止,已出土了多批法律简牍,战国、秦朝和汉朝的都有,从云梦秦简开始,里耶秦简、岳麓书院秦简、北大汉简、张家山汉简等材料,里面都有法律的内容。这些当时执行的法律条文,都可以与礼制规定对应起来考察。先秦以来的礼,是如何入法、入律的,还有很多研究的空间。瞿同祖先生关于"中国法律儒家化"的一系列论点,如果用新出土的法律简文来加以检验,是否可靠?而且,礼、律、令之间的关系如何?因为律和令还不是一回事。西嶋定生在《东亚世界的形成》中说,"律令制"是中国文明的特点,也是东亚文化圈的核心要素之一,那么它难道仅仅是从唐代开始的吗?这些都是大问题,相当大的理论问题。我自己想尝试一下,但时间和学力都不够,前不久写了一篇文章,参加丁鼎教授主持的"软法"研讨会,但文章很不理想,现在也没有发表。面对这样巨大的研究空间,仅仅借助文字学和法律史的知识背景,而没有接受过礼学和经学文献的训练,是不够的,有些问题可能看不透。另外,再举个例子,我的同事陈伟教授正在进行的云梦77号汉墓《葬律》整理与研究,也很有意思。它是西汉时期关于丧葬制度的法律条文,丧葬本是儒家最关心的礼制大事,到了汉代,国家把它提高到律的层级,这样既可与《仪礼》的相关内容对照,又可与汉代法律和社会史相对照,肯定也有研究的空间,不过目前材料还没有完全公布。

六、简帛与礼制研究

王：您关注简帛与礼制的关系是在1999年之后？

杨：对，是在新世纪开始的。严格来说，我第一篇简帛与礼制的文章是2003年发表的，那时候我已经快做教授了，才真正进入简帛学研究领域。

王：我们甘肃那时候还号称"简牍大省"。在郭店简之前，全国出土简帛六万多枚，当时甘肃占了五万多，居延新旧简、

杨先生在宁夏考察留影

敦煌简都在那边，出土的《仪礼》简有人关注，但没掀起轰动，到后来郭店简一出来，哗一下，简帛就很热了。

杨：这要谢谢海外汉学家，热度是由外到内的。比如，包山简公布后，陈伟先生当时做包山简的时候，国内也没多大动静，是日本和西方学者先把它炒热的。因为纸草文书、羊皮书、罗塞达石碑等非传世文献的出现，曾经给西方古典学研究带来革命性的推进，所以，他们对中国的新出文献也特别关注，特别厚爱。不过，他们没有注意到，中国有一个非常久远的文献传统，传世文献的丰富程度超过任何其他民族。

王：现在简帛研究很热！后来由于上博简、清华简等及其研究的推动，就远远超越了原来简帛学的概念了。原来简帛学只是与汉代历史发生关系，现在已经扩展到先秦了，而且这个面越推越广，您觉得对吗？

杨：是。我记得有一次在长沙举办的湘鄂豫皖四省楚文化研讨会上，李学勤先生有个讲话，站得比较高，说的很有道理。他说，现在先秦史是靠古文字学来推动的，没有新出古文字材料，先秦史研究很难有新突破。而古文字学又是靠简帛学推动的，甲骨文、金文的研究近些年进展不如简帛文字学快，因为出土的材料有限。我觉得，反过来，简帛文字的新进展，又推动甲骨文和金文的重新释读，比如楚简中有个神灵名称叫"二天子"，是两座山神，因为简文中明确地说，对它们的供品分别是"各……"。而在传世青铜器《齐侯壶》（后来郭沫若改名为《洹子孟姜壶》）铭文中，有个神灵名字叫做"上天子"。由于"上"和"二"都是两横线，很容易混淆而误释。现在有了楚简，可以把《洹子孟姜壶》

遗俗求诸四野，古礼用契当代
——杨华先生访谈录

的铭文重新释读了。我在《诸司》那篇文章中就讲到这个问题。

现在全世界汉学界最热闹的时段，一是明清部分，二是先秦秦汉部分。中古史相对来说比较沉寂一些，我们国内比较热闹，但西方学者研究的人和杰出的学者并不多。为什么？新材料涌现不多。先秦秦汉为什么成为大热点？前面说过，西方的纸草文书、罗塞塔石碑等大发现，一下子推动古埃及学、古希腊罗马学到了一个新阶段。这种推动，在中国的宋代发生过，当时的金石学给经学研究产生过巨大的良性冲击。这种冲击和推动，几百年会来一次。早在大约公元3世纪的西晋，曾经因为盗墓而出土过一大批竹简，包括70多篇文献，称为《汲冢书》。晚清以来，中国又进入一个新材料发现的新阶段。目前，则是一个发现新材料的大高潮。由于修路、建房等土木工程越来越多，出土的材料也越来越多。而这些材料所涵盖的范围，也越来越广了。除了政治、经济、军事等内容外，它还涉及民间社会生活（比如日书）、巫术、宗教、礼仪、制度、法律史、物质文化史，等等，各方面都有。所以李先生在讲话中说，此前研究古文字或者研究简帛，一个人可以包揽天下，也就是说，研究一种古文字，比如甲文、金文、简帛文字，他可以把这一种文字的所有材料全部熟悉，一个人只要下工夫就可以把它全部搞透。但是现在出土的文字材料太多，没有一个人敢说他把所有的简帛材料都熟悉了。简帛学界里面又得分类，有人研究简帛中的法律信息，有人研究简帛中的宗教信息，有人研究简帛中的思想信息，甚至分得更细，他只研究简帛中的儒家或道家思想。材料越来越多，研究越来越专门，这样，简帛学这个学科专门化了，同时也推动了相关学科的发展。

2017年简帛论坛留影

王：根据您的经验，比如说是要从出土文献，包括简帛，包括金甲文这些，要和传统文献结合来作礼制研究的话，您觉得应该具备哪些基础？

杨：这个问题我倒真的有些想法，在上课时也谈过。第一步必须先把传世文献搞熟，就像你们南京师范大学古典文献专业所做的一样，礼学文献搞得滚瓜烂熟，不仅经文，历代注疏都要熟悉，清人的集注、集释最为重要，从中才知道历代经学家、礼学家他们在争论些什么内容。比如说《周礼正义》里面孙诒让把各家的争论都列在那里了，你必须认真校读，理出头绪。我曾经利用出土简文讨论过"六宗"的这个问题。关于"六宗"，即究竟是哪六种神？历代起码有不下十种说法。如果你不知道这些争论，即使拿到了最新考古材料和简帛材料，也不知道这个材料的价值所在，两眼一抹黑。相反，如果你知道了他们在吵什么架，你看到新材料后，马上会明白这个材料是可以支持郑玄的，还是支持王肃的，该跟谁搭上关系，否则，搭不上关系，出土材料与传世文献就是这两层皮。所以，传世文献是最基础的。当然，很多年轻人都可以用现代检索系统，用一些关键字词，稍一检索，就能查出线索。例如，一旦在出土文献发现能够识读某一个字、某三五个字，于是进行检索，很快发现它可能来自《礼记》、来自《国语》，然后顺藤摸瓜，把剩余不能释读的简文都释读出来了，研究方法就是这样。然而，如果你对这篇文献背后的经学语境和礼学信息搞不清楚，即使将这几个字检索出来，即使还原到传世文献的某个句子中了，也是白搭。

王：对传世文献不熟，就是讲不通。

杨：讲不通。有些学者尤其是古文字学者，可以就这几个字的释读写出一篇很好的文章，这是最基础的工作，非常重要。但是，在这几个字释读、这句话还原的基础上，我们还可以再做出一篇文章来。这是第一步。

第二个，你要知道简帛学研究的前沿。简帛学前沿可是个大学问，我自己深深就感到心有余而力不足，因为跟踪不过来，太快了，日新月异。每当一批新材料出来以后，不仅要识读这批新材料，它还可以推动对老材料的重新识读。现在形成了这样一种格局，每当一种新材料公布以后，一批年轻人就会日夜加班研读，第二天早上网上就把研究成果贴出来。检索、网络等最新的科技，跟古文字学这门最传统的学问之间结合起来，发生了化学反应。所以，产生了一大批新锐的古文字新秀，或者史学新秀。他们紧跟出土材料，出成果极快，马上就在网络上发表，这样，再大的学者包括李先生、裘先生写文章，也不得不引用这些青年人的成果。在古文字研究的几大门户网站上，比如武汉大学的简帛网、复旦的出土文献与古文字研究网、清华的出土文献与古代文明研究网，等等，每天都有新成果问世。还有各研究单位不断举行研讨会、研讨班，新成果进展太快，发布太快。所以，你每天都要跟踪，这是非常累的，我自己就觉得体力不够了。不过，我劝青年学生们每天跟踪，了解最新进展，不能掉队。

王：更新得很快！

杨：每天都有更新。现在，有些学术网站已经被纳入到学术评价体系里面了。青年学者们先在这上面发表，占据前沿，然后

2017 年简帛论坛留影

再拿到纸质刊物上发表,比如《古文字研究》《出土文献研究》《简帛》。不仅这样,就连这些网站上有些学术论坛的讨论和发言,也得到认可,大家引用时也强调它的首发权,你写文章时如果没引用它,也会受到诟病。

王:就是国际会议他发言也要引他。

杨:当然。不仅是学术会议的口头发言,而是在学术网站上发表某篇文章之后,网民在后面的跟帖信息,也要被引用。

王:跟的这些东西也算首发?

杨:也算首发。这些跟帖,自然是用的网名,圈外人当然也不知道是谁了,不过圈内人也许彼此知道。他们引用的时候也会标明"子居先生在某某网上某年某月某日下午几点几分曾经说过,这个字有可能读作某字"。这个也算标明了他的首发权。这种操作规范,我们自然而然就跟不上了,我们没有这样的体力,每时每刻都去跟踪。即使是固定在这个学术圈子里的青年学者,他跟跑一段时间之后也会掉队的,因为这个学术长跑无穷无尽啊。

王:就是必须跟这一片人打得火热,很熟。否则您也跟不上。

杨:跟不上。所以,传世礼学文献和最新出土资料这两块,都得非常熟才好。此外,还要具备历史学、思想史的基础知识,也就是相关学科的解释能力。不过,那是另外一回事,涉及一个学者的才气问题了。仅仅刚刚说到的这两块,就非常难做到,非常难。我们这里的学生为什么能够做出点新意,而且比较容易出新？就是因为我们这里有一支古文字研究团队，有以简帛研究中心为依托的一批学者。这个团队办很多活动，很多讲座，我的学生会了解古文字尤其是简帛学的最新进展。我常常跟研究生讲，你不光跟我学习，从我这里学到的东西有限，你是跟各方面老师学习，跟考古的老师学，跟古文字的老师学。

王：武汉大学有一批人在做，眼界宽，信息快嘛。

杨：古文字、简帛方面的老师、学生都在研读新材料，我的学生也沾点光，跟他们的学生一起接触最新材料和最新动态。而研究新出土材料的研究生们，也常常来跟我们一起会读《三礼》材料。要不然很难出新，我们这里条件得天独厚。

杨先生与王锷老师在武汉大学历史学院前合影

遗俗求诸四野,古礼用契当代

王: 您怎么看待国内的礼学研究?

杨: 今天的礼学研究,应该说比以前大有进步了。简单讲,我们自己是训练不足的。我们是过渡的一代,我们的学生要比我们强得多。无论是论著的质量也好,还是产量也好,他们都超过我们。现在从事礼学研究的青年学者,总人数超过我们,发表论著的总体数量也超过我们。他们写文章的角度和深度,我觉得也值得鼓励或者说令人欣慰的。我很乐观,礼学研究未来一定会更发达,更有前途。即使是现在,礼学也慢慢成为一个重要的领域,几乎快成为显学了。我们做博士论文时,这个领域多么冷僻呀,谁去做这种问题?可能赵(逵夫)先生对你们几位进行了这方面的训练,说实话,当时很多导师不知道从何教起,因为出现了一个礼学研究上的年龄断层,况且那时礼制被视为反动腐朽的东西。目前从事礼学研究的中年学者,很多没有受到过系统的学术训练,基本是误打误撞的,至少我是如此。而现在这些青年人,他们的思路很清楚,了解这个学科,了解如何选题。还是回到刚才那个话题,我觉得一个时代的学问必定是对这个时代的现实回应。类似于清初学问,是对明末社会的反动。时代缺什么就会重视什么,研究什么,我们社会缺乏秩序,所以礼学具有现实价值,古礼对这个时代具有那么一点点救治作用。这就是我们崇尚的"遗俗求诸四野,古礼用契当代"。礼学会有光明前景,我比较乐观。

七、礼学研究方法论

王：其实每个学科都涉及这些问题。但是现在麻烦的是很多学科还存在自己在把自己固化的问题。这么一固化，就有许多麻烦，文史哲学科之间，不能合理正常交流，都觉得自己如何如何，别人如何如何，尤其是我们近年热闹的经学、礼学研究，也存在难以对话、固步自封的现象。

杨：我也想过这个问题，就是怎样做礼学研究，怎样做经学研究的问题。关于礼学研究，上课我也讲过多遍，将来准备把这份讲义整理成一篇文章发表。这里涉及一个研究路向，或者说研究方法论问题。我觉得，目前研究礼学，有几种做法。

第一种是你们纯文献学的做法，就是训诂、音韵，然后校勘、辑佚啊这些办法，这是一切研究的基本功。

第二种就是历史学的办法，就是把礼制问题放在时代的历史过程中来看，从制度史的角度来研究。每个朝代都讲礼制，历代的正史中都有《礼仪志》。这些《礼仪志》讲什么呢，它并不纯粹是学术问题，而是政治问题。当时的政治家和礼学家们都要用先秦的、儒家的礼学理论和礼制先例，来服务于当朝政治。庙制怎么改、祖宗牌位怎么放、冠婚丧祭的细节怎么设计,等等,不管汉唐元明清,每个朝代都会讨论,甚至是争论。每个朝代前期都会制礼作乐,有一番设计,到了朝代中期又发生变化,后期又损益什么,每次争论,礼学家们都会引证《三礼》中的文献篇目,然而,不同时期还是会出现这么多差异,为什么?简单地说,它不是一个礼学问题,而是一个政治问题。都是当朝人互相吵架,礼学和礼学文献只是一个工具而已。庙制、坛墠、明堂之类,最容易引起争论,为什么?都是为了跟天沟通,跟祖宗和其他神灵沟通,取得当朝政权的合法性。现在,史学界研究历代都城结构的学者很多开始从礼仪空间的角度着手了,例如金子修一、妹尾达彦、张学锋、姜波等,我觉得这些学者的成就也是礼学研究的重要部分。

第三种,就是从哲学史、思想史角度研究礼学。他们主要是利用《礼记》文献,《礼记》文献里面有很多思想资源可供提取发挥。这种发挥,有点类似于唐代的科举考试,《五经正义》没有选《仪礼》而是选《礼记》,因为《礼记》可以搞命题作文嘛,有利于科举考试,容易引申。这些学者有一些前定的思维,或者说是哲学术语,把解释世界的框架分成宇宙论、心性论、天人观、生死观之类,然后用《礼记》的材料来进行引申阐发,如同《易传》一样。我个人认为,这些学者也有贡献。比如原来毕业于武汉大学的梅珍生,他的博士论文研究礼的"文质论"。我觉得也蛮有意思的,除了礼书中体现出的文、质之别,在商周和汉代文献都讲过这个问题,梳理起来也有看头。按照这种做法,礼与宇宙、人性、自然、天命、心性等内容之间的关系,都值得研究。礼本来就重礼义嘛,"礼云礼云,玉帛云乎哉"。说实话我们研究得不够,我们的阐释能力不够。可惜的是,研究礼学思想的学者们,不太

杨先生正在接受学礼堂访谈

重视《仪礼》和《周礼》。

王：正因为这样，我们读经典，懂了，结果有人一讲，反而不懂了。

杨：因为你不懂它的术语。哲学本来就是把简单的东西搞复杂嘛。这是第三种做法。

第四种做法，就是人类学和民俗学的做法，这种研究尤其缺乏。李安宅早年的那本书你们都知道，《〈仪礼〉与〈礼记〉之社会学的研究》，我很喜欢李安宅的这种研究方法，另外江绍原、郑振铎都做得非常好，周作人也做过一点，非常有意思。当年他们是从西方——实际上闻一多也是这种做法——学到了西方人类学、社会学和民俗学的理论，然后拿来分析中国的古典材料。闻一多就是拿西方眼光来分析《诗经》《楚辞》的。而有很少一部分人拿来分析《礼记》和《仪礼》，这批人的贡献应该来说非常大。后来杨希枚、汪宁生、李衡眉等学者，都是沿着这条线索发展的，文章非常好看。我对他们的论著也下功夫读过一点。我觉得，现在华南学派的学者们，研究礼仪与民间社会、乡村生活、宗教活动的关系，由之理解传统中国，未尝不是这种研究方法的延续。不过，他们关注的时代较晚，对于《三礼》文献估计不太熟悉。

现在礼失而求诸野，中国的民间乡村社会，以及整个东亚周边地区，港台、日本、韩国、朝鲜半岛、越南，很多都是我们中国原来的古礼里面流传到那里，产生的一些变种。研究这些所谓的"野"，可以帮助我们理解传世经典中讲不清楚的地方，印证纸上文献提到的礼仪制度。顾颉刚的《史林杂识》我很喜欢，里面的文章写得很有趣，其中讲中霤、明堂、披发、左衽、畿服之类，讲得非常好。因为当年抗战的时候内迁，顾先生他们看到了很多民间的东西，这些东西实际上都有古礼的影子。这个东西，一是对纯粹的经典解读有帮助，二是可以把东亚世界共有的文化要素转化为当今的中国文化软实力，具有现实意义。

关于第二方面，我想再多说几句。中国现在经济、政治、军事都很强大，但文化上对世界产生了多少影响？我们对东亚产生了多少影响？恐怕还需花大力气。另外，现在中国内地的生活样态完全是不古不今、不中不西的。一个外国人到中国的城市，到上海、到武汉、到南京，看到的不是"中国"，跟他来之前的印象大相径庭，中国怎么能是这样呢？我看过一个电视节目采访，记者问欧美游客，你们到中国的印象是什么？回答是：第一，没想到中国这么现代；第二，没想到这么脏、这么乱、这么吵；第三，跟我们想象的中国完全不一样，没有东方感，不像中国。为什么，因为他们想象的东亚,应该是一个非常具有古典气息,具有不同于西方的异国情调。虽然我们不能以西方人的眼光来定位自己的文化,但是我们不得不承认,传统意义上的东亚和传统意义上的中国没有了。在韩国可以找到一点影子,日本可以找到一点影子,我们这里消失殆尽了。我们现在要解读传统中国,到哪去找?到古代文献和博物馆中去找。只有通过地下发掘和博物馆陈列来告诉世界,这是传统意义上的东亚和中国。历史就像一条巨大的洪流,不停地向前流淌,居于东亚文化主流的中国大陆,流动的速度最快,流到了最前面;而分向支流的朝鲜半岛、日本、越南、中国台湾、中国香港这些地区,速度似乎慢一些,还保留着东亚几百年前的面貌。居于中国乡村的部分地区,也因为流速稍慢,还保留着可爱的历史传统。这些都是孔子所说的"礼失而求诸野"。

面对当代这样一种文化现状,怎么办?我们这些做礼制研究的人,能做些什么?换句话说,当今礼学研究的存在意义在哪里?我在多个场合说过,我们从东亚的周边地区和中国的乡村社会中,汲取资源,借用我们古代礼制的好东西,来重塑现代社会生活。当然,我也反对传统礼制中负面内容,比如磕头跪拜、迷信恶俗、等级森严、贱视妇女之类。但是传统中的一些好东西,我们应该汲取。从历史中找回来,从"四野"中借回来,我把它叫做文化的"逆输入",以便重建中国。梁漱溟在 20 世纪初就意识到这个问题,他终身所做的事情就是重建中国的乡村道德,但是从他最初乡村建设开始,情况似乎越变越糟。我们应当向他学习,学习他坚韧不拔的精神,并探索新的实践路径。如果说我们这一代人,或者说我们研究礼学的这些人,还有一点现实存在感的话,我想就应当表现在这方面。一个学者所做的学问,如果跟他所处的社会现实和人生关怀没有产生联系的话,这个学问也没有什么乐趣可言,只能是一种知识操练,纯粹从书本到书本。人活着,总要对这世界有所贡献,我们的贡献应当就在这里,这就是我们应该做的工作。所以,跟你的"学礼堂"微信公众号同时,我们也开办了一个名叫"礼乐微言"的微信公众号,公号的口号是"遗俗求诸四野,古礼用契当代"。这是我的主张,但这十二个字是范云飞同学提炼出来的,那时他还在跟我念硕士。

2008年,历史学院让我为刚入校的新生们做一场演讲,以便稳定他们的专业思想。我谈了两个小时,后来有同学整理后发到网上,题目叫作《为什么学历史,怎样学历史》。"百度"上都可找到,点击量很大。我谈到学术与现实的关怀,以及历史学与现实的关系,我常常谈一个谬见,历史学是一门现实的学问。例如,王国维、陈寅恪、孟森、萧一山这些大学者,他们写的学术文章大都是落在当下,都有现实关怀的,绝不能用纯粹的考证来解读这些文章。王国维写《殷周制度论》,是寄托他对清末民初文化巨变而产生的哀思。萧一山写《清代通史》,就是因日本人占领中国的东北,激发了他强烈的的民族主义史观,他要通过历史著作来捍卫中国的文化边界。黄文弼、顾颉刚等人的西北考察,顾颉刚创办《禹贡》杂志,都有着明显的抗战历史背景和深深的民族主义情怀。所以每个人的学术都不可避免地与现实具有关联。如果完全脱离现实,说实话这个学问便没价值,没意义,过程没快乐。有人说:"死读书,读死书,读书死,这是人生最大的快乐!"我不太认同这种见解。死读书,读死书,读书死,一个智商很低的人、一个完全不负社会责任的人都能完成这些动作,而一个受过高等教育、掌握很多学术资源的学者,如果仅限于此,那纯属浪费国家资源，对个人的才情也是一种浪费。

王：我觉得您讲这个是有道理的。尤其是从礼学研究来说，我们研究礼的目的是干什么？如果仅仅是要把古代的礼制搞清楚，意义不大，一定要和现实结合，为现实服务。

杨：是的。张寿安的著作《十八世纪礼学考证的思想活力》，就是讲那个观点，当然现在也有人批评她的观点。她指出，清初的礼学是个高潮，凌廷堪他们，以礼代理，有着强烈现实关怀。因为明朝后期是一个糜烂社会，清朝前期这些礼学家们有挽救人心的动机，他们想要重建社会的礼制秩序。我现在正在做另外一个课题，叫做"民间日用类书与中国古代礼制研究"，也跟这种思路有关。说到我们个人，当年的博士论文选题或者是瞎打误撞，或者是为了一个学位文凭，或者为了混个饭碗，那么到了中年阶段，如果把写论文还定位在要发一篇什么期刊，那境界未免低了点。

王：您刚才讲了，研究礼学不同的几种方式或者方法，关注路径也不同。但是我想，无论您研究哪个学科、方向，终极目标是要和现实结合的。

杨：最终都是的，只不过采取的方法不一样。

王：如果说您研究任何一个问题，不能够给我们现代社会带来一些什么的话，那这个研究是没有意义的。

杨：这就是为什么学术会常做常新，甚至有极端的说法，"一切历史都是当代史"。

八、中国文化史研究

王：2000年左右大概是您的学术研究的一个转折点。复旦毕业到武汉大学，您关注文化史这方面比较多，之后可能主要是简帛与礼制这一块了，是这样吗？

杨：大概是这样，但是关于中国文化史的研究，从来没有中断过，现在我也还在做一点。冯天瑜先生调来之后，尤其是中国传统文化研究中心这个基地建起来后，需要有人做事，我自然而然地成为其中一员。文化史说起来比较大一点，它的学科边界在哪里？是一个什么样的学科？有些人对此有所诟病。

王：您出版《中国文化史》一书，还编过《中国文化史经典精读》这样的书，这些书与

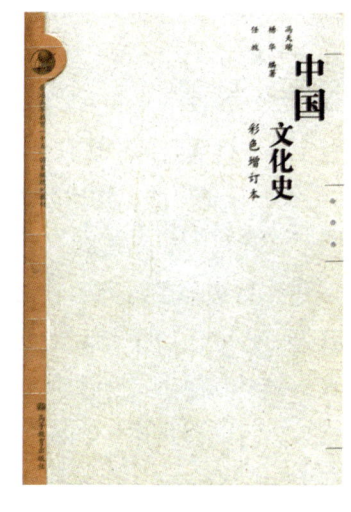

《中国文化史》

其他的书相比，有什么样的特点？

杨：80年代的"文化热"，最初就是文化史研究热。是由周谷城、朱维铮等先生推动的。1986年，由周谷城先生倡导，在上海的龙柏饭店举行了首届中国文化学术讨论会，那是一个里程碑式的会议，推动了此后的文化热。后来复旦又出版了一套《中国文化研究集刊》。我在复旦念本科生时，朱老师上课也提到这些事，此后又听过不少相关讲座，多少也受一点影响。冯天瑜先生应该是参加那一届盛会中最年轻的学者之一。他很早就接触到这个领域的前沿，后来一直在做中国文化史研究。那文化史研究到底是个什么东西呢？目前的中国史和世界史都是一级学科，下面都分别设有专门史这个二级学科，文化史就是这个二级学科之下的三级学科。中国史和世界史都研究文化史。我想，朱老师、冯老师他们的贡献，就是慢慢地把文化史研究建设成为一个三级学科了，类似于民族史、经济史、社会史、城市史等，思想史、文化史也成了一个三级学科，这意味着有了一个学科归属。我觉得他们那一辈学者的贡献，就在于此。解放前柳诒徵、常乃德、陈登原等人都著有《中国文化史》，出版过几十种，梁启超也有著述《中国文化史》的大构想。解放后，中国文化史研究和教学几乎中断了，据我所知，在80年代之前，用文化史名义出版的著作，就是蔡先生的那部薄薄的《中国文化史要论》。冯先生很早就从事这方面研究，1986年，他与周积明就合作出版过《中国文化的奥秘》。他与周积明、何晓明合著的《中华文化史》那本书，影响非常大，可以说是这一领域中的开拓之作。冯先生带领过几批学者研究中国文化史，在这个序列里面，我是晚辈后学。他调到武汉大学后，我和谢贵安兄被分配协助他做点工作。我和冯先生合作编写过三种关于中国文化史的书，即《中国文化发展轨迹》《中国文化史》《中国文化史经典精读》。

文化史研究的具体所指，存在不同意见。据我的理解，就是指历史上每一个时段的"大文化"下面的"小文化"。所谓大文化，就是指一个时期人类创造的物质、制度、行为、精神等，这几层内容相当广泛；在这里面，我们把关注的对象，又缩小为精神和学术方面，这就是小文化。大家知道，写通史的每一时段后面，都会有一章专门谈一谈当时的思想文化之类。中国人写通史，受马克思主义影响，经济基础决定上层建筑。于是，习惯于先写经济，再写政治制度，宫廷和官僚之类，最后写这段时间的科技和思想、文化等。现在研究文化史，说是把最后这一部分提出来加以拓展，成为这一个时段的文化史，一段一段地来写它。其内容就是精神史，与哲学史、思想史、学术史等都有关联，记得陈启云先生有文章专门谈过这个问题。

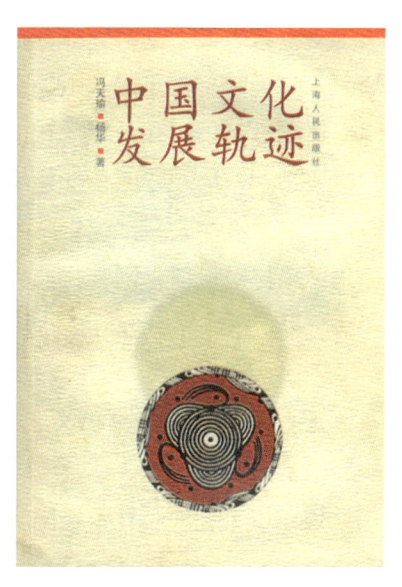

《中国文化发展轨迹》

在这其中，我个人做了两项具体工作。一是协助编写了几种教材，有助于大学生了解中国文化。高等教育出版社的《中华文化史》教材，是全国高等教育的国家级规划教材，多次再版，至今发行量仍然很大。之所以受欢迎，我觉得它突破了学科范围，除了文史哲等人文学科之外,政经法等社会科学,甚至学自然科学的一般大学生都可以从中受益,很多高校采用这个教材,以增进青年学生对中国几千年文化的了解。不敢说有多少创见,但它有综合之功。另一方面,就是从理论上对中国文化史的分期和分段,做了一点探索。试图借助中外文化史观关于人类历史的叙述模式,来打破目前中国文化通史的叙述框架。为此我写了三篇文章,一篇是跟冯先生合写的,另两篇是我自己写的。

王:您编写了《中国文化史经典精读》一书,为什么要编这样一本书呢?

杨:这个书是高等教育出版社约我们编的。他们组织了一套名为"现代学术经典精读"的丛书,包括社会史、哲学史、文化史、思想史、文学史等各学科。他们认为,20世纪学术史上,每个学科都出现过一些重要的学术成果,已经成为经典文献。当然学术大家的经典文献,并不是历代的学术原典,但是又是研究该学科绕不过去的必读文献,它们对于硕士生和博士生最为重要,所以这套书的主要阅读对象就是他们。编《中国文化史经典精

《中国文化史经典精读》

读》时，我费了一番琢磨，选了一批20世纪的好文章，比如梁启超、梁漱溟、汤用彤、杨联陞、费孝通等人的代表性文章。冯先生也很喜欢我的择取，他尤其喜欢杨联陞那篇《朝代间的赛跑》。在每篇文章前面，我用很通俗的语言写了评介，我觉得写得很有乐趣。我想这对于研究文化史的学生肯定有帮助。

王：您教中国文化史课程，也编写过中国文化史的教材，现在的高校里面，本科生几乎都开设文化史的课程，不仅是历史系开，中文系、哲学系的学生都在开，从柳诒徵先生的《中国文化史》，到现在你们编写的教材，文化史的书有好多了。您怎么界定"文化史"这个概念？

杨：就是我刚才说的，大文化下面的小文化。大文化几乎无所不包，物质、行为、制度、精神都可以视为文化的范畴。不同学者对文化的定义不同，冯先生是用四分法，即这四个层次是一个同心圆，其顺序是由外及内。最初从外面看到的是物质文化，一个老外来中国最初见到当然是衣食住行这些物质。再往里面穿透，第二个同心圆是制度，到任何一个地方，必然会受到当地制度的约束，比如车子是左舵或是右舵，结婚的年龄是20岁或是25岁，这些都是制度文化。再向里穿透，第三个层次是行为的，比如中国人重孝道，爱请客送礼，在公共场合太吵，这都是行为文化。再穿透到第四个层次，也是最核心的，当然是精神文化，就是中国人脑子中的哲学观念、思想世界，比如对死亡的看法、对天地的看法、对自我和他者的态度，等等。这个逐渐穿透的全部，就是文化的整体概念。也有的学者认为这种四分法不够全面，从而形成五分法、六分法等观点。比如有学者就认为，语言是极为重要的内容,它本身几乎可以代表或反映一种文化,但是语言无法被划到这四个同心圆中去。我们用四分法,也只是为了上课的方便。

在这四个圈层中,我们最关心最里面这个圈圈,就是精神文化,比如思想、学术、宗教、社会心理这些内容。这个精神文化史的范围,又比哲学史稍微宽泛一点,因为哲学史更关心古代的道、气、理、性、命这些概念,这非常难,它们有自己的演变逻辑,而且哲学史学界有一套专门的学术话语,普通大学生或者社会老百姓完全不懂。所以我觉得文化史比哲学史更宽泛一点。

王:那么又怎么把它和思想史、宗教史剥离呢?

杨:思想史、宗教史的一般内容我们也把它包括进去了,但又没有这些专史研究得那么具体。在整个文化史的视野下研究思想、宗教,自然会有新的角度和新的结论。有人说过,文化有160多个定义,应当都是文化人类学家们根据某些具体的田野经验而下的定义。前人早就说过,文化就是生活的方式,这该有多丰富。1983年11月,中国社科院历史研究所中国思想史研究室与西北大学历史系合办过一个"首届中国思想史学术研讨会",会议上形成一种观点,哲学史、思想史和文化史这三者是一个同心圆,由内向外,哲学史居于同心圆最内圈,其次是思想史,文化史居于该同心圆的最外圈,其范围最广。这个说法,可以解答很多问题。

王:您觉得在高校里面,除了给本科生开文化史的课程,研究生有没有必要?

杨：这要看什么专业。

王：就是人文社会科学这一块。

杨：对经济系、法律系，我看绝对有必要，他们可能对文化史的常识都不太熟悉，需要补课，了解这些大背景自然有助于他们研究经济和法律问题。对文、史、哲等人文学科，他们本科都已学习过这些内容，比如我给历史系本科生讲中国文化史课程一二十年了，到研究生阶段，说实话，我觉得就没必要了。中国文化史专业的研究生，自然而然会把自己的研究内容，落实到文化史的某个侧面，也不需要通讲了。

王：现在的课程设置比较奇怪，本科阶段就开了文化史，研究生阶段还讲文化史，那总得有区别吧，那二者怎么区别？

杨：研究生阶段我们没有开过文化史课。我想，即使要讲，这个导师也一定是专讲文化史的某个侧面，也就是他研究的专门领域。另有一种思路，本科生讲文化史常识，研究生阶段可讲文化史理论，这很有必要。

王：对，有些高校这样就分开了。硕士生就是这么一个教材，本科生也是这么个教材，内容一样，怎么讲？

杨：好像在我们这里不存在这个问题，研究生没开过这个课，主要是本科生。我带研究生的方向是中国文化史，或者说先秦两汉文化史，但实际上他们的研究范围我也不限定，我从未限定过学生研究什么内容。其中不少学生跟我做礼制研究，那自然也是文化史的题中应有之义，钱玄先生在《三礼辞典》的自序中早就

与贾海生教授一起参加礼学会议留影

说过,"其(《三礼》)范围之广,与今日'文化'之概念相比,或有过之而无不及。是以《三礼》之学,实即研究上古文化史之学"。我在编《中国文化史经典精读》时,选了吴承仕先生的一篇文章《中国社会研究者对于丧服应认识的几个根本观念》,非常有意思。他说古代丧服时间有长有短,是以一年(期)为基本单位的,在此基础上实行上下左右的隆杀损益,有"三纲服",有正服、加服、名服,等等,他说"讲《丧服》无异于讲法律",这就是把传统经学和传统礼学跟中国文化史、中国社会史研究联系起来了,实际上是一种研究范式的转换。这不也说明钱先生的观点,礼学就是文化史吗?

王:这也是改革开放以后,高校设置课程中的一个问题。文化史大家都在讲,但又是难以界定的一个课程,对吧?

杨:嗯,有这个问题。不仅是文化史,其他学科也面临同样问题。中国的学科划分,好像是笔糊涂账。全世界这个学科划分呐,也没有一个统一的模式。解放后我国学了苏联的模式,现在又大

遗俗求诸四野，古礼用契当代
——杨华先生访谈录

量借鉴欧美的模式。解放以来的历史学，最初划分为史学史与史学理论、历史文献学、中国古代史、中国近现代史、历史地理学、专门史、世界史、考古等几个二级学科。可是，依据在哪里？我觉得这跟新中国成立初期的学术生态有关系，当时的学术布局是如此，当时的学术泰斗就那些。但是，经过半个世纪的学术发展，很多学科的边界已经发生了变化。举个例子，历史地理学，我想 historical geography 这门学问，在国外肯定是属于地理学科的。而在中国，由于历代有修地理志、郡县志的传统，乾嘉以来的沿革地理非常发达，再加上顾颉刚先生影响太大，地位非常高，所以历史地理学成为二级学科也势所必然。邓广铭先生 1956 年曾经说过，研究中国古代史要有"四把钥匙"，即年代、地理、职官、目录，都是研究工具，那么为什么年代学和目录学之类的没有成为二级学科呢？且不说当年这种学科划分的随意性，经过半个多世纪的发展，现在学科的界限越来越模糊。内涵在扩大，外延在缩小。还是以历史地理学为例，现在研究徽州学是个大热点，最初我的好朋友王振忠教授就是从历史人文地理角度切入的，他现在是全国最厉害的徽学专家之一，大家都公认的。但是，他现在研究的内容，已经扩展到民间崇拜、妇女问题、契约文书、经济商贸，无所不包，你说这是传统意义上的历史地理学吗？

王：那是属于民俗学了。

杨：对，它什么都是啊，社会史也是，经济史也是，文化史也是啊。另一个好朋友张伟然教授，他研究湖北文化地理，以此为题做博士论文。那么，一个区域的文化有哪些指标呢？设几章呢？那时我们也曾经聊到过。比如，书院、语言、风俗习惯、婚姻状况、科举人才，这些当然是。但是，换一个区域单位，还会不会用同样的指标？假如那里没有科举人才，从没有出过进士，怎么处理？所以，这些指标恐怕都是灵活的。

王：这个也跟地理有关系嘛。

杨：简单说吧，如果研究一个地区的文化，可以将科举人才分布画出一个图来，把书院的分布画出一个图来。但很多要素是画不出图来的，没有材料嘛，于是必须另找新的要素来表达，这才是历史地理。那么，这些新要素，有可能就是经济史、社会史、教育史、民俗学、民族学、人口学等学科要研究的对象。相反，其他领域的研究，现在也越来越重视地理的要素，比如说文学史领域现在也在搞区域文学地理。这怎么说呢？是不是意味着，这个学科扩张到其他学科，干了其他学科的工作？这样说来，学科划分还有多少实际意义？所以，对学科划分千万不能当真。现在，学术创新特别强调学科之间的交叉和融合，这也是间接地否定了学科之间的界划嘛。说到底，所有的学科划分，都是为了研究的方便。王国维早就讲过了，学无中西，学无古今，解放前的高等教育，自然科学与人文科学的划分也没今天这么严格，只要读何兆武先生的《上学记》就会知道。今天不仅人文科学与社会科学划分严格，文史哲之间划分严格，即使同一个一级学科内部也常常不能对话，是很不好的。

九、"文明路径"讨论

王：您还编了《20世纪思想家论文明进程的"中国路径"》这本书，您如何理解"中国路径"啊？

杨："中国路径"这个概念当然是原有的，但在今天这种语境下，从历史研究的角度重新思考它，则是我最早提出来的。2009年，在德国访学交流的时候考虑到这个问题。我那时候跟德国部分汉学家和留德的中国语言学家们聊天，聊到一个问题。全世界的这个语言学理论，例如索绪尔之类，这些用以研究全世界各民族语言的基本理论，可能并没有把我们中国的语法和语料套进去。也就是说，中国这么丰富的语言元素，是不是已经被纳入世界语言学的理论里面去了？

由此推及其他人文科学。最近100年，中国的人文学科基本上都是按照西方的学科框架来进行研究的。而中国固有的一套研究范式不见了，对外来范式只有接受和适应，可以说是削足适履。本身我们几千年来自有一套研究方法和研究话语，比如道、气、理、性、命这些内容，翻成英文根本翻不过去。而在全世界，最近二三百年来制定的解释世界的整体框架，包括社会学、人类学、民族学、政治学、历史学、文学什么的,都是按照西方文化的材料来构建的。黑格尔也好,马克思也好,斯宾格勒也好,他们建构解释世界的理论时,都是以他们自家的材料为基础,而忽略了东方,或者是根本就不了解中国。由于我们中国的元素没有被纳入他们的视野,他们对东方、对中国便存在很多偏见,甚至污蔑。对此,已有很多学者做过研究了。

现在,中国经济发展,国力上升,国家地位提升了,西方的目光也逐渐转向东方,转向中国,在他们的学术研究中常常可以听到"重评中国"的声音。这时候,我们应该努力把中国元素纳入到解释世界的框架里面,推动重新建构解释世界的理论体系。至少可以更新它,或者是补充它。在这个意义上,让世界了解中国文明发展的道路,非常有必要。我们最初的出发点,就在这里。

另外一个问题,经济学、法学、社会学、政治学,都在讲"中国道路"。当然,他们讲的中国最近这三四十年的发展道路,是超越欧美现代化经验的新模式。我们没有必要强调"中国置外论",但是,我们应该解读中国几千年文明发展的独特历程,揭示她与世

杨先生在郭沫若故居留影

界其他文明发展道路不一样的地方。全人类每个文明之间，都有普遍性或者共同性，但也都有独特性。然而，自从郭沫若《中国古代社会研究》出版以来，中国历史的研究过分地强调了普遍性，而忽略了自身文明的独特性，或者说对之强调得不够。

郭沫若《中国古代社会研究》首先把马克思的那套解释体系引进中国，在他的自序中写道："只要是一个人体，他的发展，无论是红黄黑白，大体相同。由人所组成的社会也正是一样。中国人有一句口头禅，说是'我们的国情不同'。这种民族的偏见差不多各个民族都有。然而中国人不是神，也不是猴子，中国人组成的社会不应该有甚么不同。"他反对自恃国情不同而导致的民族偏见，这没有错，但又把这种普遍性强调过头了。后来中国的史学家们，沿着这种讲法，越讲越绝对，也不太合理。例如关于人类发展五阶段的规律，是不是所有民族都按照这个模式发展？实际上在20世纪前期，东欧和苏联就开始反思了。尤其是1950年代，东德、波兰他们早就反思过了。在中国，1940年代侯外庐先生就开始反思了。他在1946年出版的《中国古代社会史论》中说，"断定'古代'是有不同路径的"。他从亚细亚生产方式理论，明确提出了两个说法：一是"中国路径"，二是古史规律的"中国化"。侯外庐先生的研究，仍是借用了马、恩的经典框架，他说马、恩讲到东方有一个亚细亚生产形态，这个生产形态虽然也是按照五阶段发展的，但有点不一样。但是，中国最近三十年的历史学研究，已经不太讲人类历史五形态这个理论了。我的专业是先秦史，据我所知，在先秦史学界，越来越多的人相信，中国没有经典意义上的奴隶社会，这几乎成为常识。

关于中国的封建社会，也有一些偏见值得纠正。冯天瑜先生专门写了一本书，叫做《封建考论》。把中国战国以来的社会，说成是封建社会（feudalism），存在很大问题。"封建"的原义，是封邦建国，中国的西周时期那才是真正的封邦建国。战国以后的几千年，没有封邦建国，没有诸侯，而是郡县制占主流，所以不能看作是封建社会嘛。战国以后的两千多年，有人叫做皇权社会，有人叫做宗法社会，有人叫做地主社会，名称不同。总之，"封建社会"这个词与中国历史的实际情况并不对称。之所以现在流行这种说法，只不过是借用了清末民初日本人的翻译，日本人的中世纪跟西方确实差不多，当然可以称为封建社会。后来，留日学生们把这种翻译转回国内，便约定成俗了。这个过程在冯先生著作中都有揭示。

  我写了一篇文章谈吴于廑先生的"封建论"。我们都知道，吴于廑先生是世界史的泰斗。但他的硕士论文和博士论文，都是谈中国封建社会的。他的硕士论文题目叫做《士与古代封建制度之解体》，其观点是，战国时期士的崛起，摧毁了西周以来的封建制，从那以后中国就不是封建制了。后来他到哈佛大学去读博士，博士论文是什么呢？题目叫做《封建中国的王权和法律》。主要内容是，西欧中世纪——那可是正儿八经的"封建"——与中国西周典型封建制可以比较研究。这跟五阶段理论根本无法对应。吴先生受到雷海宗先生影响非常大，雷先生可是中西都通的史学巨匠。有意思的是，吴先生回国后，再也没提起过他此前的硕士和博士论文，因为"战国封建论"成为了中国历史学界的主流话语。他晚年把自己五十年前的博士论文放在书桌手边一个抽屉的上层，经常拿出来浏览却不事声张、不予出版，这件事本身就富于象征意味。

遗俗求诸四野，古礼用契当代
——杨华先生访谈录

以上就是我们发起这场讨论的初衷。我跟《光明日报》国学版的梁枢编辑一起，发起了一场讨论，有不少学者写了文章。后来，我们又开了一场小型会议。想推动关于中国文明独特性的思考。

王：就是说不能拿西方理论来套。

杨：绝对不能。比如说礼制这个东西，西方肯定也有礼制，宫廷礼仪也很丰富。但是我们传统的礼制，影响到了法律，西方人绝对无法想象中国礼制对法律的影响有多么大。儒家礼制的等级性和亲属关系，直接纳入到传统法律里面去了。在中国古代，几乎每一部法典前面都有五宗丧服图。瞿同祖先生称之为"中国法律的儒家化"，这在他的名著《中国法律与中国社会》里讲得很清楚。

王：中国其实自古以来一直是礼大于法的。

杨：是，礼大于法，而且礼法合一。礼的功能在于"防乱"，法的功能在于"止乱"；礼防于"将然之前"，而法则"禁于已然之后"。古代对之有一套说法。埃及、希腊、印度这些古文明，好像都没有做到这一步。可能伊斯兰文明的政教合一，与之有某些相类之处。因为世界的法系分好几大块，伊斯兰文明中将礼制与法律结合到何种程度，我没有深入研究。有学者也谈过类似问题，好像也谈得不透。至少西方文明中，很难看到这种特点，这算不算是中国传统文明的特点？我们发起这个讨论，就是要把中国文明中这些独特的侧面一步步揭示出来。

王:"中国路径"这个词,就是您提出来干这个事?

杨:我原来说的是 Chinese Way,中国道路。后来我们还是回到了侯外庐先生的原点,借用了他曾经用过的语汇"中国路径"。

王:侯外庐先生讲"中国路径"?

杨:他的"中国路径",最开始主要是讲中国文明起源和商周变革。他认为,中国文明起源的基本标志是家族而不是家庭,是氏族公有制而不是私有制,是国野之分而不是国民意义上的国家。他又说,中国在社会变革的关键时刻,古代的政治家和思想家往往采取与旧制度、旧思想妥协的改良路径,而非实行彻底变革的"革命"路径。他称之为"维新道路",即"死人拖住活人"。

《20世纪思想家论文明进程的"中国路径"》与
《文明进程的"中国路径"学术研讨会论文集》

后来，他关于传统（他仍称之"封建社会"）的政治形态与经济关系、资本主义萌芽、中国近代化等问题上，都强调中国文明的独特性。实际上，关于早期中国文明的独特性，张光直先生讲过。关于中国思想的独特性，杜维明先生也讲过。我们用"中国路径"这个概念，只不过借用侯先生比较成熟的一个提法而已。

王：那就是再一次提出"中国路径"这个词，现在学界对这个问题怎么看呢？

杨：有一些反应，但影响不算大。我们没有做太多功夫。2012年，我们开了一场小会，请了研究思想史、上古文明起源、考古学、文化史、世界史等不同领域的学者来谈，还是碰撞出了一点火花。后来出了一个会议论文集。我自己又编了一本《20世纪思想家论文明进程的中国路径》的论文集，把前人的思想遗产清理了一番。我们在《光明日报》上发起一场讨论，不少学者加入了。本来准备再连续开几次类似的会，但后来热情消退，注意力转移到其他地方去了。

王：我觉得也没关系，我们讲马列主义、毛泽东思想等等，核心是实事求是。现在我们又提出社会主义核心价值观，包括富强、民主、文明、和谐、自由、平等、公正、法治、爱国、敬业、诚信、友善等，我的感觉是既想要承认我们传统的一些东西，又想把传统的一些东西和马列主义紧密结合。我们既然能提出一些新的理论方法，能够解说本国发展的历史和文化，使国家富强，何乐而不为呢？

杨：这个您说的一点都不错。但是我们做了一段时间就发现，我个人的学养不够，其他学者的学养似乎也不够。讨论这样的问题，需要三方面学养，一是要对中国历史非常熟悉，二是要对西方和其他民族的历史非常熟悉，三是对理论问题非常熟悉。我觉得我们这几代学人都达不到这个高度，很少有人能够中西贯通而又长于理论思维。像雷海宗、吴于廑这样的大学者来谈这样的问题，跟我们谈的绝对不同，他们水平要高得多。很多学者考证能力很强，或者长于微观、中观问题研究，但对理论问题不感兴趣，没有这种自觉，加之缺乏中西历史文化的学养，学力不够，谈不清楚。

王：我们这个年龄段的人，习惯于用"奴隶社会""封建社会"等词汇，但现在觉得怪怪的。如果我们觉得这些提法很奇怪的话，怎么提才会不怪，怎么提就比较合理？换句话来说，我们用什么样的方式方法来解读中国古代社会？

杨：是，现在没有理论，也不太重视理论。现在特别强调中国学术要讲中国话语，要有中国学派、中国气派，就是因为，中国学者往往提不出具有中国特点的真命题，建构不了中国学术的真话语。最近几年，中国人文学术的"本土化"成为一个热词。就是要抛弃来自外国的不适合中国国情的学术框架，建构自己的学术话语。实际上，中国传统的知识体系中，比如《汉书·艺文志》的六部分类法，《隋书·经籍志》以来的四部分类法，都有丰富的资源可以借鉴。但我们这代人学养不够，学力不够，可能要经过几代人才能完成。

王：也就是说，我们先不用谈用中国的一套理论体系或者说话语体系解构或者解说整个世界文化的东西,先用这一套理论把自己的问题说清楚。我们如果连自己民族的东西都说不清楚,怎么能说清楚别人呢?

杨:确实是这样的。从历史上看,每个历史的巨变时期,都会有突破性的新理论、新学派应运而出,因为理论是回应现实的。但是,现在提不出新理论,没有形成新学派。最近三十年来,是中国历史上变革最剧烈的时代,我们今天很幸运,遇到了这样的一个时代,千百年不遇。一切都在急速变化,今天跟昨天不一样,明天跟今天又不一样,武汉的城市口号就是"每天不一样",这简直不可思议。从学历史的人看来,能够身处其中,身临其境,真是罕见。然而,这么一个巨变的时代,居然没有形成一些宏大的理论来解释它,学问家和思想家都有点失语。不只是历史学,其他学科也是这样,文学、哲学、人类学、社会学、经济学都应该有一些大理论应时而生,来回应这个时代。但是,我们哪个学科有突破性的理论新进展?似乎大家受到的时代刺激并不大。我们很苍白!

十、研究生指导

王：读书有很多种方式了，如果我不愁吃，不愁穿，在家里读书消遣，那是我个人的事情。但现实生活中，尤其是在当下，我们在高校工作，要教学生，在某种程度上我们具有引领导向的作用，那就要考虑应该如何指导学生学习和生活。

杨：是这样。我们现在指导很多学生，我时刻注意吸取我老师的教训。吴老师当年带我的时候太忙，很少主动找我，给我讲的内容也有限。在我们的印象中，他是极其谨慎，寡言少语，这可能与他的人生经历有关。然而，对于像我这样年纪轻、积累少的学生，几乎没有"大叩大鸣，小叩小鸣"的勇气，获取新知识的机会就会大大减少。现在，我带学生跟我老师完全相反，除了谈恋爱等生活事务我一概不管以外，学术上面管得很细。学生做的博士论文，每一章节甚至每条材料从哪来的，我都知道。我平时读书读到某篇文章、某本书、某条材料，如果觉得它跟哪位同学的研究有关，会马上传给他（她），让他（她）去读读。我完全走到另外一个极端，我把这叫做"代际反动"，就是下一代对上一代的做法完全相反。我想尽我们的最大可能，帮助学生找到方向感,让他(她)明白他将来适合干什么,尽量少走弯路。我想,有导师的最大好处就在这里了。

王:我倒同意您这一点,我经常也给学生讲,如果刚开始入门,为了读书,我不用给你讲那么多。但是到了一定程度以后,你一定要明白我们这个事情是要干什么。我们做的工作,你把它想大一点,最起码我们是传承中国文化。这个传承,我们肯定不是最后一棒,而是中间这一棒,但是可能缺了我们这一棒,就麻烦了。

杨:简单地讲,20世纪经学被废黜了以后,到我们重接这一棒时,我们多累啊!如果我们的老师没有被耽误,功夫很好,很轻松地传给我们,我们现在会有这么累吗?比如说做文献校注,之所以这么累,还不是因为没有童子功嘛!

杨先生与参与撰写礼乐微言公众号的同学们合影

王：一是我们没有童子功，二是本来前人该做的事情没有做，所以几代人要做的东西压在我们身上，那我们不可能全部再往学生身上压啊！

杨：我们搞不清楚就迷路啦，这也是每一代人有每一代的任务。我们绝对完不成这些任务，但我还是想告诉学生，你未来是要干什么的。

王：即使你完不成，即使你达不到，你脑子里不能不明白你要干什么，你的目的在哪里。比如像我们现在，如果我们为了生活，吃得好点，穿得好点，已经很好了。但一定要做事，做了这个事情对我们的学生，对后来的人，对中国社会会有一点点作用。哪怕我们写了一本书，哪个学生看了，对他有启发，或者接收了什么知识、方法，都是好的。如果为了死考证而考证，那没什么意义。

杨：有的人，小众的，愿做死考证的活，那也可以。但我不希望我的学生这样。考证只是第一步，是最基础的功夫。历史学有好几个层次，收集材料和还原史实只是其中的第一步，接下来你要解释史实，尽量从史实中要总结规律，然后再推进你对现实的理解和影响。对现实我们不能产生什么直接的影响，说我们改变GDP那是不可能的。通过我们的工作，让一部分人向善、敬业、乐群，觉得人生有意义，不做坏事，乐于做个好人，就已经相当不错了。

王：所以这也就是干我们这行有时候不被人理解的一个很重要的原因，别人真的不了解我们在干什么。我做这些事情，不光是不懂的人问，有时候同行也问，你一天到晚校书啊，搞那些个版本啊有什么意义？我说没有意义，了无情趣。但是这些东西总要有人搞，我们不把它搞清楚，后人怎么弄啊？我把它搞清楚了，也会给他人提供方便，在这个基础上，自然会有我的一些想法。我也想研究礼制的，研究礼制是想着将来把古人的历史搞清楚，古人怎么搞，借鉴过来对我们今天提一些建议，哪怕我们提的建议不对，总有启发。但是如果我们对古代的东西一无所知，我想提建议也提不出来，对吧？古人和今人是一样的。你看《论语》当中，孔子跟学生讨论一些话题，你仔细一想，好像孔子和学生在讨论当代社会一样，对不对？

杨：就是这么回事。西方人读《论语》也不一定真读得懂，很多人把它当作抽象的思想概念来读。实际上历史学的读法，是把每句话都还原到当时社会的语境中去看，才能明白他们在说什么。

王：其实他有时讲的一些和我们今天也一样的。

杨：是一样的。孔子告诉弟子到哪里做地方官要注意什么事，哪些人能用，哪些人不能用，都是讲的很具体的现实问题。

王：网上介绍您还不到40岁就做教授、博导了。这在国内，我们这个行当算是很早很早的了，目前您所带毕业的博士大概有几个？

杨：博士有七八个吧。

王：已经七八个了，带得真不少。

杨：还没毕业的在校博士生也有七八个，武汉大学历史和哲学专业是四年制，积压的学生比较多。

王：应该说您做导师已经十多年了，您觉得就我们这些行当，怎么指导研究生，有一些什么经验？

杨：这个事情哪有什么经验可谈，很矛盾呐。首先是我当教授确实是太早了，36岁做教授，在历史学尤其是古史研究领域非常少见，因为我们这个行当是靠积累的嘛。严格说，我们很幸运，很侥幸。现在回头看，觉得自己不该那么早做教授。对于理工科而言，28岁做教授都不稀奇，到36岁时甚至创造力开始衰减了。但是在我们历史学尤其是古代史领域，绝对不能这么早做教授。多年以后回头想想，觉得迟一年早一年没有什么关系，可当时不这么想。

王：您36岁当教授，37岁就当博导了？

杨：是的。我念书比较早，我16岁上大学，20岁读硕士，27岁博士毕业，中间硕士毕业还出去工作了一年，确实比较顺利，也比较早。这纯是机遇，也是侥幸。做了教授，也不代表我那时候有多高水平，真的不能代表。我们当年也跟现在有些年轻人一样，拼命想去争取这些东西，其实早一年迟一年，没多大差别。至于怎么当导师，我是吸取了我自己当年的教训，努力跟学生之间建立亲密的学术联系和良好的师生关系，并激发他们学习的积极性，这个非常有必要。实际上中国传统的师徒制，有它的好处。师徒传承就是一个家长式的学术氛围，历代都是这样。你看很多回忆录，知道很多学术名家，他们跟导师的关系极好，都是师母做饭，然后学生在老师家里师生一起吃饭的。罗尔纲《师门五年记》值得一看。又比如，任半塘先生带王小盾他们，还跟学生住在一起。早上起床喊学生起来读书，不能睡懒觉。现在哪里可能？我们做不到这种程度。

王：听说他早上八点钟把院子门一锁，学生不让出去，中午十二点开门出去吃饭。

杨：是，现在哪有这样的事情。所以我从自己六年的硕博士学习经历中吸取了教训，跟学生的关系很随和、很亲密。我刚才说矛盾，是什么矛盾呢？一方面，希望学生尽早出成果，因为现在的学术评价体系非常功利，太糟糕。一个学生在年轻时没发表论文，就混不到岗位。一个博士毕业生找工作时，如果没有三五篇文章，哪个单位愿意聘你？导师也拿不出手，怎么好意思推荐你？另一方面呢，又觉得这样催熟的结果不太好，学生基础很单薄，过早地把自己学术方向狭窄化了。从我自己的成长经验来看，没有导师详细指导固然是缺憾，但也有好处，就是没有受到任何约束，所以在我的脑子中不存在什么文、史、哲的藩篱，另外我也不相信什么学术领域的区隔。一个人所从事的研究当然需要有专门的领域，但自我约束，视野狭窄，既可悲又可怜。我希望我的学生也是宽口径的，什么都学一点，什么都懂一点，哪怕谈哲学，谈世界文学，谈人类学问题，都能说上几句，都能在自己的研究中建立一个独特视角。现在的学生往往达不到，他们从高考一步步走过来，所有的训练都是为了拿高分，没有读几本闲书。到了硕士、博士阶段，他们又专注到专业领域，没有时间读闲书，没有精力散读，这真是个矛盾。怎么去改变这种局面，我现在也没有太好的办法。只能在平时上课和聊天的时候，多扩大一点他们的眼界。说到上课，我也不正儿八经地讲授。刚开始带研究生时，我还像给本科生一样，分专题讲。现在我改变了，从来不讲第几章第几节，我觉得给硕士和博士生上课时还这样讲，可能低估了他们的本科训练，是个错误。我们上课就是读书会，学生轮流准备，读经、传、注、疏，大声地读出来，把它们都读通，解释透，大家共同受益。他们读原文时，我尽量把由这些经、传、注、疏所发散出来的信息，所产生的问题和可能的解决路径，一一扯出来，告诉学生。我也没有什么学科界限，凡是自己能想到的，管它是文学的、美学的、历史的、考古的、出土文献的，都点评一番，争取给学生点启发而已。

《三礼》会读班

王：读书会是读什么呢？

杨：读《三礼》呀，这个正是我要向你报告的。大概从 2003 年开始，我就建立了一个"《三礼》读书班"。我们把《仪礼》通读了一遍，现在正在通读《礼记》。《仪礼》读的是李如圭《仪礼集释》，加上"十三经注疏"中的郑注、贾疏。读《礼记》用的是"十三经注疏"中的郑注、孔疏。读完之后，我们准备再读《周礼正义》。在美国的来国龙先生前不久说，想建立一个读《周礼正义》的微信读书班，180 天把《周礼》读完。当年杨树达先生曾经用 180 天把《周礼》读完。现在《周礼正义》是由王文锦先生点校的，而王先生是来国龙兄的老师，他们曾到王先生家受教，所以他有此动议。但我们没坚持，现在我也太忙，所以这个微信读书班没建起来。目前我们正在读的是《礼记》。总之，我们上课就是读经学文献，我估计无论是在历史系，还是哪个系，都没有像我这样教学的。

王：就是硕博士生在一起读？

杨：是的，在一起读。

王：读什么呢？只读经文，还是经注一起读？

杨：当然是所有的都一起读，读出声音。"十三经注疏"，有的用阮校本，有的用《四库》本。我出钱让学生去复印，我们每个人都拿着材料，一边读一边标点。这个要主讲的同学，事先会准备，会把各种本子都看遍，相互比对校勘，主讲时会逐字逐句地讲，把里面所有的信息都讲出来。大家有不理解的随时打断，随时讨论，我也参加讨论，互相受益。

王：就是每天有个学生主讲？

杨：是的。一个同学讲一篇，这个学生有可能讲三个月都讲不完。他讲一遍，会查遍所有的资料，也就知道怎么做学问了。

王：那您已经坚持好多年了？

杨：十几年了吧。

王：我觉得这个事情很了不起呀！

杨：我这个读书班，帮助培养了好些青年才俊，我为他们骄傲。总之，我不讲课，没什么课好讲的。

王：这是最简单但又是最好的办法。

杨：每学期开始时，来的新同学比较多，我就花一次课时间，讲点礼学的基本常识，告诉他们怎样查资料，查哪些书。有些同学一直跟读多少年，这种常识也听过多遍了。而对于这个主讲的人，我会讲得更详细点，有针对性地告诉他查哪几种东西。认真地查一遍，然后他主讲时就讲得精确一些，小到一个虚词、一个反切，大到一个史实、一种制度，你都要详细地查，然后把意思疏通，讲给我们听。我们大家随时可以提问，如果他讲不出来，会一身冷汗。如果还没准备好，那你下次查完，再来告诉我们。注和疏里面经常会大量征引文献，原文出自哪里，原来的具体语境是什么，都得去查，把调查的结果在课堂上向我们报告。你想，经学的内容多么宽广啊，哪里有什么文、史、哲的学科界划？所以，主讲的这个同学，他要查太多的东西，几乎累得吐血。但是，主讲一篇下来以后，他什么领域的论文都能写了，一往无前了。

遗俗求诸四野,古礼用契当代
——杨华先生访谈录

其实很多问题我也不懂,我事先也不怎么准备,我跟大家一起读,一起受益。我很感激这些长年坚持的同学们。

王:我自从有了这个工作室,取名"学礼堂",就带大家读书,我一开始就读《礼记》啦,从《曲礼》开始,《曲礼》就读了一年。

杨:《曲礼》我们也是读了半年,《檀弓》也是一个学期才读完。

王:最近刚读完《玉藻》,又回过头来读《檀弓》。

杨:我们现在正读《玉藻》。刚刚开始读,一个从南昌大学国学院推荐来的硕士生曾东同学,他正在主讲《玉藻》,才搞了一次。因为这个研究生课的安排是两节课,我把它延长了,从八点半干到十一点半,中间休息一下,气氛很轻松。这也是我每周跟学生接触的固定时间,所有的学术问题都在这里解决。每个同学的大致兴趣和学术进展,我都在这个时间段获得信息。很多同学其实早就修满了学分,纯粹是为了兴趣在一起跟读。有时还有外专业的学生,甚至社会人士跟读。

王:我们《玉藻》读了一年。只要我在,我肯定参加。但是我不读,就是学生读,每次一个人主讲,而且我们是把《礼记》做了长编,《礼记》的《曲礼注疏长编》就有一百万字,也就是把历代的代表性的一些注释全部做了电子版放在下面,这样就能很清楚地反映出来历代的人为哪一句话吵架,吵什么。

杨:如果不懂这些经学信息,什么都白搭,这种训练对出土文献研究很有用。另外还有一个好处，就是朱维铮老师从周予同先生那里接过来讲的思想史、经学史研究，也离不开这种基本功夫。我在《中国文化史经典精读》中选了周予同先生一篇文章，题目叫《经、经学、经学史》。什么是经学史？他说，经学史就是历代地主阶级、统治阶级内部思想争论的历史，主要是通过经学文献反映出来的这种思想斗争的历史。周先生的说法，当然有当年阶级斗争理论的烙印。但是，研究思想史也必须从这经学注疏的梳理入手，这是千真万确的。有些思想史研究，以为读了这个思想家的作品就够了，显然是误解。一个思想家的思想，一个时代的思想，往往通过注经和解经显现出来，经学争论就是中国思想史的重要载体。西方学者从诠释学的角度来解释中国经学史，说中国经典具有"开放性"，也是这个意思。

王：其实我做长编以后呢，很清楚地反映出这么几点。第一，前后的抄袭清清楚楚，谁先抄的。第二呢，他们争，为什么在争？第三，他们之间开始理解错了，从谁开始理解错了，那个线索非常清楚。如果写文章，每次读的都能写文章。

杨：这种训练，当然对我们自己来说也是一个大提高。不过，我们这代人吸收知识的能力快到头了，就好像海绵吸水快要饱和了，青年学生从这种训练中的受益要远远超过我们。

王：精读文献是基础，我觉得也是很好的，我们读了三年了，还是不错的。

杨：我最初接受了《儒藏》工程中的一个小活儿，就是点校李如圭的《仪礼集释》，这是彭林先生分给我的。其实《仪礼集释》这本书并不复杂，但是李如圭的观点很精到，有时候看得比贾公彦他们还清楚。我接这个活儿后，就把读书班的会读与它联系起来，想通过会读来点校这本书。后来交出的稿子质量很不理想，连繁简字转换都做得一塌糊涂，这算是一个教训。但是通过这个工作，训练了好几个学生。

王：这样读书，学生才能够沉下心来，才能进去，读多以后语感就有了。

杨：我自己也通过这种方法增长了知识和能力。我一再说，我们这一代人先天不足，缺乏童子功，真是短板。从美国回来以后，我们几个文史哲的青年教师就建立了一个《说文解字段注》的读书班。我一个，吴根友一个，程水金一个，司马朝军一个，杨逢彬一个，师领一个，丁四新一个，我们有七个人，被戏称为"珞珈七子"。我们起码也读了七八年。每个星期天，我们都到武汉大学的人文馆去会读，逐字逐句地读，读出声音，边读边讨论。然后一起吃饭。后来我们还出了一本杂志，叫《学鉴》，是集刊，我们一共出了七期，每人编了一册，武汉大学出版社出的，装帧很好。上面发的文章，不仅仅限于读《说文》的成果，反正各自与古典研究相关的成果都发在上面。《中国青年报》和《凤凰卫视》都曾经报道过我们。报道中说，还有青年教师在读书，大学老师在读书。真是个有意思的提法，大学教师不读书，干什么？

关于这个读书班的动议，记得最初是我跟吴根友兄达成的共识。1999 年到 2000 年，我正在伊利诺伊香槟分校做访问学者，根友兄同时也在哈佛大学燕京学社做访问学者。我到那里去看他的时候，两人达成共识。在美国我们发现，西洋学者对中国经典的文本解读非常看重，实际上也就是我们现在说的经学研读。为什么呢？因为中国的经典对他们来说是个异域文本，西洋学者没有中国学者那样的识文断句功夫，于是他们首先必须把每个字、每句话都翻成英文，才能进行下一步的研究，其实日本人也是如此。我们觉得，我们作为中国人，虽然对本国的历史文献有所了解，但我们没有童子功，都是大而化之的识读。如果真要把它逐字逐句翻成白话，似乎并不那么容易。因为我们的教育过程中，缺乏小学和原始文献训练，张之洞那句话实际上被我们的教育模式搞颠倒了。他说："由小学入经学者，其经学可信；由经学入史学者，其史学可信；由经学、史学入理学者，其理学可信；以经学、史学兼词章者，其词章有用；以经学、小学兼经济者，其经济成就远大。"我读大学在历史学专业，讲的全是通论，从"中国通史"讲起，再讲一些断代史和专题史，横分朝代，纵分专题，都很透彻，但就是没有读多少原始文献。等你参加工作后，要写文章、要引用文献时，发现原始文献又读不懂。先是史书读不懂，接着发现史书中引用的经学文献更读不懂。为什么读不懂？因为连字义都还没搞清楚，训诂都没搞懂，于是又倒过来去查字典，回到《说文》和段注。这条路径，这个顺序，与张之洞所说正好相反！这能怪我们吗？因为中国的教育制度，大学的课程安排就是如此。所以，现在的国学班模式就是倒过来安排课程，先上小学课，从文字、音韵、训诂开始，再上文献课，一篇一篇文献、一本一本的书，用这种方式进行教学。而不是像我们此前那样，一上来就是中国哲学史、中国通史、中国文学史课。现在我这里有几个硕士和博士生，都是国学班出身，他们基础非常好。

王： 那些东西以后可以自己读。

杨： 所谓通史、通论课，无非是帮助学生建立一个框架。现代学术史上那些建立框架的大学者，都是从小把原始文献读得烂熟的人，对那一代人而言，建立框架便是创新。如果你的文献训练得法，阅读量够多，你自己可以建立框架，同样可以写出中国哲学史、中国通史、中国文学史嘛。现在全国各高校逐渐有了不少国学班，武汉大学的国学班差不多是最好的，我们这里有国学的本科、硕士、博士一条龙训练，这些学生的基础比较好。

王： 除您刚才说的你们武汉大学的国学班，你们的研究中心在经学、礼学研究上有哪些特色？

杨： 说实话，武汉大学也没有多少人做礼学研究。我自己的方法也比较混杂，究竟怎样训练他们，也比较矛盾。以我个人的经历而言，我大学上过一点训诂、古文字之类的课程，历史学的框架知识也是有一点，考古知识也一点。到武汉大学后，通过共同会读又得到了一些古文献的基本训练。另外，又从冯天瑜老师、郭齐勇老师那里得到了一点理论训练，我个人对理论方面也有点兴趣。总之，杂七杂八，还算是比较平衡吧，虽不太精，但没有太明显的盲点。所以我带学生，除了刚才所说之外，还有一个经验，那就是告诉学生，缺什么补什么，尽量使自己少些短板。比如说，国学班的学生有很多优点，有来自武汉大学、山东大学、南昌大学国学班的，但是他们在考古、古文字方面比较欠缺，没有真正读过简帛文字，我就劝他们去听这方面的课程，让他们在这方面着意加强。而对历史学科班出身的学生，经学训练不够，原始文献训练不够，我就逼着他们读原始文献。还有一个共性，历史学、国学出身的学生，在哲学、逻辑方面训练往往不够，我就让他们去哲学系听课，去熟悉中国哲学方面的话语和思维模式。我自己很薄弱，但请其他专业的老师帮助训练学生。

王：因材施教。

杨：因材施教，就是补课。因为一个人的知识毕竟非常有限，青年人未来要成长，要想出成就，一定要有个综合素质。另外一个，就是强调交叉和融合，单线的、传统的做法，不可能有创新，一定是几个学科之间、几个领域之间进行交叉，才能出新成果。什么是交叉？就是打擦边球，就是搭桥，李约瑟说他一辈子都在搭桥，在东、西方文化之间搭桥，在人文科学与自然科学之间搭桥，所以他才能有所创新。

十一、出国访学

王：您到美国、德国，算是访学吧，您觉得出国访学，就我们这些学科的人而言，有什么启发或者作用？

杨：有必要，很有必要。

王：有一些什么样的感受？

杨：讲中国文化史的时候我有一个观点，怎样理解一个国家、一个民族的文化？必须要有域外视野。我们生长在中国，你反而不知道什么是中国文化。同理，日本人生活在日本，他反而不知道什么是日本文化，他说不清楚的。只有从域外的眼光看一种文化，才能把自己所处的文化看清楚。我们中国人到了国外，你才会觉得中国文化中哪些东西具有特殊性，才会发现自己身上的基因是什么，这种感受非常深刻。现在国内很多的洋派中国人，满嘴跑洋词，但是一到国外以后就会发现，他们的做派，包括说话和行为模式，全是中国式的，他想摆脱中国文化的烙印，但绝对摆脱不了。他竭尽所能想成为一个洋人，但总跟人家的文化有隔膜，中国文化已经渗透在他的基因中去了。包括ABC，就是

杨先生在美国访学留影

American Born Chinese（美国出生的华人），也是如此。总之，多访学有助于加强自己的文化自觉和文化认同。

第二个方面，就是方法论的启迪。在美国那一年对我影响很大，虽然我阅读的东西有限，也没有真正深入美国学术界，但是我复印了很多英文书，最主要的是知道了汉学家们在干什么活，也知道了他们是以一些什么角度、什么方法来研究中国的。我在伊利诺伊大学的联系教授是周启荣先生，他的导师是刘广京先生。周教授有一本书叫《中华帝国晚期儒家礼教主义的兴起：伦理、经籍与宗族话语》，比较成功，听说中文版马上就要出版了。

王：就是您访学是跟着他？

杨：对，每个访问学者都有一个 Contact Professor，实际上人家也不怎么指导我。但是我旁听了他的一门中国思想史课，参加了他主持的东亚研究方法论 Seminar，也就是讨论班吧。这个讨论班对我启发非常大，从那里了解到怎样认识东亚，怎样认识东方，课堂上有不少理论训练。这个 Seminar 要求每位学生复印很厚一套材料，并详细安排每次课程的讨论议题和讨论材料。几月几日,讨论什么问题,要读哪几十页乃至几百页材料,都已提前复印好,轮到这次课归你发言,你必须把这套东西读完,形成 Paper,才能主导讨论。其他的同学也阅读材料,参与讨论。学生要口头发言,然后老师进行评点。我的英文还没好到那个程度,但我也费力地阅读,每周都花了不少时间。我现在的 seminar,在某种意义上也是受了他们的启发。这番训练,类似于一个流程,走过这个流程的研究生水平大致都比较整齐。通过这些理论训练,我才知道原来我们以为天经地义的某些"必然"现象,原来只是世界文化中的一部分而已,而且是可以与其他民族文化进行比较的一种内容。认识一个文化,认识本民族的古典文化,必须要有一个比较的视野,有一种跳出本民族文化的新眼光。这对于训练一个学者的学识,非常有帮助,所以我还是主张青年人要出去看一下。现在评教授有一个规定,要求青年人必须有出国经历。有人说,我们研究自己祖宗的东西还用得着出国吗?我们学好汉语、学好古文字,就是世界最先进的水平了。我觉得这都是自我封闭的说法,对青年人的学术成长不利。

王:可以开眼界。

杨:学术上面多少会开些眼界,当然也有人把它当作游山玩水了。我在那里还参加了一个关于中国 Phonology 的讨论班,也就是以西方语言学方法研究中国音韵学的课程。说实话,很多听不懂,后来中途放弃了。有意思的是,在那个班上,每次要讨论某个语音时,我用上海话发音,一个台湾来的同学用闽南话发音,为大家提供语音比较和时代音变的语料。在美国一年,我参加了两场学术会议。一是 1999 年 9 月下旬,到密歇根大学所在的 East

Lansing 参加了一个亚洲研究年会。参会人员极多，专业极杂，没有太多收获，但见识了一下西方学术共同体的运作规则。

二是 2000 年春末，我到马萨诸塞的 Amherst 参加了美国战国史工作坊的工作会议。所谓"战国史工作坊"（Warring States Workshop，简称 WSW），是美国一些研究战国史的汉学家组织的一个工作小组。他们有一个 Email Group，我刚到美国就加入了这个网络讨论小组。每天看他们在上面发言，用英文讨论战国史，学到不少东西。现在弗罗里达大学任教的来国龙教授，当时大概还在美国加州大学洛杉矶分校跟罗泰（Lothar von Falkenhausen）教授念博士，但在 WSW 电邮群中已是一个非常活跃的青年学者了。该工作坊的核心人物，是 E.Bruce Brooks，中文名字叫白牧之，他和他的夫人白妙子（A.Taeko Brooks）合作出版了一本著作，名字叫作《论语辨》(*The Original Analects: Sayings of Confuciusand His Successors*)。这本书非常有意思，见解也很独特。大意是说，《论语》中的"子曰"，大部分指的是孔门弟子或再传弟子所言。《论语》中只有《里仁》篇是其核心语言（core saying），为孔子所说。该书认为，《论语》不是一个封闭的静态的思想体系，而是在孔子去世后 230 年间形成的文本，几乎是整个战国时期的生命及思想互动的记录。所以作者打破原来的段落顺序，以《论语》第四章为基础，重新建立了一个新的"文本编年"（chronology for the text）。我那次去马州，参加的是他们的第 14 次工作讨论会，会上遇到蒲百瑞（Barry B. Blakeley）、柯马丁（Martin Kern）、金鹏程（Paul Goldin）等汉学家。记得报到那天下午，蒲百瑞用汉语问："你们也是战国人吗？"会后，他开车带我去波士顿，现在想来还很亲切。

遗俗求诸四野，古礼用契当代
——杨华先生访谈录

我带去一篇论文，题目是《孟子与齐燕战争：兼论〈孟子〉相关篇章的文本编年》，主要是用考古出土的陈璋壶铭文，来讨论孟子参与了齐国攻打燕国的战争策划。孟子主战的史事，与他向来主张的反战观点完全矛盾。原因正在于他梦想着与齐宣王等人一起，重建西周初年文王、武王、周公、成王的仁政模式。"五百年必有王者兴，其间必有命世者"，从周初到孔子差不多五百年，从孔子到孟子虽然不在五百年的时间坎上，但他以"命世者"自居。为了切合会议的主题，我还按照齐燕战争的时间顺序，将《孟子》中相关篇章也进行了甄别，建立了一个新的"文本编年"，说《孟子》文献中的哪篇在前，哪篇在后。准确地说，这是一篇模仿之作。我花了半年时间才完成，不仅找到青铜铭文来佐证，而且用英文写作和发言，这真是一个极好的锻炼。回国后这篇文章很快发表在《中国哲学史》2001年第3期，还受到一些中国哲学史研究专家的肯定。在会议上，我提到1982年在江苏淮阴盱眙县出土的陈璋圆壶，与流落到美国宾州大学博物馆的陈璋方壶，铭文完全相同，可以互证。这引起宾州大学金鹏程教授的注意，会后他让我写了一篇壶铭介绍他，后来他竟让大汉学家马几道（Gilbert Louis Mattos）先生写了更多的内容，以我们二人的名义合作发表在2001年的Orientations杂志上，发表后我根本不知，这是我最近才知道的事。

域外视野，有助于打开研究思路。比如说，回国不久我写了好几篇中国古代用血制度的文章，《先秦血祭礼仪研究》《先秦衅礼研究》，其缘起都是在国外受到得人类学影响。本来我准备写一个系列，比如说中国古代的盟誓用血、颜色崇拜与血液的关系，等等。后来都已有学者做过了，加之兴趣也发生了转移，于是作

2016 年在德国洪堡大学留影

罢。关于盟誓问题,吕静师姐已有专门研究。另外,我们中国人对红色有一种特殊的感觉,实际上就来自对血液的敬畏和崇拜。现在关于色彩问题的研究,已成为新文化史里一个很大的热点了。英国的汪涛教授,有本专著就叫《颜色与祭祀》。中国社科院的曾磊,曾经跟我做过博士后研究,他的博士论文题目就是《秦汉人色彩观念中的神秘象征》,博士后论文题目是《秦汉白色的象征意义》。从全世界范围来看,所有民族早期都有对血液的敬畏和崇拜。我在美国买了一本书,叫做 *Blood Magic*,就是研究各民族血液巫术的。血液崇拜是人类的初始文化观念,但是在各民族的表现形式和发展路向各有不同。如果没有海外学术的刺激，我怎么会去考虑这样的问题，写这样的文章呢？

王：您的《古礼新研》中，关于血祭、衅祭的，应该是几个核心思考的问题吧？

杨：是。比如说我对楚礼简帛的研究，也不是纯粹的单篇文章，想到哪写到哪。绝不是这样的。我心中有一条内在线索，我以后会根据这条线索再串成一本书。这条线索就是一个人从生病到死亡，到丧礼，再到被埋葬，最后他如何又变成了神，这是一个礼仪过程。英文中有个词叫做 life ritual，叫做人生礼仪。人从出生到死亡，有一个 life circle，它是一个人生的圆圈，或者是一个循环。人类学上一定会讲到这些。这个人生礼仪的循环圆，是从出生算起的，而我做楚国丧祭礼制时，就把出生、结婚这些早期的环节抛掉了，直接从生病着手，一直研究到死亡和丧葬，最后他如何被神化，而受到后人崇拜，这也是一个圆圈。你看，我考虑这个问题，肯定是受了人类学、民俗学的影响。这种想法是从哪来的呢？仔细回想，跟我在大学期间的乱听课、看杂书有关，但可以肯定的是，多多少少也因为在美国接触了一点新思维，当然具体的我也说不清楚。

十二、学术师承

王：从您治学的经历来说，学界的学者里边或者您的老师辈里边，您觉得对您影响比较大的有哪些先生，他们分别给过您一些什么样的影响？

杨：说到研究礼学，你要问我有什么师承，我确实无从说起。如果非谈不可，那么在学术理路上对自己有一些影响的，可能有杨宽先生等几位前辈。但杨先生根本没见过我，他也不知道我这个挂名学生。我顶多算是"私淑"。

王：您一直没见过他？

杨：从来没见过。我念大学时，在历史系举办的某次联欢晚会上，介绍到与会的老先生时，或许远远看到过，但那根本不算"见过"。杨先生的《古史新探》这本书，是一个里程碑式的作品。不止对我个人来说，对20世纪整个礼学界，都是个里程碑式的作品。杨先生把经书读熟了，读透了，他本身对器物又非常熟悉，他是上海博物馆的创馆人之一，然后他又在研究中大量引入马克思主义理论，所以，他关于礼制的研究，篇篇有新意。他的《"冠礼"新探》把冠礼的"三加",也就是戴三种不同的帽子,解读成原始社会军事民主制时期的三种社会身份,说冠礼是由氏族制时期的"成丁礼"变化而来的。他的《"射礼"新探》认为,古代射礼具有军事教练的性质,说它起源于原始社会古人借它来进行军事训练,同时又具有选拔军事人才的作用。他的《"乡饮酒礼"新探》认为,乡饮酒礼起源于原始氏族制社会中聚落内部的会食(乡、飨、卿原是一字,表相对坐之意)习俗,自然具有尊长和养老的功能,这是由军事民主制时期的"议事会"演变而来的,它具有长老会议的性质,是借用酒会来商讨和决定军政大事的。杨先生真是一流的聪明人。他做器物、考古研究,后来又做都城、陵寝制度研究,篇篇精彩,本本精彩。关于礼制研究的这些文章,包括《"大蒐礼"新探》《"藉礼"新探》等,都收到《古史新探》中,后来又收入他的《西周史》中,我都认真读过,读得比较熟,可能对我的研究方法影响很大。

另外,我比较喜欢陈公柔和陈梦家这两位学者。陈公柔先生1956年在《考古学报》上发表的那篇文章《士丧礼、既夕礼中所记载的丧葬制度》,也是一个里程碑式的作品。虽然后来遭到沈文倬先生的批评,但过后看来,沈先生批他的地方都是细枝末节,而且也不一定正确,沈先生可能有些误解。说到细节,比如墓坑里面"抗"的问题、大遣奠奠品是否最后入圹的问题,都值得重新考虑。我带的第一个硕士江奇艳同学,做的就是楚墓中的大遣奠奠品是否入圹问题,统计表明,陈公柔先生并没讲错。总之,这都是些细节问题,但将考古发掘与礼书进行对证考察,这种方法绝对是由陈公柔先生开创的。"二重证据"法,虽然王国维早就提出了,而且大家都是这样做的,但是王国维时代还没有科学的系统的考古发掘，他去世时中国的考古学还没诞生，我读起来也没有体会得那么深。我在做博士论文时读到陈先生那篇文章，很是震撼，对我启发极大。后来做楚国丧葬和祭祀礼制研究，完全是按照他的方法在探索。

中国传统礼学，清代人已做到顶峰，要超越他们何其难也。1905年废除科举，经学没了合法性，礼教在20世纪又成了反动腐朽的东西，根本没多少人愿意从事礼学研究，即使有人愿意，也学力有限。所以，现在要想超越古人，不懂考古和最新的出土文献，相当困难。其实，沈文倬先生本人也是从这方面突破的，你看他《菿闇文存》中的那些重要文章，都是重视新出材料的，他讲执驹礼、讲"对扬王休"，都是用的新材料。这些前辈的研究方法，归结为一条，就是经学与史学相结合，传世材料与出土材料互证。

王：是读杨先生、陈先生的书受到启发？

杨：是的。我前面说了，吴浩坤老师没怎么限制我，放手让我自己发展。在礼学研究方面尤其如此，可以说没有什么师承。无门无派，"无法无天"。正因为此，反而没什么约束，"转益多师"，这里学一点，那里学一点，从各位老师、各位同辈那里学到很多东西，有时可能会有点创新。

王：20世纪这些历史学研究的学者里边，杨宽先生的系列著作，反映出他是这个时代最伟大的历史学家之一，他对于先秦历史，对于先秦礼制的研究都有独到的见解，他对陵寝制度、城市建筑也有创见。

杨：很多日本学者，无论是京都学派的宫崎市定，还是东京学派的西嶋定生，都对他推崇得不得了。中国史研究的学者中，能够代表20世纪最高水平的，我觉得杨先生应该算一个。

王：他的《战国史料编年辑正》，材料丰富，很了不起。

杨：我也跟现在的青年人一样，很难把一本书读完，经常是"杀书头"。把一本书从头到尾读完，真是一件痛苦的事情，我读书主要是看方法，材料还是其次。比如说李零先生，我就比较喜欢，我觉得他是个聪明人，学问好，驾驭文字的能力更好。按他自己的话说，能够执简驭繁。把复杂的问题搞简单，这就是聪明。最接近真理的说法，往往是最简单的说法。笨人往往把简单的问题搞复杂。我们早年都经历过这样的阶段，喜欢把文章写得洋洋洒洒，回环往复。但随着年龄的增长，可能会越写越精粹，句子越写越短。

王：他写文章的方法，包括对一些问题研究的方法、眼光是很不错的。我们当年读书的时候，我们老师李庆善先生就讲，你们看其他人写的文章时，学知识是次要的，你关键要看他怎么提出问题，解决的怎样，至于他说得对不对那是另外一回事。

杨：错了有什么关系，错了也无所谓，能够自圆其说就行嘛。况且孰对孰错很难一时判定，随着时间推进，研究深入了，此前以为错的东西后来反而是正确的了。

王：我们经常说不会写，其实就是不知道方法嘛，要看看别人怎么写。

杨：之所以不知道方法，其实还是我们积累不够，知识面不到，那没办法，我们年轻啊。我常常跟年轻的学生讲，现在有很多大佬来做讲座，来来往往，各路聪明人都有，你听一次就明白了，他们在做什么研究，他们是怎样做研究的。

王：其实任何人做学问的方向可以不同，研究的一些问题大小也有差异，但是每个人研究的方法是通的。有些人的方法是可以借鉴的，有些人的方法你想学，学不到手。上课也好，或者听别人讲座也好，如果说他讲的一堂课，或者一堂讲座，里面有那么几句话，或者他的哪个点子、方法能够启发你，我觉得就足够了。你说他一堂课下来句句精彩，报告说得都对，怎么可能！

杨：小学校和大学校的差别就在这个地方，小学校就是没有大佬来做演讲，学生们没见过一流的人在怎样玩游戏。在大学校和好学校，每天都有一流的人轮流登台，各种各样的先进方法可以尽收眼底。现在年轻人，信息通畅，接触前沿的渠道也多，他们比我们吸收得快，很羡慕这些年轻人。我记得自己念书时，有一次吴浩坤老师请饶宗颐先生来讲座。讲完，吴老师说让我一起陪饶先生吃饭。我居然溜掉了，没学问，没信心，浪费了请教的机会。放在今天，若有这样的机会，博士生们会马上围住饶先生请教。

王：您前面提到了吴泽先生，当年我们西北师范大学把吴泽先生请去做过讲座，那时候也听过，只是记住了他叫吴泽，其他什么都不知道。

遗俗求诸四野,古礼用契当代
——杨华先生访谈录

杨: 我常到吴先生家里去。虽然后来我没读他的博士,但是和吴先生私人关系很好。他真算大度,从未计较我的"叛逃"。把我放归复旦去读博士后,我每个星期都从复旦骑自行车到吴先生家里去听课,沿着中山北路骑,到华东师范大学要骑一个多小时。这样坚持了一年,也没觉得累。吴先生给学生上课,就在他的客厅里面聊天。记得有一次下雨天我带进一脚泥巴,全落在他家地毯上,真是罪过,郑梅淑师姐后来经常拿这事开我玩笑。吴先生聊天,聊得并不专业,常常讲的还是生产力、生产关系那一套,他是马克思主义史学家嘛。至于具体的研究,记得他当时写了一篇关于社祭的文章,他谈了一番社稷跟城隍的关系。从吴先生身

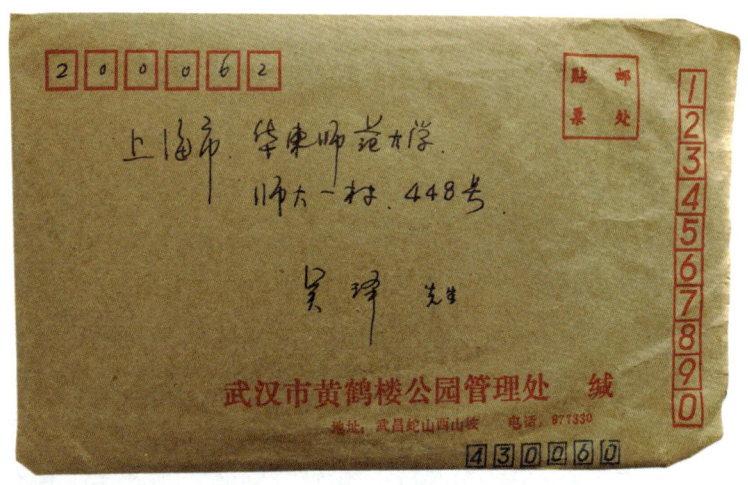

与吴泽先生信件往来

上你学不到具体的考证，但他教会你关注理论，关注大问题。那时候是 90 年代初，他就开始关注客家研究，他组建了一个客家研究中心。在中国大陆，这可能是客家研究的开始。他谈到如何为客家定位的问题，他说客家不是一个民族，而是一个民系。吴先生这种大人物，虽然讲生产力、生产关系听起来味同嚼蜡，但是他关注的问题点，却是非常前沿的。如果我跟着吴先生读博士，不回到复旦，可能会转向从事客家研究，那也非常有意思，现在看来，这是既有历史意义又有现实感的研究领域。

王：我们认识十多年了，您从 2000 年以来进入礼学研究这个行当，大概十五六年了，您写了这么多的礼制与简帛研究的文章，贾海生做金文与礼制研究，你们都很有成就。我和老方做礼学文献，做法都不一样，但可以互补、交流，对吧？

杨：是的。很惭愧我不如您几位专心，干了很多杂活，浪费不少时间。

王：我觉得，我们国内搞礼学的就这么些人，有一点好处就是，像我们这个年龄段，我觉得大家关系都处得很好，而且经常在一起，像哥们儿一样很愉快。我想，大家可以多交流，互相启发嘛。这样，能够把您的一些好的方法介绍给我们，或者是讲给学生听，多好啊！自己做学问的方法，或者是对一些问题的看法，与别人交流是好的。以前的导师是受条件所限，教学生的方法不一样，但是那时候还有条件是导师带学生去游学，一走一大圈，我们现在游不起来。以前导师带学生，北京、上海一跑一大圈，当时有专门的经费，我们现在不行。

杨：我们读书期间都有过游学，但是当时也不懂事，光顾着去玩。我念硕士时，到了云南大学李埏先生家，就是李伯重先生的父亲。那是大人物啊，唐宋经济史最早的博导之一。我们到李先生家去拜访他，拿着邓老师的介绍信，他们在抗战时期大概有交情。

王：导师哪怕出不去，专门打发学生去，你们到哪里找谁，这样学生们也受到一些教育启发吧，现在没办法。

杨：不过现在也有现在的好处。我最近两年观察到，中国的经济形势好了，各个学术单位的科研经费充足，青年人组织学术活动非常频繁。你看微信圈里，几乎每天都各种学术研讨会的信息，忙不过来。然后他们之间也互相联系，这个有好处。他们通过各种方式联系，要比我们通过导师介绍好得多，青年一代可能成长更快。

王：是的。您这些治学的经历、研究问题的方法，对我和学生，有很大的启发。

杨：我是散养野生的，很羡慕你们有系统的训练。我的模式不可复制，是"野狐禅"，你和方老师、杜老师、海生兄，等等，都接受过系统训练，也很系统地训练学生，我要向你们几位学习。

王：我们也大同小异，反正各个学校的学风不一样，另外各个老师教学生的方式方法也不一样，有些导师喜欢散养式的，随你，你做什么都行，有些导师管得相对严一点。今天下午聊了好几个小时，您讲了这么多，回头让学生整理，谢谢你！

2016年12月16日,王老师于武汉采访杨华教授,访谈稿由井超、李学辰、李佩、侯婕、曹晋婷、李猛元、董政、吕梁、王少帅整理,已经杨先生、王老师审定。

杨先生与王锷老师交谈